# 주연들의 나라 한국 조연들의 나라 일본

한일비교의 문화심리학

한일비교의 문화심리학

주연들의
나라**한국** 조연들의
나라**일본**

**초판 1쇄 발행** 2017년 2월 13일
**개정판 3쇄 발행** 2023년 2월 7일

**글 쓴 이** 이누미야 요시유키
**펴 낸 이** 김재광
**펴 낸 곳** 솔과학
**등 록** 제10-140호 1997년 2월 22일
**주 소** 서울특별시 마포구 독막로 295번지 302호(염리동 삼부골든타워)
**전 화** 02-714-8655
**팩 스** 02-711-4656
**E-mail** solkwahak@hanmail.net

ISBN 979-11-92404-40-0(93180)


값 25,000원

Korea

한일비교의 문화심리학

# 주연들의 나라 한국

# 조연들의 나라 일본

이누미야 요시유키

Japan

솔과학

| 머리말 |

# 한국인과 일본인의 핵심적 차이는 무엇인가?

한국과 일본은 같은 동양 문화권에 속하는 이웃 나라이기 때문에 당연히 유사한 면도 많지만, 그 문화심리를 비교하면 한국인과 일본인은 꽤 많은 차이를 가지고 있다. 이 차이는 한국인과 일본인 사이의 사적인 대인관계에서부터 공적인 협력관계에 이르기까지 여러 영역에서 크고 작은 문화적 갈등의 소지가 되고 있다. 이러한 문화적 갈등의 상당 부분은 한국인과 일본인의 핵심적 차이인 문화적 자기관의 차이를 이해하면 피할 수 있다는 것이 본서의 중심적 주장이다. 문화적 자기관이란 각 문화 내에서 공유되고 있는 전형적인 인간관을 뜻한다. 한국에서 생활한지 20여 년이 된 일본인 문화심리학자인 본인은 주체성-대상성 자기 이론이라는 보조선을 그으면 수많은 한일비교 연구결과들과 개인적으로 경험한 문화적 충격들을 체계적으로 설명할 수 있으며 한국인과 일본인이 가지고 있는 문화심리의 구조적 차이를 밝힐 수 있다고 생각하게 되었다. 한국은 많은 사람들이 '주연'처럼 사는 주체성 문화이고 일본은 많은 사람들이 '조연'처럼 사는 대상성 문화라는 관점을 가졌을 때 상대방에 대한 이해뿐만 아니라 자신에 대한 이해도 한층 더 깊어질 것이다. 상호 이해가 어느 때보다 중요해진 오늘날, 이 책은 서로를 이해하기 위한 새로운 안경을 제공함으로써 오래된 색안경을 벗고 서로에 대한 보다 선명하고 전체적인 모습을 보게 해주는 역할을 해낼 것이다.

본서에서는 오랜 기간 동안 퍼즐 조각처럼 한국과 일본의 여러 학회지에 흩어져 있던 200 여 편의 심리학 관련 한일비교 연구들을 엮어 봄으로써 한국인과 일본인의 대조적인 문화심리를 종합적으로 정리해 보고자 하였다. 한국인과 일본인의 자기개념, 자기관련 프로세스, 언어습관, 정서, 대인관계, 심적 에너지, 행동양식, 뇌 활용성향, 식습관, 양육-발달 과정, 사회구조, 집단 정체성 등을 포함하는 최초의 체계적인 한일비교 문화심리학 이론을 제시함으로써 상호이해에 도움이 되고자 한다. 본인은 한국인과 일본인이 문화적 차이 때문에 불가피하게 느끼게 되는 위화감과 불편함을 극복하고 보다 유연한 시각으로 상대방의 문화와 자신의 문화를 볼 수 있게 될 것을 기대하면서 문화상대주의적 입장에서 이 책을 썼다. 나는 이 작업을 통해 자신도 모르는 사이에 가지고 있었던 문화적 사고와 행동의 경직성을 완화시키고 새로운 사고와 행동의 레퍼토리를 얻게 되었다. 나는 새로운 문화적 해석체계를 배우면서 자신의 문화적 해석체계를 객관화하는데 오랜 시간이 걸렸지만, 서로에 대해 관심이 있는 이 책의 독자들은 그런 시간을 크게 단축시킬 수 있을 것이다.

한국과 일본의 문화적 경계를 왕래하는 사람들, 즉 서로에 대한 궁금증을 해소하고 위화감과 불편함을 극복하여 보다 유연한 시각으로 상대방의 문화와 자신의 문화를 볼 수 있게 될 것을 희망하는 여행자, 유학생, 연구자, 주재원, 결혼이주자와 가족들, 문화교류 관계자, 일본인(또는 한국인) 친구나 동료가 있는 사람, (한국과) 일본의 영화, 드라마, 소설, 만화, 노래 등에 관심이 많은 사람, 자신의 문화를 상대화하고 싶은 한국인과 일본인을 위해 나는 이 책을 썼다.

나에게 새로운 문화와 심정을 가르쳐준 아내와 딸들, 한국인의 마음을 몸소 가르쳐주신 스승님, 듬직한 형 같은 선배들과 정든 후배들, 나의 한국 생활을 풍요롭게 해준 친구들과 학생들, 그리고 전폭적 지원을 아끼지 않으셨던 일본의 부모님께 감사하는 마음과 함께 이 책을 바칩니다.

| 목차 |


## 제1장 한국인이 준 문화심리학의 씨앗

**고향을 떠나서** 컬쳐 쇼크 · 10

'외계인' 목격 사건 | 신랑 발바닥 때리기 | '이놈아, 요새끼' | 숨어 있는 차원 찾기 이 책의 목표와 구성

**히드라의 출현** 문화차이들의 유사성 · 20

버스 기사의 융통성 | 사모님과 전형적 미인 | 한턱내기와 '와리캉' | 욕설 | 고개 끄덕거림과 맞장구치기 | 한일비교를 위한 접근방법

**불사의 목** 잠재요인 · 40

주체성 자기와 대상성 자기 | 문화차이들에 대한 해석 | 일본인 특유의 맞장구치기 전술

## 제2장 주체성-대상성 자기 이론

**원석 닦기** 새로운 문화적 자기관 · 54

기가 센 친구들과 착한 친구들 | 주체성-대상성 자기의 한일비교 | 외모와 스타일에 신경쓰는 이유가 다르다 | 어떤 사람이 주로 타협하는가? | 주체성이 강한 사람의 특징 | 한국인의 정(情)과 일본인의 아마에(甘え) | 수동태와 사역수동태를 다용하는 일본어

**금강검의 위력** 긍정적 환상의 한일비교 · 80

자기존중감과 거짓된 유능감 | 허구적 독특성 | 비현실적 낙관성 | 높은 통제감 | 자기고양적 귀인 | 긍정적 환상의 발생과정

**야누스의 두 얼굴** 원심성과 구심성 · 97

대조적인 자기 프로세스 | 한국인의 한(恨)과 일본인의 수치(恥) | 한국인의 강한 자기현시성 | 한국여성의 외모중시 경향

## 제3장 자기 프로세스와 대인관계

**최고봉을 향해** 주체성 자기와 우월감 추구 동기 · 114

'제3종 접근 조우' | 한국사회의 '상승지향' | 전 국민 양반화 | 희망 진학 단계 | 소수징예주의적 교육의식 | 여가활동에서의 우월감 추구 동기

**낙오자의 말로** 관계의 수직성 비교 · 124

문화적 '전기장' | 아랫사람의 위험한 주체성 | 윗사람다운 윗사람 | 권력거리 | 윗사람의 의무와 아랫사람의 권리의식 | 차별-피차별 의식

**마음의 문을 열 때** 주체성 자기와 정, 대상성 자기와 대인불안 · 141

일본인의 대인불안 | 한국인의 깊은 정

**의형제를 맺고** 관계의 수평성 비교 · 148

물리적 대인거리와 스킨십 | 나를 부르는 '애인' | 일본인의 냉장고 | 문화적 정서규칙 | '주우주우시이' 한국인?

## 제4장 심적 에너지, 뇌기능, 고추

**추진력** 심적 에너지 · 164

말의 속도, 신명, 색채감각 | 한국학생의 강한 성취동기 | 정과 아마에 그리고 자기 프로세스 | 심적 에너지 개념의 역사

**조타술** 행동양식과 우뇌-좌뇌 활용성향 · 177

순발력 vs 신중함 | 융통성 vs 세심한 일솜씨 | 방향전환 vs 지속력 | 우뇌-좌뇌 활용성향 | 언어의 특징과 뇌쓰기

**마음의 연료** 고추 섭취량은 실제로 주체성과 관련이 있는가? · 191
생리심리학적 요인: 매운 음식의 선호 | 의외의 결과가 나온 여학생 집단 | 다이어트로 인해 사라지는 고추의 효과 | 우세한 우뇌 활용성향

## 제5장 주체성-대상성 자기 형성의 배경

**둥지에서** 가정적 배경 · 206
이상적인 자녀상 | 자녀의 장래에 대한 기대 | 자기존중감과 회상된 부모의 양육행동

**전쟁터에서 살아남기** 갈등 외재화 사회 · 214
빙산의 일각 | 생존전략으로서의 주체성 | 인구이동성과 공동체

**우리가 믿는 것들** 집단 정체성 · 219
혈연·지연·학연 의식 | 공동체의식 | 관계주의와 집단주의 | 민족적(문화적) 정체성

**주석** · 239

# 제1장

# 한국인이 준 문화심리학의 씨앗

**고향을 떠나서**_ 컬처 쇼크

'외계인' 목격 사건 | 신랑 발바닥 때리기 | '이놈아, 요새끼'
숨어 있는 차원 찾기 | 이 책의 목표와 구성

**히드라의 출현**_ 문화차이들의 유사성

버스 기사의 융통성 | 사모님과 전형적 미인 | 한턱내기와 '와리캉' | 욕설
고개 끄덕거림과 맞장구치기 | 한일비교를 위한 접근방법

**불사의 목**_ 잠재요인

주체성 자기와 대상성 자기 | 문화차이들에 대한 해석
일본인 특유의 맞장구치기 전술

# 고향을 떠나서

——— 컬처 쇼크

## '외계인' 목격 사건

지금으로부터 20여년 전에 전라남도 순천 출신인 내 아내가 도쿄에 있는 우리 집에 처음 왔을 때의 일이다. 거실에서 아버지, 어머니와 밤늦게까지 이야기하는 나를, 내 방에서 혼자 기다리고 있었던 아내가 입이 심심하니 편의점에 가서 뭘 좀 사오겠다고 해서 나갔다. 얼마 후 집에 돌아와 계속 이야기하고 있는 우리를 곁눈으로 보고 말없이 조용히 내 방으로 다시 들어갔다. 잠시 후 이야기가 끝나고 나는 아내가 기다리는 내 방문을 열고 들어갔다. 그 순간 나는, 사람이 먹으면 안 되는 것을 먹고 있는 '외계인'을 침대 위에서 발견한 것이다!

물론 내 아내가 외계인이었다는 것은 당연히 아니다. 또한 편의점에서 사람이 먹으면 안 되는 것을 팔고 있을 리도 없다. 정확하게 말하면 '외계인'을 본 것이 아니라 일본 사람인 내 눈에는 아주 낯선 20대 한국 여성의 어떤 섭식행동을 목격하게 된 것이고 그래서 놀랐던 것이다. 아내는 침대 위에서 '양반다리'로 앉아 마른 오징어를 질근질근 씹어 먹고 있었다.

이 이야기를 한국 사람이 들으면 아마 왜 그것이 '외계인'이냐고 의아하게 생각할 것이다. 나도 20여년이 흐른 지금, 같은 광경을 봤다면 다가가서 나도 같이 먹자고 할 것이다. 그러나 그 때는 마른 오징어에 대해 한국인이 가지고 있는 이미지가 내 머리 속에 아직 없어서 마른 오징어를 씹어 먹는 아내에 대해 이상한 심리적 거리감을 느낄 수밖에 없었다. 당시 내가 가지고 있던 마른 오징어에 대한 이미지는 결코 좋은 것이 못 되었다. 특히 마른 오징어와 젊은 여성은 한 번도 생각해 본 적이 없었던 관계였다. 일본인인 내가 아는 마른 오징어는, 50대 이상의 알콜중독이 다 된 아저씨들이 대낮에 길바닥에 모여 앉아서 독한 술을 마시면서 뜯어먹는 안주라는 이미지를 중심으로 형성된 표상이었다. 술도 못 마시는 20대의 젊은 여자가 먹고 있을 거라고는 전혀 예상하지 못 한 음식이었다. 또한 아저씨들은 그럴 때 보통 '양반다리'로 앉지만, 일본에서는 젊은 여자가 '양반다리'로 앉는 일은 거의 없다. '양반다리'도 젊은 여자와 연결되기 어려운 이미지였다. 그래서 나는 신성한 신혼부부의 침대 위에 알콜중독이 된 아저씨가 앉아 있는 것처럼 착각해서 그 기묘한 느낌 때문에 '외계인'을 연상하게 된 것이다. 그 때 나의 신부에 대한 환상에 조금 금이 갔다. 그러나 아내는 자신의 행동이 신랑에게 그런 영향을 줄 거라고는 전혀 생각하지 못한 채 낯선 일본 땅에서 계속 마른 오징어를 질근질근 씹어 먹고 있었다.

## 신랑 발바닥 때리기

그로부터 얼마 후 아내의 친구들을 처음 만났을 때의 일이다. 처음 만난 사람들이 흔히 하는 이야기를 나눈 다음, 어떤 친구가 나에게 갑작스러운 제안을 했다. 한국의 결혼식에서는 신랑에게 하는 재미있는 의식이 하나 있는데 일본인인 나에게 한 번 해보겠냐는 것이었다. 다른 친구들은 묘한 미소를 지으면서 내 반응을 기다리고 있었다. 나는 그것이 어떤 의식인지 몰랐지만 한국의 전통적 관습이라고 하니 형식적으로 거쳐야만 하는 절차와 같은 것으로만 생각하여 대수롭지 않게 승낙했다. 또한 그 친구들의 제안을 거부하기도 어려운 분위기였다. 거절해도 집요하게 설득 당했을 것이다. 내심 약간은 불안했지만 그것이 무엇이든 좋은 경험은 될 것이라는 생각에 그 친구의 제안에 동의를 했던 나는 곧바로 후회하게 되었다.

나를 방바닥에 눕힌 후, 내 발목을 끈으로 묶어 한 친구가 등에 달아매고, 또 한 명의 친구가 요란한 함성을 지르면서, 그 때까지 안보였던, 나무로 만든 방망이로 내 발바닥을 때리기 시작했다. 여러 가지 질문을 해서 내가 서투른 한국어로 어렵게 답할 때마다 신통치 않다며 이유를 붙여 계속 두들겨 패는 것이다. 내가 아무리 살려 달라, 풀어 달라고 애원해도 소용이 없었다. 얼굴은 빨개지고 눈물도 나기 시작했다. 아주 오랜 시간이 흐른 뒤에 한 친구가 내 주머니에 있는 돈을 다 내놓으면 풀어주겠다고 말했다. 그래서 주머니에 있던 십여만의 돈을 몽땅 다 꺼내주었다. 하지만 그 친구는 이것만으로는 부족하다며 풀어줄 기미를 보이지 않았다. 이번에는 신부가 신랑을 위해 노래를 한 곡 부르면 풀어주겠다고 했다. 그 때서야 나는 살았다고 생각했다. 아내는 다른 것은 몰라도 노래는 아주 잘 하는 것으로 알고 있었기 때문이다. 그러나 그 기대도 배신당했던 것이다. 그 당시 아직 새색시라는 말이 어울렸던 아내는 수줍은 척 하면서 계속 노래를 못한다고 했다. '짜고 치는 고스톱.' 이 말이 머리에 떠오르면서 이내 정신이 희미

해졌다. 마지막에 어떻게 풀려났는지는 기억조차 안 난다.

내가 경험한 것은 한국의 결혼 풍습인 동상례東床禮였다. 혼례가 끝난 뒤에 신부 집에서 신랑이 친구들에게 음식을 대접하는 것을 동상례東床禮라고 하는데, 그것을 받기 위하여 흔히 첫날밤 저녁에 장난삼아 신랑을 거꾸로 매달고 발바닥을 때리면서 괴롭히는 놀이 자체를 동상례東床禮라고 부르기도 한다. 아무리 짓궂어도 신랑은 화를 내지 않는 게 불문율이라고 한다. 나중에 TV 드라마에 나온 그런 장면을 보니 말린 북어로 발바닥을 때리는 경우도 있다는 것을 알았다. 나도 말린 북어로 맞고 싶었다. 내가 맞은 나무로 만든 방망이에 비하면 말린 북어로 맞는 게 덜 아프지 않을까? 원래는 신랑이 장모에게 살려달라고 하면 장모가 나와 친구들을 말리면서 술과 푸짐한 안주를 대령한다는데, 내가 당했을 때는 그 자리에 장모님이 안 계셨다. 아내의 친구들만 모인 자리였다. 요새는 안하는 경우가 많아졌지만, 옛날에는 이렇게 재미있는 여흥을 하면서 흥겨운 잔치를 했다고 하는데, 너무나 과격한 통과의례인 것 같다. 신랑에게는 상당한 강인성이 요구된다. 인내심 하나로 먹고 사는 나나 되니까 견뎌냈지, 보통 일본 사람이라면 결혼하지 않을 것이다. 이런 통과의례가 기다리고 있다면. 나는 다시는 한국 사람하고 결혼 안하겠다고 다짐했다.

동상례에는 생리학적으로 발바닥에 있는 용천혈에 자극을 주어 성적 기능을 활성화 시키는 효과가 있다는 설도 있고, 발을 붓게 만들어 신랑이 도망가지 못하게 하는 것이라는 해석도 있다. 한 눈 팔지 말고 새색시와 자식 농사 잘 지으라는 의미이다. 또한 어렵게 얻은 신부이니 만큼 행복하게 잘 살아라 라는 의미와 결혼이 어렵다는 것을 알아야 쉽게 헤어지지 않는다는 뜻도 있는 것 같다. 이것은 심리학적으로 맞는 말이다. 심하게 맞은 대가에 대한 합리화 기제가 충분히 작동할 수 있다. 나의 개인적 경험으로 봤을 때는 그렇다. 이런 관습의 쇠퇴와 이혼율의 증가 사이에는 연관이 있는지도 모른다.

## '이놈아, 요새끼'

1993년 초여름에 한국에 유학 온 나는 서울대 어학당에서 한국어를 1년 배우고 나서 이듬해에 대학원 입시를 보기로 했다. 고려대학교 일반대학원 심리학과의 면접시험에서 경험했던 일이다. 30대 초반으로 보이는 여성 지원자와 내가 함께 면접실에 들어갔을 때 세 분의 교수님이 앉아 계셨다. 의대까지 졸업했는데 계속 임상심리학을 공부하겠다고 석사과정에 지원해온 그 여성에게 어떤 교수님이 처음 한 질문은 '결혼할 생각이 없냐?' 라는 것이었다. 미국에서 살다 왔다는 그 여성은 좀 당황하는 기색이었다. 또 다른 교수님이 당시 27세였던 나에게 한 첫 질문은 '자네 이름을 빨리 읽으면 어떻게 되는지 아냐?' 라는 것이었다. 내 이름은 이누미야 요시유키라고 한다. 그런데 빨리 읽으면 어떻게 되는가? 나는 몰라서 '어떻게 됩니까?' 라고 물어봤다. 그러자 그 교수님은 '자네 이름을 빨리 읽으면 이놈아, 요새끼가 되는데, 그렇게 불러도 되냐?' 라고 하셨다. '이놈아, 요새끼.' 상대방을 욕할 때 주로 쓰는 말이 아닌가. 대학원 면접시험이라는 공적인 자리에서, 내가 준비해 간 심리학에 대해서는 물어보지도 않으시고, 그런 질문을 하실 수도 있는 것인가? 학생도 같은 성인成人으로 대접하고 존중하는

의미에서 보통 성씨姓氏에 '상さん'이나 '쿤君'을 붙여 부르는 일본의 교수들과는 달리, 사람의 이름을 가지고 장난칠 거라고는 전혀 예상하지 못했다. 상당히 당황했다. 이것이 말로만 듣던 스트레스 면접인가? 하는 생각이 들면서, 일단 합격은 해야 한다는 생각에 순간적으로 '그렇게 부르십시오.' 라는 말이 입에서 나왔다. 그것이 인연이 되어 석사과정에 입학한 후에 그 분(한성열 교수님)을 지도교수로 모시게 되었다. 어떤 선배는 요새도 농담 삼아 가끔 나를 '이놈 쉐끼'라고 부른다. 지금도 길거리에서 누군가가 '이놈아'라고 하면 내 이름을 부른 줄 알고 깜짝 놀랄 때가 있다.

## 숨어 있는 차원 찾기

한국과 일본은 음식문화도 다르고 의례, 풍습도 다르고 대인관계 규범도 다르다. 이상과 같은 크고 작은 문화적 충격을 수없이 많이 경험하면서 혼란 속에서 질서를 희구하는 욕구가 점점 강해져 갔다.

일본인인 내가 한국에서 충격을 받는다는 것은 문화적 차이 때문이다. 차이를 지각한다는 것은 내 기억 속에 있는 일본 사람들의 행동 분포에서 벗어난 행동들을 한국 사람들이 많이 보이기 때문이다. 또한 서서히 알게 된 한국 사람들의 행동 분포와 기억 속에 있는 일본 사람들의 행동 분포를 비교해보니까, 반대로 일본 사람들이 어떤 상황에서 흔히 하는 행동 중에 한국 사람들이 별로 하지 않는 행동들도 있다는 것을 깨닫게 되었다. 한국인과 일본인의 행동 분포는 어느 정도 겹쳐져 있지만 각각의 양극단에 위치하는 행동들은 각각에 고유한 행동이기 때문에 다른 문화에 속해 있는 사람의 눈에 띄는 것이다.

사람은 성장하면서 누구나 다 특정한 문화적 해석체계를 가지게 된다. 어떤 상황에서 흔히 하거나 해야만 하는 행동은 어떤 것이며, 별로 하지 않거나 해서는 안 되는 행동은 어떤 것이라는, 행동경향과 규범에 관한 인지체계를 습득하게 된다. 이 틀은 보통 상당 부분이 무의식 속에 잠재되어 있다. 이 틀이 없으면 그 문화에서 적응하기 어렵고 제대로 된 사람으로 인정받지 못한다. 이러한 문화적 해석 체계를 가지고 있기 때문에 거기서 벗어난 행동을 보게 되면 자동적으로 위화감과 불편함 등이 생기게 된다. 이러한 정서적 반응은 자기 문화 내에서는 주로 적응적 기능을 한다고 봐도 무난하다. 그러나 다른 문화를 접할 때는 자신이 가지고 있는 문화적 해석 체계로 인해 불가피하게 생기는 그러한 자동적인 정서 반응은 문제를 야기할 가능성이 크다. 자신의 문화적 해석 체계를 문화가 다른 사람에게 적용하면 상대방의 의도를 오해할 가능성이 크기 때문이다.

이러한 추론이 맞는다면 다른 문화를 접할 때는 새로운 문화적 해석 체계의 핵심을 간파할 필요가 있다는 결론이 나온다. 어떻게 하면 그 일이 가능해지는가? 나는 통계학의 요인분석에서 영감을 얻어 이렇게 생각했다. 한국인에게 고유한 행동들의 공통점과 일본인에게 고유한 행동들의 공통점을 각각 뽑아낸다면, 그것들을 양극단으로 하는 어떤 차원을 구성할 수 있을 것이다. 그러한 차원은 영역과 상황과 주제 등에 따라 여러 개가 있을 수 있지만, 어떤 차원이 한일 간에 차이가 나는 행동들 중 가장 많은 차이점과 직접적으로 또는 간접적으로 관련된 것이라면, 그것은 한국인과 일본인의 차이를 설명하거나 해석하기 위한 제일 중요한 차원이 될 것이다.

나는 여러 경험을 통해 그러한 차원으로서 '주체성–대상성'이라는 차원을 뽑아냈다. 한일 간에 문화적으로 차이가 나는 현상들의 많은 부분을, '한국인의 주체성'과 '일본인의 대상성'이라는 개념으로 설명하거나 해석할 수 있다는 통찰을 얻게 된 것이다.

한국인이 가지고 있는 자기개념의 특징은 '주체성 자기'이고, 일본인이 가지고 있는 자기관의 핵심은 '대상성 자기'라고 개념화했을 때, 문화적으로 차이가 나는 한국인과 일본인의 많은 행동들을 이러한 자기관의 차이로 체계적으로 설명할 수 있다고 생각하게 되었다. 한국은 많은 사람들이 '주연'처럼 사는 주체성 문화이고 일본은 많은 사람들이 '조연'처럼 사는 대상성 문화라는 관점을 가졌을 때 상대방에 대한 이해뿐만 아니라 자신에 대한 이해도 한 층 더 깊어질 것이다.

한국인과 일본인의 차이를 주제로 한 책은 이미 많이 존재한다. 하지만, 그런 책들을 볼 때, 구체적인 묘사는 재미있고 제시되는 통찰은 흥미롭지만, 실증적 증거가 부족하고 체계적인 설명도 약하다고 느껴졌다. 그 이유는 지금까지 이 주제를 연구하는 사람이 심리학자가 아니었기 때문일 것이다. 그래서 나는 이 책에서 한국인과 일본인의 차이에 관한 믿을 만한 실증적 증거, 즉 오랜 기간 동안 퍼즐 조각처럼 한국과 일본의 여러 학회지에 흩어져 있던 심리학 관련 한일비교 연구들을 최대한 수집하고, 그 연구결과들에 의거하여 한국인과 일본인의 차이를 체계적으로 설명하는 문화심리학적 이론을 구축하고자 하였다.

만약 이 이론이 제대로 설정된 것이라면 기존의 연구 결과들을 설명할 수 있을 뿐만 아니라 앞으로 연구될 한일 간의 문화차이를 예측하는 기본적 틀로서도 기능하게 될 것이다.

## 이 책의 목표와 구성

이 책의 구성은 다음과 같다. 먼저 주체성-대상성 개념을 추출하는 계기가 된 몇 가지 경험들에 대해 설명할 것이다. 다음으로 이 책의 핵심적 개념인 주체성 자기와 대상성 자기에 대해 개념화하고자 한다. 주체성 자기가 우세한 사람과 대상성 자기가 우세한 사람 간에는 어떤 차이가 있는지 기술하고 이 관점에서 내가 경험한 문화차이들을 해석할 것이다.

제2장에서는 실제로 한국인은 주체성 자기가 우세하고, 일본인은 대상성 자기가 우세한지를 검증한다. 그리고 한국인과 일본인의 자기 관련 프로세스에 대해 비교하여 이론화하고자 한다. 한국인과 일본인의 대조적인 자기평가, 자기인식, 자기통제 방식을 주체성-대상성 자기 개념으로 설명할 것이다.

제3장 이후에서는 주체성-대상성 자기의 귀결과 규정 요인, 그리고 가정적, 발달적, 사회문화적 배경을 검토하여 주체성-대상성 자기 이론의 확장을 시도하고자 한다.

우선 제3장에서는 주체성-대상성 자기의 귀결로서 한국인과 일본인의 대인관계 특성에 대해 비교한다. 한국인과 일본인의 대인관계 특성의 많은 부분이 주체성-대상성 자기가 반영된 것이며, 또한 '한국인의 주체성'과 '일본인의 대상성'을 유지하기 위한 수단으로서의 역할을 가지고 있다는 해석을 제시할 것이다.

그 다음으로 제4장에서는 심적 에너지, 뇌기능, 고추 등을 중심으로 주체성-대상성 자기 형성의 생리-성격심리학적 기반에 대해 살펴볼 것이다. 대인관계에 임하는 태도의 차이라고 할 수 있는 주체성-대상성은 각각 특징적인 생리–성격심리학적 기반을 가지고 있을 것이라는 가설이 검토된다.

그리고 제5장에서는 한국인의 주체성 자기와 일본인의 대상성 자기 형성의 가정적 배경과 사회문화적 배경에 대해 검토한다. 부모의 양육태도와 사회적 환경 및 집단 정체성의 차이에 대해 살펴봄으로써 각각의 문화적 자기관 형성의 외적 기반을 탐구하고자 한다.

한국의 주체성 문화와 일본의 대상성 문화를 심리학적으로 비교하는 이 책 전체를 나무로 비유한다면 제1장은 주체성–대상성 자기 이론이라는 나무의 씨앗과 싹이며 제2장은 나무의 줄기, 제3장은 나무의 가지와 잎, 제4장은 나무의 뿌리, 제5장은 그 토양에 해당된다.

이상의 과정을 통해 자기개념, 자기관련 프로세스, 언어습관, 정서, 대인관계, 심적 에너지, 행동양식, 뇌 활용성향, 식습관, 양육–발달 과정, 사회구조, 집단 정체성 등을 포함하는 체계적인 한일비교 문화심리학 이론을 구축하는 것이 이 책의 목표다.

만약 이 작업이 성공적으로 이루어진다면 한국인과 일본인의 상호이해에 도움이 될 것이라고 생각한다. 문화적 차이 때문에 불가피하게 느끼게 되는 위화감과 불편함을 극복하고 보다 유연한 시각으로 상대방의 문화와 자신의 문화를 볼 수 있게 될 것이다. 나는 이 작업을 통해 자신도 모르는 사이에 가지고 있었던 문화적 사고와 행동의 경직성을 완화시키고 새로운 사고와 행동의 레퍼토리를 얻게 되었다. 나는 새로운 문화적 해석체계를 배우면서 자신의 문화적 해석체계를 객관화하는 데 오랜 시간이 걸렸지만, 이 책의 독자는 그런 시간을 단축시킬 수 있으면 좋겠다.

그러면 먼저 주체성–대상성 개념을 떠오르게 한, 인상적이었던 문화차이 경험들에 대한 설명부터 시작하겠다.

# 히드라의 출현

――――― 문화차이들의 유사성

## 버스 기사의 융통성

한국에 와서 금방 느낀 문화차이는 시내버스 기사의 행동이었다. 1993년 당시 일반 시내버스 요금은 250원, 좌석버스는 500원이었고 아직 토큰(버스표)도 사용하고 있었다. 유학생이었던 나는 돈을 아끼기 위해 더운 여름에도 냉방시설이 없는 일반 시내버스를 주로 이용했었다. 그런데 한국 버스 기사의 버스 운행방식은 일본의 버스 기사에 비해 너무 융통성이 있는 것이다.

대중교통수단으로서의 시내버스는 한국이나 일본이나 운행규칙은 아마 거의 같을 텐데 한국 버스 기사의 모습을 보면 더 자유로워 보이고 재량권이 커 보였다. 물론 이 재량권은 버스 회사 규칙에는 명문화되어 있지는 않겠지만 관습적으로 허용하고 있는 것으로 생각된다.

한국의 버스 기사는 정류장이 아닌 곳에서도 경우에 따라 손님을 내려주기도 하고 태워주기도 한다. 일본에서는 버스 기사의 이런 모습을 본 적이 없었다. 한국에서는 손님이 상황을 봐서 하차나 승차를 잘 요구하면, 버스 기사가 판단하여 괜찮다 싶을 때는 그 요구를 들어준다. 기본적으로 정류장 근처이어야 하고 뭔가 사정이 있어 보여야 한다. 하지만, 버스 기사의 마음에 드는 방식으로 부탁하지 않으면 안 들어 준다. 정류장까지 기다리시라고 지시한다. 그렇게 되면 많은 손님은 기분 나빠하지만 이 거부권은 정당한 것이어서 더 이상 대항하기 어렵다. 버스 승객의 승하차에 관한 이러한 모습은 요즘 상당히 줄어들었지만 아직도 어느 정도 남아 있다. 얼마 전에도 어떤 아주머니가 정류장 아닌 곳에서 버스 기사에게 "아저씨, 여기서 내려주시면 안 돼요?" 라고 하니까, 처음에는 "안 되죠. 잘 아시면서 왜 그래요." 라고 대답하다가, 백미러 속으로 아주머니를 힐끗 살펴보더니, "앞으로 오세요. 잘 보고 내리세요." 라고 하면서 앞문을 열어줬다. 버스는 회사의 소유물이지만 운행 중에는 버스 기사가 주인인 것처럼 보인다.

## 사모님과 전형적 미인

한국어를 잘 모르는 상태에서도 쉽게 느낄 수 있었던 또 하나의 문화차이는 여성의 외모에 관한 차이였다. 우선 '한국에는 사모님이 많다'고 느껴졌다. 서울 시내를 여기저기 구경하면서 갖게 된 인상이었다. 물론 중년여성이 전부가 다 그렇다는 이야기는 아니다. 중년여성의 대부분은 소박한 '아줌마들'이지만 그 중에서 패션과 장신구, 그리고 화장으로 판단했을 때 사회 고위층 인사의 부인으로 보이는 중년여성의 비율이 일본보다 많은 것 같았다. 또한 30년 정도 학생들을 가르쳐 온 교사 같은 분위기의 중년여성의 비율도 일본보다 많은 것 같았다. 특히 백화점에서는 그러한 품위 있고 도도한 중년여성의 비율이 한층 높아 보였는데, 반대로 일본에서는 종종 보이던 소녀풍 패션의 중년여성은 한국에서는 찾아보기 힘들었다.

나중에 알고 보니 한국의 중년여성이 화려한 옷차림과 고가의 장신구 그리고 화사하게 화장한 얼굴로 백화점에 가는 데에는 이유가 있었다. 손님의 외모에 따라 점원의 접객태도가 확연하게 달라진다는 것이다. 패션과 장신구, 소지품, 화장 등이 높은 사회적 지위를 연상케 하는 사람에게는 한층 더 친절하고 후한 대우를 하지만, 그렇지 않다고 판단되는 손님에게는 별로 신경을 안 쓰는 경향이 있다. 일본적 감각으로는 좀 노골적인 차별 대우 같이 보일 정도다.

한국 여성들은 기본적으로 점원이 자신에게 기호를 물어보고, 어울리는 물건을 권하고, 계속 따라 다니면서 설명해주는 접객방식을 좋아하는 것 같다. 반대로 점원이 자신에게 별로 신경을 안 쓴다면 무시당한 것처럼 느껴져서 싫어하는 것 같다. 많은 한국 여성들은 이런 식으로 '사모님' 대접을 받는 것을 즐기는 것 같다.

한편 많은 일본 여성들은 이러한 '사모님' 대접을 받으면, 빨리 구매하라는 압력으로 지각되어 오히려 싫어할 것이다. 따라서 일본 백화점에서는 기본적으로 손님이 점원에게 물어보거나 그런 기색을 보일 때까지는 방관하는 것이 일반적인 접객방식이다.

여성의 외모에 관해 느꼈던 또 하나의 차이는 '한국에는 전형적인 미인이 많다'는 인상이었다. 여기서 말하는 '전형적 미인'이란 서양 백인 여성풍의 미인이라는 뜻과 최상위급 미인이라는 뜻을 동시에 함의한다. 이러한 스타일의 미인은 미스 코리아 대회에 나오는 여성들 사이에서 많이 보이는데, 한국과 일본의 여배우, 여성 앵커, 항공사 여성 승무원, 백화점이나 회사의 안내양 등을 비교해보니 일본보다 한국에 이러한 전형적인 미인이 많다고 느껴졌다. 한편 일반 사람 중에 있는 '중상위급 미인'은 한국보다 일본에 더 많은 것 같았다.

미인의 분포에 관한 이러한 추론은 상당히 주관적인 판단이지만 원래 미적 가치에 대한 판단은 객관성을 갖추기가 어려운 문제다. 참고로 말하면 10대인 우리 두 딸들도, 평소에는 나와 의견이 다를 때가 많지만, '한국에는 전형적인 미인이 더 많고, 중상위급 미인은 한국보다 일본에 더 많다'라는 의견에는 동의한다. 매년 방학 때마다 친가인 일본을 다녀와서는 그렇게 말하곤 했다.

이와 관련하여 한국 여성과 일본 여성의 눈 크기에 대한 흥미로운 연구 결과들이 있다. 스코틀랜드 애버딘대 실험심리학자들에 의한 전 세계 여성의 '평균 얼굴' 연구에 의하면, 한국 여성보다 일본 여성이 눈이 크다. '평균 얼굴'은 그들이 운영하는 '페이스리서치' 사이트에 올린 세계 여러 나라 지원자들의 사진을 국가별로 합성하는 방식으로 만들어졌다. 일반인의 '평균 얼굴'을 비교하면 한국 여성보다 일본 여성이 눈이 크다는 결과가 나온다. 눈의 크기는 미인 지각에 일정한 영향을 주기 때문에 이는 '중상위급 미인은 한국보다 일본에 더 많다'는 판단을 지지하는 결과로 해석할 수 있다.

한편 이승철 일산백병원 성형외과 교수의 인종별 '미인상' 연구에 의하면 한국 미인은 일본 미인보다 눈이 크고 코도 높다. '미인상' 합성에 사용된 것은 유명 연예인의 얼굴인데, 한국 미인으로는 김태희, 김희선, 송혜교, 심은하, 이영애 등 13명, 일본 미인으로는 요시오카 미호, 아무로 나미에, 사와지리 에리카, 아오이 유우 등 14명이었다. 유명 연예인의 평균 얼굴인 '미인상'을 비교하면, 일반인의 '평균 얼굴'의 경우와 반대로, 일본 미인보다 한국 미인이 눈이 크다는 결과가 나오는데, 위와 같은 이유로 이는 '전형적 미인 또는 최상위급 미인은 일본보다 한국에 더 많다'는 판단을 지지하는 결과로 해석할 수 있다.

'한국에는 일본보다 전형적인 미인이 더 많고, 중상위급 미인은 한국보다 일본에 더 많다'는 인상은 내 안에서 90년대 초부터 지금까지 계속 변하지 않고 있다. 이런 인상을 가지게 한 요인 중 하나가 양국의 화장법의 차이다. 단, 이 설명은 2000년 이후에는 기본적으로 적용되지 않는다. 최근 10여년 동안에 한국의 젊은 여성들의 화장법도, 90년 이후의 일본처럼, 내츄럴 메이크업이 대세가 되면서 상당히 유사해졌기 때문이다. 그러나 그 이전 시대, 즉 80년대부터 90년대까지는 확연한 차이가 있었다.

한국 여성의 화장은 80년대 이후 점차 색감이 진해졌다. 원색적인 색조의 아이섀도와 볼터치, 빨간 립스틱이 가장 큰 포인트였다. 진한 눈썹, 화려한 아이섀도, 광대뼈에서 사선으로 내려오는 방식으로 진하게 강조한 볼터치, 붉은 입술 등으로 활동적이면서 동시에 관능적인 분위기를 풍겼다. 90년대에도 이러한 경향은 계속 유지되었다. 거기에 더해 색감이 다양화 됐다. 90년대 초반에는 베이지, 오렌지, 브라운, 차분한 핑크 계열의 자연스러운 색조가 유행했다가 90년대 후반부터는 무채색 계열의 깊이 있는 스타일이 등장했다. 또 입술을 강조하게 됐다. 화장이 놀랍도록 진해졌다. 얼굴에 진하게 음영을 주고 독특한 색상의 립스틱을 바른 '저승사자 메이크업'이 등장하면서 극에 달했다.

'저승사자 메이크업'은 너무 지나친 감이 있었지만, 그 전 단계까지는 괜찮았다. 일자형으로 샤프한 분위기로 그려진 눈썹, 눈 꼬리 쪽으로 포인트를 준 아이섀도, 눈 꼬리 쪽으로 길게 빼서 그린 아이라인, 옆으로 직선으로 그려진 아이브로우, 길게 섀도를 주고 날카롭게 보이는 콧날, 광대뼈 밑에 사선으로 형성된 선명한 음영, 윤곽을 강조한 입술 등을 조합시킨 80-90년대식 화장을 한 한국 여성은 성숙해 보이고 도발적이며 유혹적이었다. 그녀들이 지향하는 미적 가치는 분명히 '귀엽다'가 아니라 '아름답다'였다.

한편 이 시기에 일본의 젊은 여성들이 지향하는 미적 가치는 '귀엽다'였다. '소녀풍', '인형풍'을 강조하고 부드러움, 산뜻함, 자연스러움, 사랑스러움, 깜찍함을 추구하는 경향은 현재까지 계속되고 있다. 90년대 이후의 일본에서 주류가 된 내추럴 메이크업도 '귀여움'이라는 미적 가치를 실현하는 하나의 수단이다.

### 한턱내기와 '와리캉'

문화차이가 기계에 반영되어 있는 경우도 있는데, 자신의 것과 다른 문화를 가진 기계를 접할 때 상호작용이 어색해질 수가 있다. 나는 한국에 와서 얼마 안 됐을 때 음료수나 커피 자판기 앞에서 3, 4초 동안 멍하게 서 있는 경우가 있었다. 나오지 않는 거스름돈을 기다려서 그랬던 것이다. 반환레버를 눌러야만 거스름돈이 나온다는 사실을 몰랐던 나는 그것을 충분히 학습할 때까지 번번이 그렇게 자판기 앞에서 몇 초를 허비하곤 했다.

일본에 있는 자판기는 캔 음료든 커피든 하나 구매하면 바로 거스름돈이 나온다. (하나 더 사기 위해서는 다시 돈을 넣어야 한다.) 그래서 일본에서는 거스름돈을 받기 위해 반환레버를 누를 필요가 없었다. 반환레버는 돈을 투입한 후에 구매 의사가 없어졌을 때, 투입한 금액을 반환받기 위해 필요한 것이었다. 그런데 한국에 있는 자판기는 물건을 하나 구매하고, 또 다음 물건을 이어서 구매하는 한국인의 행동을 전제로 하여 작동하도록 설계되어 있는 것이다. 일본의 커피 자판기는 500엔을 넣어도 한 개 값만 계산하고 거스름돈이 바로 나오지만, 한국의 자판기는 1000원을 넣고 몇 사람이 커피를 뽑을 수 있다는 차이점이 있다. 이 차이점은 나중에 알고 보니 음식 값을 계산하는 방식의 차이, 즉 한국의 한턱내기와 일본의 '와리캉(각자 부담)'을 상징하는 차이였다.

대학원 석사과정 시절, 특히 처음 1년 동안은 식사할 때나 술을 마실 때 나는 지갑을 꺼낸 적이 거의 없었다. 점심이나 저녁을 먹으러 갈 때는 항상 같은 연구실(현재의 문화 및 사회심리 연구실)에 있는 여러 명의 대학원생들이 같이 갔었는데, 나는 거의 매번 얻어먹게 되었던 것이다. 대부분의 경우 박사과정 선배님 중 누군가가 일행의 밥값을 다 계산했다. 같이 술을 마시러 갈 때도 많았는데, 그런 경우도 교수님이나 선배님 중 한 명이 대표로 술값을 모두 계산했다. 이런 식으로 여러 선배들과 함께 밥 먹고 커피 마시고 술을 마시면서 이런 저런 이야기를 하는 시간이 정말 많았고, 너무 즐거운 시간이었다. 선배들이 밥과 술까지 사주시면서 많은 것을 가르쳐 주시니 안 즐거울 수가 있겠는가? 여럿이 어울려 이야기하면서 보내는 시간이 연구실에서 혼자서 책이나 논문을 읽는 시간보다 더 길었는지도 모른다.

그 후에도 석사 졸업할 때까지 사정은 기본적으로 크게 달라지지 않았다. 내가 석사과정에 있는 동안 연구실에는 후배보다 선배가 더 많은 상태가 계속되었기 때문이다. 하도 많이 얻어먹어서 이대로 졸업하고 일본으로 돌아간다면, 나는 빚을 갚지 않고 도망가는 사람이 된 것 같은 심정을 느꼈을 것이다. 하지만, 다행히 박사과정도 계속 다니게 되었고, 이번에는 내가 후배들에게 밥이나 술을 사줄 수 있게 되었다. 박사 학위를 받은 후에도 문화 및 사회심리 연구실의 선배들이나 후배들과의 관계는 계속 유지되어 왔는데, 내가 석사과정 시절에 선배들에게 얻어먹은 만큼 후배들에게도 사줬다고 느낄 때까지 10년 이상 걸린 것 같다. 한턱내기 대신에 일반적으로 '와리캉'으로 식사 값이나 술값을 계산하는 일본에서 대학원을 다녔었다면 이런 경험은 못했을 것이다.

두 명 이상이 같이 식사를 하거나 술을 마셨을 때의 음식 값, 술값 계산법은 한일 간에 큰 차이가 있다. 한국에서는 모든 음식 값(또는 술값)을 한 사람이 대표로 계산하는 한턱내기가 기본이며, 일상화, 관습화되어 있다. 가장 나이가 많거나 지위가 높은 '윗사람'이 지불하는 것이 일반적인 형태이다. 옛날에는 회사의 공금으로 내는 경우도 종종 있었지만, 요즘은 그 '윗사람' 자신의 용돈으로 모든 음식 값을 계산한다. '아랫사람들'은 그 때는 얻어먹지만 식후에 커피를 마실 때 그 값을 내기도 하고, 다른 기회에 자신이 '윗사람'일 때 내게 된다. 회식하는 멤버의 나이나 지위가 유사한 경우, 동료끼리 가는 경우, 고정멤버일 경우는 보통 회식을 제안한 사람이 계산하거나 차례차례로 돌아가면서 계산한다. 단, 동료 여직원들의 경우는 각자 계산하기도 하지만, 한국사회를 전체적으로 보면 그런 경우는 아직 일반적이지는 않다.

한 사람이 대표로 계산하는 한턱내기 방식을 통해 회식에 참석한 사람들은 친근감과 연대감을 느끼지만, 얻어먹은 것에 대한 심리적 부담감은 별로 느끼지 않는다. 약간의 심리적 부담감이 생길 수도 있으나, '다음엔 내가 살게.' 라고 말하면 충분히 해소될 정도의 부담감이다. 이는 다음에 '오늘은 내가 살게.' 라고 말하는 기회가 금방 올 것을 쉽게 예상할 수 있기 때문이기도 하다. 이처럼 한국인의 교환 개념은 장기적이고 수직적인 인간관계를 전제로 하고 있다.

한편, 일본에서는 음식 값을 각자 계산하는 '와리캉割り勘', 즉 더치페이가 기본이며, 일상화, 관습화되어 있다. 윗사람이나 남자가 약간 많은 금액을 부담하는 경우도 있으나, 기본적으로 각자가 먹은 음식 값을 내거나 분담하는 금액을 균등하게 계산하는 것이 일반적인 형태이다. 한턱내는 경우가 전혀 없는 것은 아니지만, 한국처럼 일상적 한턱내기가 아니라 일회성 한턱내기라고 말할 수 있는 형태의 것이다. 즉, 좋은 일이 있었을 때, 감사의 표시, 위로 등과 같이 어떤 특별한 이유가 있을 때만 일시적으로 한턱내기 행동을 한다. 또한 접대의 경우는 일본에서도 당연히 초대한 쪽이 음식 값을 계산한다. 데이트의 경우도 남자가 그 비용을 부담하지만, 여자가 남자의 경제 사정을 배려하여 데이트 비용의 일부를 부담하거나 '와리캉割り勘'하는 경우도 많다.

이처럼 일본에서는 음식 값이나 술값을 각자 계산하는 것이 기본적인 형태이기 때문에 예외적으로 누군가에게 얻어먹게 되면 심리적 부담감을 갖게 된다. 그것을 해소하는 일상적인 통로가 없기 때문이다. 따라서 다음에 자기가 한턱낼 때까지 그 부담감은 계속된다. 이처럼 일본인의 교환 개념은 보다 단기적이고 수평적인 인간관계를 전제로 하고 있다. 교환 관계 당사자 간에는 대차貸借가 없는 상태가 자연스러운 상태인 것이다.

음식 값 계산법에 관한 문화적 규범에서 이탈이 갖는 의미는 한일 간 비대칭적이다. 한국에서는 한턱내기를 교묘하게 회피하는 사람은 좋지 않은 평가를 받는다. 반대로 일본에서 '와리캉'을 하지 않고 한턱내는 사람은 보통 좋은 평가를 받는다. 따라서 한국인이 일본에 가서 '와리캉' 방식을 접할 때는 좋지 않은 인상을 받을 가능성이 높다. (물론 한턱내기 방식을 싫어하는 일부 한국인은 '와리캉' 방식을 좋게 평가할지도 모른다.) 반대로 일본인이 한국에 가서 한턱내기 방식을 접할 때는 좋은 인상을 받을 가능성이 높다.

## 욕설

한국에 와서 좋은 인상을 받은 까닭인지 '한턱내기'는 나름 열심히 배웠고 자주 따라도 해보았기 때문에 어느 정도는 잘한다고 자부하는 편이다. 그런데 아직도 충분히 배우지 못했고 그래서 은근히 부러운 게 한 가지 있다. 바로 '욕설'이다. 한국에서는 욕이 생활화되어 있는 듯하다. 일본에서 사용빈도가 높은 욕설은 バカ(바보), アホ(바보), マヌケ(얼간이), ハゲ(대머리), ムカツク(화난다) 등이며 평균적인 일본 사람이 사용하는 욕설종류는 두세 개 정도다.[1] 일상생활에서 사용되는 욕설을 기준으로 비교했을 때 일본어의 욕설에 비해 한국어의 욕설은 종류도 다양하고 사용 빈도도 훨씬 높다.

인상적인 장면과 함께 내 기억에 확실하게 저장된 욕들이 있다. 광화문 세종문화회관 앞에 있는 혼잡한 버스 정류장에서 오랜 기다림 끝에 드디어 온 38번 버스가 정류장에 제대로 서지 않고, 나를 포함해 기다리던 사람들을 못 보고 그냥 지나쳐 버렸을 그 순간, 60대로 보이는 어떤 아주머니가 그 버스 기사를 향해 외친 말, '쌍놈쉐키!' 너무 멋있었다. 옆에 있던 나는 마음속에서 박수를 보냈다. 또한 부산에서 택시를 탔는데, 무리하게 끼어든 차량(을 운전하는 사람)을 응시하면서 40대로 보이는 택시 기사가 내뱉은 말, '거지같은 새끼...' 오묘한 맛이 느껴지는 독백이었다. 이러한 욕설들은, 한국 사람은 일본 사람과 분명 뭔가 다르다고 생각하게 된 또 하나의 계기였다.

한국인의 욕설에도 어느 정도 익숙해졌을 때, 버스 안에서 뒷좌석에 앉아 있는 여중생들이 하는 일상적인 욕설이 들려왔다. 또 친구나 선생님을 욕하고 있구나 싶었는데, 문득 "그 욕을 일본어로 번역하면 무슨 말일까?"라는 생각이 들어 머릿속에서 번역해봤더니 그 때서야 상당히 심한 말이라는 느낌이 새삼스럽게 들은 적도 있었다. 욕설 사용에 있어 나이나 성별에 따른 차이는 별로 크지 않은 것 같다.

서울과 인접한 중소 도시의 고등학생 867명을 대상으로 욕설 사용 실태에 관해 조사한 연구에 의하면, 거의 모든 고등학생들이 욕설을 사용한다고 응답했으며, 욕설을 사용하지 않는다는 학생의 비율은 남학생에서는 3%, 여학생에서는 4%에 불과했다.[2] 하루 동안 사용하는 욕설의 빈도를 조사한 결과, 대다수(85%)의 학생이 '5회 이내' 또는 '10회 이내'로 응답하였으나, '20회 이내'라고 응답한 학생이 7%, '셀 수 없다'라고 응답한 학생도 5.5%나 되었다. '전혀 사용하지 않는다'라는 응답은 2.5%였다. 중학생과 고등학생을 대상으로 한 다른 연구에서도 과반수의 학생들이 하루에 5회 이상 욕설을 사용하는 것으로 나타났다.[3] 욕설을 처음 사용한 시기에 대해 '기억나지 않는다'고 응답한 학생들도 많지만(34%), 과반수(58%)의 학생들이 초등학교 때 욕설을 처음 사용했다고 응답했다. 욕설의 습득 경로는 대다수(65%)의 학생들이 인터넷 매체(특히 컴퓨터 게임을 하면서 나누는 채팅)에서 습득하였다고 답하였다. 그 다음으로 많이 응답한 경로는 '친구로부터 배웠다(15%)'라는 것이다. '부모님으로부터 배웠다'는 응답도 10%를 차지하고 있었다.

고등학생들이 가장 많이 쓰고 있는 욕설을 순서대로 나열하면 '씨발(십팔, 씨팔, 씹새끼...)'(95%), '존나(졸라, 조낸, 좆밥, 좆나...)'(93%), '미친(-새끼, 놈, 년...)'(91%), '개(-새끼, 같은 놈...)'(91%), '지랄(개지랄, 지랄염병...)'(88%), '병신(븅신, 등신...)'(88%), '쓰레기(-같은, 년, 놈...)'(85%), '엄창'(84%), '쌍(-년, 놈, 쌍놈새끼...)'(75%), '개념없는(무개념, 무뇌...)'(72%)가 된다.

욕설을 사용하는 이유로서는 부정적 정서가 원인이라고 인식하는 경우는 많지 않았고('스트레스 때문에', 9%; '화가 나서', 7%; '괜히 짜증이 나서', 1.1%), 대부분의 학생은 욕설 사용을 사회적 관습 또는 개인적 습관으로 간주하고 있었다('습관적으로', 29.5%; '남들이 사용하니까', 18%; '친구들이 다 쓰기 때문에', 8%). 일부 학생들은 긍정적 효과를 얻기 위해 욕설을 사용하고 있다('친근감의 표시로', 23.4%; '남들에게 강하게 보이려고', 4%).

이와 대응하여, 친구들에게 욕설을 들었을 때의 느낌도 '기분이 나쁘거나(4%) 기분이 나쁘지만 곧 잊는다(9%)'는 비율은 소수였으며, 대부분의 경우는 '별 느낌이 없다(55%)'는 것이며, '친근감이 느껴진다'는 의견도 32%나 된다. 하지만, 친구가 아닌 다른 사람으로부터 욕설을 들었을 때는 대부분 '기분이 나쁘거나(74%) 기분이 나쁘지만 곧 잊는다(8%)'라고 응답하였다.

다른 연구에 의하면, 욕설을 들은 상대방의 반응으로는 '나를 죽일 듯이 덤벼왔다(3%)', '즉시 욕을 하며 싸움이 되었다(12%)' 또는 '미안하다며

사과했다(8%)'는 비율은 소수였으며, 대부분의 경우는 '아무 반응이 없었다(76%)'는 것이었다. 또한 욕설을 하고 난 후의 기분에 대해선 '감정표현을 다하고 나니 기분이 풀렸다(6%)'는 학생은 소수였으며, 대부분은 '사소한 일로 욕을 하게 되어 미안한 생각이 들었거나(23%) 고쳐야겠다고 생각했다(30%).' 하지만 상당수(41%)의 학생들은 '아무런 기분도 안 들었다'고 답하였다.

고등학생들이 욕설의 대상으로 삼아 본 적이 있는 사람으로는 친구 99%, 후배나 선배 78%, 선생님 58%, 어른 42%, 부모님 38%였다. 물론 윗사람의 경우는 대부분 당사자가 없는 곳에서 사용했다고 응답했지만, 어른들도 이렇게 많이 욕먹고 있으니 한국 사회는 고령화될 수밖에 없겠다.

### 고개 끄덕거림과 맞장구치기

나는 한국 사람을 상대로 이야기할 때 묘한 불안감을 느끼는 경우가 많았다. '내 이야기를 안 듣고 있는 것이 아닌가?', '잘 이해 못하고 있는 것이 아닌가?', '내 이야기를 못 마땅히 여기고 있는 것이 아닌가?' 하는 이런 생각이 들어 불안해지는 경우가 자주 있었던 것이다. 물론 외국에서 모국어가 아닌 한국어로 이야기해야 한다는 것도 내가 불안해지는 하나의 원인이었겠지만, 그보다 더 중요한 원인이 있다는 것을 나중에 깨닫게 되었다. 그것은 이야기를 듣는 사람이 하는 행동의 미묘한 문화차이 때문이었다. 즉, 일본 사람이라면 상대의 이야기를 들으면서 자주 하는 고개를 끄덕거리는 행동과 맞장구를 치는 행동을 한국 사람들은 별로 하지 않는 것이다. 물론 한국 사람도 이야기를 듣고 있을 때 어느 정도는 고개를 끄덕거리기도 하고 맞장구도 치는데, 일본에서 경험했던 빈도에 비하면 훨씬 적었다. 그래서 한국 사람과 이야기 할 때 나도 모르게 불안을 느꼈던 것이다.

일본인은 상대의 이야기를 들으면서 자주 고개를 끄덕인다. 일본인이 대화중에 고개를 끄덕이는 빈도는 미국인의 약 세 배에 달한다는 조사 결과도 있다.[4] 이야기를 듣는 사람이 고개를 끄덕거리는 행동은 화자가 하는 이야기에 대한 관심, 이해, 동의 등을 나타내며, 대화를 촉진하는 효과가 있다. 반대로 말하면, 만약 청자가 별로 고개를 끄덕거리지 않는다면 화자는(특히 일본 사람은) 불안해지고 대화를 중단하고 싶어질 수도 있다는 이야기다.

심지어 말하는 상대가 사람이 아니라 대화 에이전트Virtual Conversational Agents의 경우에서 조차도 같은 효과가 있다. (대화 에이전트란 사람과 대화할 컴퓨터를 가리킨다. 즉, 의인화된 신체 표현을 가지고, 음성이나 몸짓 등의 자연스러운 커뮤니케이션 수단으로 인간과 커뮤니케이션하는 컴퓨터 프로그램 또는 로봇을 말한다.) 일본인을 대상으로 '일본인의 빈도와 타이밍으로 고개를 끄덕이는 대화 에이전트'와 '미국인의 빈도와 타이밍으로 고개를 끄덕이는 대화 에이전트'를 사용하여 실험한 연구에 의하면, 사람과 대화 에이전트의 커뮤니케이션에서도 화자(일본인)가 문화적으로 적응한 빈도(즉, 상대적으로 높은 빈도)와 타이밍으로, 이야기의 청자聽者인 대화 에이전트가 고개를 끄덕이는 경우, 화자(일본인)는 대화 에이전트에 더 친근감을 가지게 되고(실험1), 더 오래 이야기하게 되는 효과가 있는 것으로 나타났다(실험2).[5]

일본인은 이야기를 듣는 사람이 고개를 끄덕일수록 그 사람을 좋게 평가한다. 일본어를 학습하는 외국학생들을 대상으로 한 연구에 의하면, 외국학생이 고개를 끄덕거리는 빈도와 그 사람에 대한 일본인의 평가는 정적 상관(r = .55)이 있는 것으로 나타났다.[6] 즉, 외국학생들과 일본어로 대화를 나눈 일본인은 고개를 끄덕거리는 빈도가 높은 외국인에 대해 더 좋은 인상을 가지게 되었다. 이와 같이 일본인 입장에서는 청자의 고개 끄덕거림을 통해 자신의 이야기에 대한 관심, 이해, 동의 등을 나타내는 피드백을 많이 받을수록 상대방에 대한 평가가 좋아지고, 안심해서 이야기를 할 수 있게 되는데, 한국 사람은 일본인만큼 그러한 비언어적 피드백을 주지 않는 것이다.

또한 이야기를 듣는 사람이 맞장구치는 빈도도 일본인이 한국인에 비해 더 많다. 대화중에 청자는 종종 '응', '네', '예', '그러네', '맞아 맞아'와 같은 짧은 말을 하며, 화자의 이야기에 대한 관심, 이해, 동의 등을 나타내는 언어적 행동을 한다. (일본어에서는 'うん(응)', 'ええ(네)', 'はい(예)', 'そうですね(그러네요)', 'そうですか(그래요?)', 'ほんとう(정말?)', 'なるほど(그렇군)'와 같은 말을 사용하며, 이를 'あいづち相槌'라고 한다. 'あいづちを打つ'라는 말은 한국어의 '맞장구치다'에 해당되며, 칼을 만들기 위해 두 명의 대장장이가 교대로 망치를 치는 모습에서 유래한 말이다.) 맞장구치기는 비언어적 행동인 고개 끄덕거림과 동시에 나타나는 경우도 많지만, 단독으로도 사용된다.

한국과 일본의 TV와 라디오 프로그램을 자료로 한 연구에 의하면, 1분 동안의 담화 중에 나타난 맞장구의 회수는 일본인은 평균 약 18번이었는데, 한국인은 약 11번이었다.[7] 일본인은 한국인의 약 1.6배 더 많이 맞장구를 치고 있는 것으로 드러났다. 또한 한 번 맞장구친 후 다음 맞장구를 칠 때까지 화자가 말하는 음절수는 일본인(평균 22.85)이 한국인(평균 27.17)보다 더 적었다. 즉, 일본인이 한국인보다 자주 맞장구치고 있는 것이다. 이러한 맞장구치기는 한국에서도 일본에서도 여성이 남성보다 더 빈번하게 하는 행동이지만, 한국 여성보다 일본 여성이 더 많이 맞장구친다.[8)]

맞장구치는 행동은 상황과 상대에 따라 그 빈도가 달라지는데, 이 부분에서 한일 간의 문화차이가 한층 더 커진다. 우선 공적인 장면과 사적인 장면에서 맞장구치기의 빈도 변화를 비교하면, 다음과 같은 차이가 있다.[9)] 일본인의 경우 꽤 많은 사람들(42.4%)이 공석인 장면에서는 맞장구치기가 많아진다고 응답한데 비해, 그러한 한국인은 13.1%에 불과했다. 반대로 한국인의 경우 대부분(69.0%)이 공적인 장면에서는 맞장구치기가 적어진다고 응답했는데, 그러한 일본인은 33.1%였다. 변화가 없다는 응답은 한국인 17.9%, 일본인 24.5%였다. 즉, 일반적으로 일본에서는 공적인 장면에서 맞장구치기가 좀 더 많아지는 데 비해, 한국에서는 공적인 장면에서는 맞장구치기가 상당히 억제되는 것이다. 사적인 장면에서는 일본인도 한국인도 맞장구치는 빈도가 많아지지만, 일본인(42.0%)보다 한국인(65.2%)이 변화의 정도가 더 크다.

토론하는 장면에서의 맞장구치기도 한일 간에 흥미로운 차이가 있다. 한국어를 모국어로 하는 일본어 학습자와 일본어 모국어 화자를 대상으로, 일본어로 진행되는 토론 형식의 역할연습에서 '동의를 나타내는 맞장구' 사용의 차이를 조사한 연구에 의하면, 일본어 모국어 화자의 경우는 '자신과 같은 의견을 가진 화자의 발화'에서(18.7%)보다 '자신과는 다른 의견을 포함하는 화자의 발화'에서(81.3%) 'そうですね(그러네요)'와 같은 동의를 나타내는 맞장구를 사용하는 비율이 높았던 반면에, 한국어 모국어 화자의 경우는 그 반대의 경향을 보였다. 한국인은 '자신과 같은 의견을 가진

화자의 발화'에서 대부분의 사람들(70.0%)이 맞장구를 치지만, '자신과는 다른 의견을 포함하는 화자의 발화'에서는 일부 사람들(30.0%)만 맞장구를 치는 것으로 나타났다.[10)]

일본인은 화자(상대방)가 청자(자신)의 주장에 불리한 사실, 또는 화자(상대방)의 주장을 지지하는 것으로 보이는 사실을 언급 할 때, 그에 대한 동의를 나타내는 맞장구를 쳐서 대화에 참여하는 적극적인 태도를 나타내는 등, 화자(상대방)가 의견을 말하기 쉬운 분위기를 만들 수 있도록 배려하여 청자로서의 역할을 열심히 수행하고 있는 것으로 보인다. 한편, 한국인은 화자(상대방)가 청자(자신)의 주장에 유리한 사실을 언급 할 때, 그에 대한 동의를 나타내는 맞장구를 사용하여 자신의 주장의 타당성을 호소하려고 하고 있다고 생각된다. 한국 문화에서는 토론의 자리에서 '자신과 다른 의견을 포함하는 화자의 발화'에 대해 동의를 나타내는 맞장구를 치는 것은 상대에게 우유부단한 인상을 주기 때문에, 일본어로 하는 토론에서도 그것을 피하기 위해 맞장구 사용을 억제하게 된 것으로 보인다. 이 연구에 참여한 사람은 남성이었으나, 여성을 대상으로 한 다른 연구에서도 기본적으로 동일한 결과가 나타났다.[11)]

다음으로 대화 상대가 윗사람의 경우 일본인의 과반수(61.7%)는 맞장구치기가 많아지는 반면, 그러한 한국인은 18.2%였다. 한국 사람은 대부분(71.2%) 윗사람 앞에서는 맞장구치기를 억제한다. 하지만, 그러한 일본인은 20.2%였다. 아랫사람에 대해서는 변화가 없다는 응답이 한국에서도 일본에서도 가장 많았으며, 한국인의 경우 42.2%, 일본인의 경우 53.6%였다.

또한 한국에서는 대화 상대가 이성의 경우 동성끼리 대화하는 경우에 비해 고개를 끄덕거리는 빈도도 맞장구치는 빈도도 감소한다.[12)]

일본인은, 고개 끄덕거림의 경우와 마찬가지로, 이야기를 듣는 사람이 자주 맞장구칠수록 그 사람을 좋게 평가한다. 예를 들어, 일본어를 학습하는 외국학생들이 대화중에 맞장구치는 빈도와 그 사람에 대한 일본인의 평가는 강한 정적 상관($r = .78$)이 있었다.[13] 즉, 외국학생들과 일본어로 대화를 나눈 일본인은 맞장구치는 빈도가 높은 외국인에게 그렇지 않은 사람에 비해 훨씬 더 좋은 인상을 가지게 되었다. 한편, 한국인은 장면과 상대를 생각하지 않고 과도하게 맞장구치는 사람에 대한 평가는 낮으며, 경솔한 사람이라고 보는 경향이 있는 것 같다.[14]

이야기를 듣는 사람의 고개 끄덕거림과 맞장구치기에 관한 이상과 같은 문화차이를 몰랐던 나는 특히 공식적 장면이나 토론 장면에서, 특히 아랫사람이나 여성에게 일본적인 감각으로(즉, 무의식적으로) 관심과 이해와 동의를 나타내는 많은 피드백을 기대하면서 이야기했는데, 한국 사람들은 그러한 상황과 상대에게는 반대로 고개 끄덕거림과 맞장구치기를 억제하는 경향이 있기 때문에, 나는 '묘한' 불안감을 느낄 수밖에 없었던 것이다.

## 한일비교를 위한 접근방법

왜 한국 버스 기사의 버스 운행방식은 일본의 버스 기사에 비해 융통성이 있는 것인가? 왜 한국에는 '사모님'이 많은 반면, 일본에서는 종종 보이던 소녀풍 패션의 중년여성은 찾아보기 힘든가? 왜 한국에는 일본보다 전형적인 미인이 더 많고, 중상위급 미인은 한국보다 일본에 더 많은가? 왜 한국에서는 모든 음식 값(또는 술값)을 한 사람이 대표로 계산하는 한턱

내기가 관습화되어 있고, 일본에서는 음식 값을 각자 계산하는 '와리캉割り勘'이 관습화되어 있는 것인가? 왜 일상생활에서 사용되는 한국어의 욕설은 일본어의 욕설에 비해 종류도 다양하고 사용 빈도도 훨씬 높은가? 일본 사람들이 상대의 이야기를 들으면서 많이 하는 고개 끄덕거림과 맞장구치기를 왜 한국 사람들은 별로 하지 않는 것인가?

여태껏 앞서 언급한 한일 간 문화 차이의 사례들을 설명하는 문화심리학적 성격이론은 없었다.[15] 따라서 본서에서는 '주체성 자기와 대상성 자기'라는 새로운 관점을 설정하여 한국인과 일본인을 비교함으로써 한국인과 일본인의 성격 특징을 체계적으로 밝히고자 하였다.

기존의 문화심리학적 성격이론처럼 서양 대 동양이라는 커다란 축에서 비교할 때는 한일 간의 공통성이나 유사성이 눈에 띄게 되고 차이점은 간과하게 된다. 따라서 위와 같은 한일 간의 차이점을 설명하기 위해서는 보다 세밀한 틀이 필요하다. 그래서 나는 개인적인 경험을 토대로 하면서 동시에 기존의 한국인론과 일본인론을 참고로 하고, 그리고 한국인과 일본인을 대상으로 한 비교문화심리학의 연구결과들을 정리하여 한국인과 일본인의 성격 특징에 관한 체계적인 비교를 위한 가설적인 개념틀의 개발과 검증을 시도하고자 하였다.

이 책에서는 기존 연구에서 문화적 성격구조의 핵심으로 삼았던 인간관의 차이를 좀 더 세분화시키는 것이 한국인과 일본인의 성격구조의 차이를 해명하기 위한 열쇠라는 가정 하에 이론적 고찰을 시도하고자 한다. 한국인도 일본인도 자기와 타자 간의 연계성을 강조하는 자기관을 공유하고는 있지만 그 때 말하는 '사회적 관계'의 의미 내용에는 간과할 수 없는 차이가 있다는 것이 본 연구의 출발점이다. '사회적 관계'에 임하는 태도라는 측면에서 한국인과 일본인 간의 차이를 부각시키고자 한다. 본 연구도 기존 연구들과 마찬가지로, 개인차의 존재는 인정하지만 동시에 문화 내의 기본적인 동질성을 가정하고 문화 내에서 대표적이고 전형적인 성격의 존재를 가정한다.[16)]

앞에서는 개인적으로 경험한 문화차이의 사례들을 기술하면서 이러한 차이를 설명할 수 있는 새로운 이론의 필요성에 대해 이야기하였다. 다음 절에서는 이러한 문화차이에 대한 설명을 제공할 수 있는 틀로서 주체성-대상성 자기 이론을 제시하고자 한다.

# 불사의 목

——— 잠재요인

## 주체성 자기와 대상성 자기

주체성-대상성 자기 이론의 핵심은 '한국인은 주체성 자기가 우세하고 일본인은 대상성 자기가 우세하다.'라는 관점이다. 이 이론은 한국인과 일본인의 많은 심리적 과정과 사회적 행동은 기본적으로 각각의 문화적 자기관에 의해 규정되어 있다고 주장한다. 주체성-대상성 자기 이론은 문화적 차이를 보이는 한국인과 일본인의 심리적 과정과 사회적 행동을 설명하고 예측할 수 있는 틀로서, 대인관계의 분리-연결 차원뿐만 아니라 대인관계에서의 영향력의 방향성 차원을 추가한 새로운 문화적 자기관 모델이다.

우선, 본 이론도 사회적 맥락에 대한 심리적 거리감을 기준으로 자기관은 크게 두 가지로 분류할 수 있다고 가정한다. 하나는 사회적 맥락으로부터 분리된 존재로서 자기를 인식하는 경우이며 또 하나는 사회적 맥락과 연결된 존재로서 자기를 인식하는 경우이다. 전자는 구미문화, 특히 북미 중류계급에서 우세한 상호독립적 자기Independent self에 해당되며, 후자는 동양문화에서 우세한 상호협조적 자기Interdependent self에 해당된다.[16)]

이 차원은 문화비교를 하는 데 있어 가장 중요한 차원으로 여겨져 왔다. 하지만, 신프로이드 학파의 호나이와 프롬의 이론처럼 개인의 성격 이해에 있어 대인관계의 분리-연결 차원뿐만 아니라 대인관계에서 영향력의 방향성 차원의 중요성에 주목하는 이론들도 있어 왔다. 이 점에 착안하여 나는 사회적 맥락과 연결된 존재로 자기를 인식하는 문화적 자기관도 대인관계에서 작용하는 영향력의 방향성이라는 관점에서 다시 두 가지로 분류할 수 있다고 가정한다. 즉, 자신을 사회적 영향력을 발휘하는 중심적 존재로 보는 경우와 스스로를 사회적 영향력을 수용하는 주변적 존재로 보는 경우이며, 전자의 자기개념을 주체성 자기subjective self, 후자의 자기개념을 대상성 자기objective self라고 명명하였다.

주체성 자기가 강한 사람이란 자기 자신을 대인관계에서 영향력을 발휘하는 중심에 위치한 존재로 인식하는 사람이며, 자신의 지향성을 중시하고 소원, 이상, 비전 등의 내부기원의 준거틀에 초점을 맞춘 자기인식을 하

**〈그림 1〉 문화적 자기관의 유형**

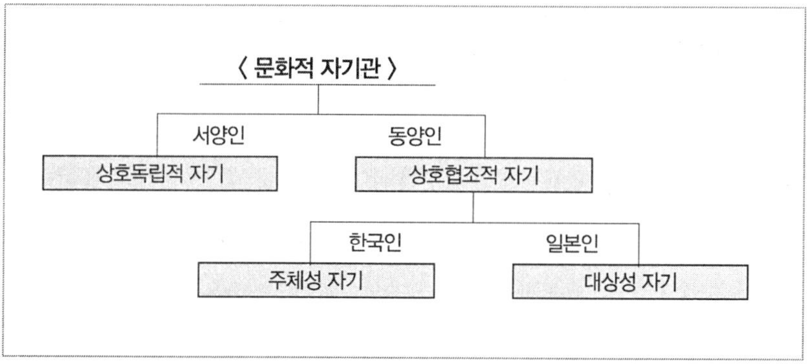

는 사람이다. 그들은 관계성 욕구 중에서도 '가르치고 싶다', '주관하고 싶다', '선도하고 싶다', '주도하고 싶다', '지배하고 싶다'와 같은 욕구가 강하며, '형, 오빠(또는 언니, 누나), 부모, 선배, 리더'와 같은 역할을 선호한다. 그들은 자신의 가치와 능력 및 장래성을 타인보다 높게 평가하며 자기현시적이고 자기외부를 향한 통제성을 강하게 발휘한다.

한편 대상성 자기가 강한 사람이란 스스로를 대인관계에서 영향력을 수용하는 주변적 위치에 있는 존재로 인식하는 사람이며, 상대의 지향성을 존중하고 규범, 의무, 기대 등의 외부기원의 준거틀에 초점을 맞춘 자기인식을 하는 사람이다. 그들은 관계성 욕구 중에서도 '배우고 싶다', '모시고 싶다', '따라가고 싶다', '보좌하고 싶다', '의존하고 싶다'와 같은 욕구가 강하며, '동생, 자녀, 후배, 부하'와 같은 역할을 선호한다. 그들은 상대의 가치와 능력 및 장래성을 상대적으로 높게 평가하고 자기억제적이고 자기내부를 향한 통제성을 강하게 발휘한다.[18)19)]

어떤 대상에 대한 주체로서의 자각(주체성 자기)에서 파생하는 심리적 활동성(또는 경향성)을 주체성으로 정의하고, 어떤 주체에 대한 대상으로서의 자각(대상성 자기)에서 파생하는 심리적 활동성(또는 경향성)을 대상성으로 정의한다면, 모든 사람은 상황과 인간관계적 맥락에 따라 유연하게 대처할 수 있도록 주체성과 대상성을 둘 다 가지고 있다고 볼 수 있다. 하지만 그 비중에는 개인차 및 문화차가 존재한다.

주체성과 대상성은 비교적 독립적인 두 개의 요소로 간주된다. 주체성과 대상성은 모든 사람 안에 존재하며 특정한 비율로 각각이 활성화되어 있다. 주체성을 보다 많이 사용하여 상황을 인식하고 행동하는 사람은 주체성 자기가 우세한 사람이라고 할 수 있고, 대상성을 보다 많이 사용하여 상황을

〈표 1〉 주체성 자기와 대상성 자기의 기본적 요소

| | 주체성 자기 | 대상성 자기 |
|---|---|---|
| 자기개념 | 사회적 영향력을 발휘하는 주체(중심적 존재) | 사회적 영향력을 수용하는 대상(주변적 존재) |
| 목표 지향성 | 자신의 지향성 중시 | 상대의 지향성 존중 |
| 자기인식의 준거 | 내부기원의 준거틀에 초점<br>소원, 이상, 비젼 등을 형성<br>"나는 이렇게 살고 싶다." | 외부기원의 준거틀에 초점<br>규범, 의무, 기대 등을 내면화<br>"나는 이렇게 살아야 한다." |
| 관계성 욕구 | "가르치고 싶다"<br>"주관하고 싶다"<br>"선도하고 싶다"<br>"주도하고 싶다"<br>"지배하고 싶다" | "배우고 싶다"<br>"모시고 싶다"<br>"따라가고 싶다"<br>"보좌하고 싶다"<br>"의존하고 싶다" |
| 선호하는 역할 | '형, 오빠, 언니, 누나, 부모, 선배, 리더' | '동생, 자녀, 후배, 부하' |
| 자기평가 차원 | 자신의 가치와 능력 및 장래성을 높게 평가<br>(상대의 가치와 능력 및 장래성을 낮게 평가)<br>"나는 당신보다 우수한 사람이다."<br>"나는 존경받을 만하다." | 상대의 가치와 능력 및 장래성을 높게 평가<br>(자신의 가치와 능력 및 장래성을 낮게 평가)<br>"당신은 나보다 우수한 사람이다."<br>"당신은 존경할 만하다." |
| 자기통제 차원 | 자기현시적<br>자기외부를 향한 통제성 | 자기억제적<br>자기내부를 향한 통제성 |

인식하고 행동하는 사람은 대상성 자기가 우세한 사람이라고 할 수 있다.

마찬가지로 어떤 문화에도 주체성과 관련된 요소(관습 등)와 대상성과 관련된 요소가 있으며, 주체성 자기가 우세한 사람처럼 행동하는 사람들과 대상성 자기가 우세한 사람처럼 행동하는 사람들이 존재한다. 하지만 각각의 비율은 문화에 따라 다르며, 주체성과 관련된 요소가 많고 주체성 자기가 우세한 사람이 많으면 그것을 주체성 문화라고 부르고, 대상성과 관련된 요소가 많고 대상성 자기가 우세한 사람이 많으면 그것을 대상성 문화라고 말할 수 있을 것이다.

이러한 틀로 보면 상호협조적 자기관이 우세한 문화권도 주체성 자기가 우세한 문화와 대상성 자기가 우세한 문화로 구별할 수가 있다. 한국인과 일본인은 양쪽 다 사회적 관계에 대한 표상이 자기개념에 깊숙이 포함되어 있지만, 사회적 관계에 임하는 태도나 관습에는 현저한 차이가 있으며, 한국에서 우세한 자기관은 자기 자신을 사회적 영향력을 발휘하는 중심적 존재로 보는 주체성 자기라고 할 수 있고, 일본에서 우세한 자기관은 스스로를 사회적 영향력을 수용하는 주변적 존재로 보는 대상성 자기라고 할 수 있다. 다시 말하면 한국의 문화적 자기관은 주체성 자기이며 한국의 문화는 주체성의 문화인 반면, 일본의 문화적 자기관은 대상성 자기이며 일본의 문화는 대상성의 문화다.

## 문화차이들에 대한 해석

이제 앞에서 기술한 한국과 일본 간의 몇 가지 문화차이들을 주체성-대상성 자기 이론으로 해석해 보기로 한다. 우선 일상생활에서 사용되는 한국어의 욕설이 일본어의 욕설에 비해 종류도 다양하고 사용 빈도도 훨씬 높은 이유는 무엇인가? 주체성의 문화인 한국사회에서는 서로가 자신의 지향성을 중시하고 자기를 드러내려는 경향이 강하면서 상대방을 통제하려는 경향이 강해서 일상생활에서 갈등이 발생하는 소지가 많아 한국인 각자의 주체성 자기가 손상되는 경우가 많다. 그래서 욕설을 통해 손상된 주체성 자기를 회복시키려는 필요성이 크다. 한편, 대상성의 문화인 일본사회에서는 상대의 지향성을 존중하고 자기억제적이며 자신을 통제하려는 경향이 강해서 갈등이 발생하는 소지가 상대적으로 적어서 그러한 필요성이 약하다. 이것이 욕설 사용 빈도에 차이가 있는 이유이다.

자기가 부당한 일을 당했을 때 누구나 다 자존심이 상한다. 억울하고 분해서 손상 받은 자존심을 회복시키려는 동기가 생긴다. 손상 받은 자존심을 회복시키는 방법은 많이 있지만 그 중 하나가 부당한 일을 저지른 상대방에게 욕을 하는 것이다. '썅놈쉐키!' 이렇게 말함으로써 상대방의 위치를 평가절하 한다. 상대방을 양반으로부터 상놈으로, 부모항렬로부터 자녀항렬로 깎아내린다. 그렇게 하면 자기는 상대적으로 몇 단계 위에 서게 되고 일시적으로 상실됐던 주체성 자기를 다시 확인할 수 있어서 손상 받은 자존심은 부분적으로 회복된다. 따라서 욕설 사용은 한국인에게 있어 손상 받은 주체성 자기를 상징적으로 회복시키려는 자기방어기제인 것이다. 부당한 일을 당한 사람의 자존심 손상 정도가 너무 심하면 상대방의 위치를 인간 이하로 떨어뜨릴 경우도 종종 발생한다.

다음으로 한국에서는 모든 음식 값(또는 술값)을 한 사람이 대표로 계산하는 한턱내기가 관습화되어 있는 반면, 일본에서는 음식 값을 각자 계산하는 '와리캉(각자부담)'이 관습화되어 있는 것은 왜일까? 그것은 한국인은 한턱내기를 통해 주체성 자기를 주기적으로 스스로 확인하고 주변 사람에게도 확인시킬 필요성이 큰 반면, 일본인은 주체성 자기가 상대적으로 약해서 일상생활에서 그러한 필요성을 별로 느끼지 않으며 또한 특별한 경우가 아니면 대인관계에서 감히 주체로서 나서서 한턱내기가 어렵기 때문이다.

한국어의 '한턱내다'에 해당하는 일본어는 '오고루奢る'인데 이 동사는 '사치하다'라는 뜻도 있고, '교만을 떨다'를 뜻하는 동사 '오고루驕る'와 어원이 같은 말이다. 따라서 일본에서는 적절하게 한턱내지 않으면 돈은 돈대로 쓰고 좋은 평도 못 받을 수가 있다. '한턱내기'는 한국의 문화적 코드(즉, 주체성의 문화)에는 맞지만 일본의 문화적 코드(즉, 대상성의 문화)에는 안 맞는다. 대상성이 강한 일본인에게는 보다 평등한 방식인 '와리캉(각자부담)'이 맞고 '한턱내기'는 어디까지나 예외적이고 특별한 행동인 것이다.

왜 한국에는 일본보다 전형적인 미인이 더 많고, 중상위급 미인은 한국보다 일본에 더 많은가? 왜 한국에는 '사모님'이 많은 반면, 일본에서는 종종 보이던 소녀풍 패션의 중년여성은 찾아보기 힘든가? 그것은 한국여성이 주체성 자기가 강해서 자신을 표현하는 미적 가치로서 '아름답고 도도한 나'를 선호하는 데 비해, 일본여성은 대상성 자기가 강해서 자신을 표현하는 미적 가치로서 '귀엽고 사랑스러운 나'를 선호하기 때문이다. 또한 주체성 자기가 강한 많은 한국남성은 귀엽고 사랑스러운 여성뿐만 아니라 아름답고 도도한 여성도 선호하지만, 대상성 자기가 강한 많은 일본남성은 귀엽고 사랑스러운 여성을 특히 선호하고 아름답고 도도한 여성은 부담스럽게 생각하기 때문이다.

한국여성이 주체성 자기를 표현하는 중요한 방식이 그녀들의 화장법인 것이다. 90년대까지는 많은 젊은 한국여성들이 활동적이면서 동시에 관능적인 분위기의 진한 화장을 해서 성숙해 보이는 것을 선호했다. 2000년 이후에는 90년 이후의 일본처럼, 내츄럴 메이크업이 대세가 되었지만, 진한 화장대신에 성형수술이 한국여성이 주체성 자기를 표현하는 중요한 수단이 되었다. 주체성 자기가 강한 한국여성은 진한 화장이나 성형수술을 통해 '아름답고 도도한 나'를 표현하려는 경향이 강하기 때문에 전형적인 미인이 더 많아 보이는 것이다. 한편, 대상성 자기가 강한 일본여성은 부드럽고, 산뜻하고, 깜찍해 보이는 내츄럴 메이크업을 통해 '귀엽고 사랑스러운 나'를 표현하려는 경향이 강하기 때문에 중상위급 미인, 즉 보통 여자보다 조금만 더 예쁜 여성이 더 많아 보이는 것이다.

주체성 자기가 강한 한국의 중년여성의 경우 더 친절하고 후한 대우를 받기 위해 화사한 화장, 화려한 옷차림, 고가의 장신구와 소지품으로 '소비의 주체'로서의 나를 표현하려는 경향이 강하기 때문에 한국에는 일본보다 '사모님'이 더 많아 보이는 것이다. 또한 대상성 자기가 강해서 나이가 들어도 귀여운 소녀풍 패션을 선호하는 일본의 일부 중년여성과는 달리, 소녀풍 패션은 자신의 자기개념(즉, 주체성 자기)에 맞지 않기 때문에 한국에서는 그러한 패션의 중년여성을 찾아보기 힘든 것이다.

한국 버스 기사의 버스 운행방식이 일본의 버스 기사에 비해 융통성이 있는 이유는 무엇인가? 그것은 주체성이 강한 한국인 승객 중에는 자신의 지향성을 중시하여 정류장이 아닌 곳에서 승하차를 요구하는 사람이 많으며 주체성이 강한 한국 버스 기사 중에는 버스 운행에 관한 자신의 재량권을 확대해석하는 사람이 많기 때문이다. 반면, 대상성 자기가 강한 일본인 승객 중에는 자신의 지향성을 중시하여 정류장이 아닌 곳에서 승하차를 요구하는 사람이 거의 없으며 대상성이 강한 일본 버스 기사들 역시 운행 규칙을 엄격하게 준수하는 사람들이 많아 버스 운행에 관한 자신의 재량권을 확대해석하는 경우가 별로 없기 때문이다.

## 일본인 특유의 맞장구치기 전술

마지막으로 일상적인 대화 장면에서 상대의 이야기를 들으면서 하는 고개 끄덕거림과 맞장구치기 행동을 일본 사람들이 한국 사람들보다 더 많이 하는 이유는 무엇인가? 그것은 일본인 청자聽者는 고개 끄덕거림과 맞장구치기를 통해 대상성을 적극적으로 발휘하여 일본인 화자話者의 약한 주체성을 지지해줄 필요성이 큰 반면, 주체성이 강한 한국인 화자는 그러한 지지를 받지 않아도 얼마든지 이야기할 수 있고 또한 한국인 청자도 고개 끄덕거림과 맞장구치기를 통해 적극적으로 대상성을 발휘하고 싶은 욕구가 별로 크지 않기 때문이다.

일반적인 대화 장면에서는 이야기하고 있는 사람話者은 주체, 이야기를 듣고 있는 사람聽者은 대상의 위치에 있다고 간주할 수 있다. 이때 청자가 하는 고개 끄덕거림과 맞장구치기 행동은 스스로가 화자에 대한 대상의 위치에 있다는 신호를 보내는 효과적인 수단이다. '나는 당신의 이야기를 잘 듣고 있다. 나는 당신의 이야기에 관심이 있다. 이해한다. 동의한다.' 이런 메시지를 청자가 화자에게 보내면 화자의 주체성이 활성화되어 발화를 촉진시킬 것이다.

상대적으로 주체성이 약한 일본인은 청자가 하는 고개 끄덕거림과 맞장구치기의 지지를 충분히 받음으로써 비로소 안정적으로 이야기 할 수 있게 된다. 만약 청자가 전혀 고개를 끄덕거리지 않고 맞장구도 쳐주지 않는다면 일본인 화자는 불안해지고 대화를 중단하고 싶어질 것이다. 또한 일본인 청자는 고개 끄덕거림과 맞장구치기 행동이 자기개념(즉, 대상성 자기)에 맞는 행동이기도 하고, 일본의 문화적 자기관이 대상성 자기라서 고개 끄덕거림과 맞장구치기를 잘 하는 사람일수록 좋은 평가를 받기도 하기 때문에 열심히 하게 된다.

한편 주체성이 강한 한국인은 그러한 지지를 받지 않아도 쉽게 자기주장이나 자기표현을 할 수 있다. 물론 한국인의 경우도 청자가 고개를 끄덕거리고 맞장구도 치면 화자의 발화가 촉진된다. 하지만 주체성이 강한 한국인 청자는 그렇게 함으로써 대상의 위치에 계속 머물러 있는 것보다 자기도 이야기할 수 있는 기회를 잡아 주체의 위치를 탈환하고 싶은 욕구가 강하기 때문에 일본인보다 고개 끄덕거림과 맞장구치기를 잘 하지 않는 것이다. 그 대신에 한국인 청자는 바꿔 말하기나 선수 치기를 일본인보다 많이 사용한다.

일반적으로 일본에서는 공적인 장면에서 맞장구치기가 좀 더 많아지는 반면, 한국에서는 공적인 장면에서는 맞장구치기가 상당히 억제된다. 이러한 차이는 공적인 장면에서는 그 사회의 문화적 자기관에 일치하는 행동이 더 강하게 요구되기 때문에 나타나는 현상으로 보인다. 일본은 대상성 문화이기 때문에 공적인 장면에서는 맞장구치기를 좀 더 함으로써 청자는 자신의 대상성 자기를 확실하게 드러낼 필요가 있는 데 비해, 한국은 주체성 문화이기 때문에 문화적 코드(즉, 주체성 자기)에 맞지 않는 맞장구치기는 더 억제되는 것이다. 또한 공적인 장면에서 화자로서 이야기하는 것은, 주체성 자기가 강한 한국인에게는 비교적 쉬운 일이지만, 대상성 자기가 강한 일본인에게는 상대적으로 어려운 일이기 때문에 더욱 청자의 지지가 필요해지는 것이다.

대화 상대가 윗사람인 경우도 일본인의 과반수는 맞장구치기가 많아지는 반면, 대부분의 한국 사람은 위사람 앞에서는 맞장구치기를 더 억제한다. 이러한 규범의 차이도 위사람 앞에서는 자신의 대상성 자기를 확실하게 드러낼 필요가 있는 일본의 대상성 문화와 위사람 앞에서는 그의 주체성 발휘를 방해해서는 안 되기 때문에 자신의 주체성뿐만 아니라 대상성의 적극적인 발휘까지도 억제해야 하는 한국의 주체성 문화의 차이로 해석할 수 있을 것이다. 일본에서는 위사람 앞에서는 자신의 대상성 자기를 활성화시켜야 하는 데 비해, 한국에서는 위사람 앞에서는 그의 주체성 자기를 존중해야 하는 것이 각각의 문화적 규범인 것이다.

또한 토론하는 장면에서 한국인은 '자신과 같은 의견을 가진 화자의 발화'에서는 대부분의 사람들이 맞장구를 치지만, '자신과는 다른 의견을 포함하는 화자의 발화'에서는 일부 사람들만 맞장구를 사용하는 반면에, 일본인은 '자신과 같은 의견을 가진 화자의 발화'에서보다 '자신과는 다른 의견을 포함하는 화자의 발화'에서 동의를 나타내는 맞장구를 훨씬 더 많이 친다. 이 차이 역시 문화적 자기관의 차이가 나타난 것이다. 즉, 한국인은 자신에게 유리한 국면(자신과 같은 의견을 가진 화자의 발화)에서는 그에 대한 동의를 나타내는 맞장구를 쳐서 자신의 입장, 즉 주체성 자기의 근거를 더 강화하려고 하고, 불리한 국면(자신과는 다른 의견을 포함하는 화자의 발화)에서는 (내심으로는 동의할 수밖에 없는 경우에도) 동의를 나타내는 맞장구를 억제하여 자신의 주체성 자기를 방어하려는 전술을 사용하는 것이다. 한편, 일본인은 자신에게 불리한 국면에서 (내심으로는 동의하지 않고 있는 경우에도) 맞장구를 쳐주면서 대상성 자기를 충분히 발휘하는 전술을 사용하는 것이다.

제2장

# 주체성 – 대상성 자기 이론

**원석 닦기**_ 새로운 문화적 자기관

기가 센 친구들과 착한 친구들 | 주체성–대상성 자기의 한일비교 | 외모와 스타일에 신경쓰는 이유가 다르다 | 어떤 사람이 주로 타협하는가? | 주체성이 강한 사람의 특징 | 한국인의 정情과 일본인의 아마에甘え | 수동태와 사역수동태를 다용하는 일본어

**금강검의 위력**_ 긍정적 환상의 한일비교

자기존중감과 거짓된 유능감 | 허구적 독특성 | 비현실적 낙관성 | 높은 통제감 | 자기고양적 귀인 | 긍정적 환상의 발생과정

**야누스의 두 얼굴**_ 원심성과 구심성

대조적인 자기 프로세스 | 한국인의 한恨과 일본인의 수치恥 | 한국인의 강한 자기현시성 | 한국여성의 외모중시 경향

# 원석 닦기

——— 새로운 문화적 자기관

## 기가 센 친구들과 착한 친구들

이상과 같이 '한국인은 주체성 자기가 우세하고 일본인은 대상성 자기가 우세하다'고 가정하면 한국인과 일본인의 다양한 심리와 행동의 문화차를 잘 해석할 수 있는 것처럼 보인다. 그런데 이러한 가정은 정말 타당한 것인가? 평균적인 한국인은 실제로 스스로를 대인관계에서 영향력을 행사하는 중심적 인물이라고 생각하고 있고, 평균적인 일본인은 자신을 상대의 영향을 수용하는 주변적 인물이라고 간주하고 있는가?

우리 두 딸들은 초등학교 5학년까지는 일본인 학교를 다녔었고 6학년부터 한국 학교를 다니기 시작했다. 둘째 딸에게 새로운 학교의 분위기를 이것저것 물어봤을 때, 딸이 한국 학교에는 기가 센 친구들이 많다고 말한 적이 있었다. 일본인 학교에서는 자기보다 기가 센 친구들은 30% 정도밖에 없었는데 한국 학교에서는 70% 이상의 친구들이 자기보다 기가 센 것 같다는 것이다. 상위권에서 하위권으로 떨어진 셈이다. 일본인 학교에는 착한 친구들이 많았다고도 했다. 우리 딸의 한국어 실력에는 별로 문제가 없었지만 적응하는데 고생이 많겠다 싶어서 좀 안쓰러웠다. 딸이 말하는 '기가 센 친구들'은 주체성이 강한 친구들이고 '착한 친구들'은 대상성이 강한 친구들이라고 이해한다면, 딸도 나와 같은 인상을 받았던 것이다. 일본인 학교에서 한국 학교로 전학하면서 딸이 경험한 기가 센 친구들의 비율변화는 주체성-대상성 자기 이론을 지지해주는 하나의 증거로 보인다.

한국과 일본은 주체성-대상성 자기의 분포에 관해 확실히 차이가 있다고 느끼게 된 사건이 있었다. 아마 2000년대 초쯤의 일이었을 것이다. 나는 그 당시 주로 버스를 많이 이용했었지만, 그 날은 개통한 지 얼마 안 된 지하철 6호선을 타고 고려대역에서 삼각지역으로 가고 있었다. 퇴근시간이라서 그런지 빈자리가 거의 없었는데 다행히 나는 자리를 하나 잡아 앉을 수가 있었다. 다음 안암역에서 여러 명의 승객들이 탔다. 내 앞에는 20대 후반으로 보이는 아가씨가 서게 됐고 그 옆에 50대 후반쯤 되는 아저씨가 서게 되었다. 보문역에서 내 바로 옆자리에 앉아 있던 사람이 내렸을 때 문제가 생겼다. 그 빈자리에 그 젊은 아가씨가 재빠르게 먼저 앉았다. 그 아저씨도 앉으려고 몸을 움직였지만 한발 늦었다. 아저씨는 좀 아쉬웠을 것이다. 그러자 아저씨는 앉아 있는 아가씨에게 자리를 양보하라는 압력을 가하기 시작했다. 보니까 좀 술에 취한 듯한 얼굴이었다. "어른이 서 있는데 젊은 사람이 앉아 있으면 모양새가 좋겠냐?" "내가 더 세금도 많이 내 왔으니 앉을 권리가 있지 않겠냐?" 이런 식의 이상한 논리를 들이대면서 시비를 걸기 시작한 것이다. 만약 일본에서 이런 일이 벌어졌다면 젊은 아가씨는 10명 중 10명이 다 그런 취객을 피해 다른 곳으로 이동했을 것이다. 그러나 그 한국 아가씨는 그렇게 하지 않았다. 당당하게 술에 취한 아저씨와 대결을 벌이기 시작한 것이다. "말도 안 되는 소리하지 마세요." "당신 같은 사람이 있으니까 점점 자리를 양보하는 사람이 줄어드는 거예요!" 흥분한 아저씨가 손을 들어 때리려는 시늉을 하니까 "때려 보세요! 경찰을 부를 거예요."라고 맞선다. "그래 좋다. 불러 봐라!" 말싸움의 수위가 점점 높아지면서 옆에서 이를 지켜보던 나도 조마조마해졌다. 생각 같아서는 내 자리를 양보해주고 싶었지만 그렇게 되면 아가씨와 아저씨가 나란히 앉게 되어 몸싸움으로 이어질까봐 그렇게도 할 수 없었다. 걱정하는 승객들이 지켜보는 가운데 아가씨는 15분 동안 한 치의 양보도 없이 그 아저씨와 말싸움을 하다가 자신의 목적지인 이태원역에 도달해서야 자리를 떴다. 흥분 상태인 아저씨도 출입문까지 달려갔지만 따라 내리지는 않았다. 한국 아가씨가 주체성을 발휘하는 장면을 목격한 귀중한 경험이었다. 물론 한국에서도 그렇게까지 도도한 아가씨는 흔하지는 않을 것이다. 하지만 일본에는 그런 아가씨가 아예 존재하지 않을 것이다. 한국과 일본 간에는 주체성-대상성 자기의 분포에 차이가 있을 것이라는 강한 인상을 나에게 심어준 사건이었다.

이제 '한국인은 주체성 자기가 우세하고 일본인은 대상성 자기가 우세하다'는 가설을 좀 더 객관적으로 검증해보기로 한다.

## 주체성-대상성 자기의 한일비교

주체성-대상성 자기 이론의 타당성은 우선 두 가지 자기관의 상대적인 강도에 있어 체계적인 차이가 실제로 존재하는지에 달려 있다. 즉, 주체성-대상성 자기가 문화적 자기관으로서 심리과정과 행동의 문화차를 매개하는 개인 수준의 내면화된 문화를 나타내는 개념으로 인정받기 위해서는 이론이 전제로 하는 주체성-대상성 자기의 문화차가 확인되어야만 할 것이다. 더 구체적으로는 주체성-대상성 자기 이론이 타당성을 획득하기 위해서는 한국인은 주체성 자기가 우세하고 일본인은 대상성 자기가 우세하다는 것이 실증적으로 확인되어야 한다. 이론적으로 예측된 이러한 문화차로부터 다음과 같은 네 가지 가설이 도출되며 이들은 주체성-대상성 자기 이론의 타당성과 유용성을 검토하기 위한 핵심적인 가설이라고 할 수 있다.

가설 1. 한국인은 일본인보다 주체성 자기가 강할 것이다.
가설 2. 일본인은 한국인보다 대상성 자기가 강할 것이다.
가설 3. 한국인은 대상성 자기보다 주체성 자기가 강할 것이다.
가설 4. 일본인은 주체성 자기보다 대상성 자기가 강할 것이다.

이러한 가설을 검증하기 위해 먼저 한국 대학생을 대상으로 주체성-대상성-자율성 자기를 측정하는 신뢰롭고 타당한 척도의 개발을 시도하였다. 여기서 자율성 자기는 서양문화에서 강조되는 자기관으로서, 자신을 사회적 맥락으로부터 분리된 독특한 존재로 인식하는 자기개념을 의미한다. 이는 상호독립적 자기관을 개념적으로 계승한 것이다.

수차례의 조사를 통해, 주체성 자기, 대상성 자기 및 자율성 자기를 측정하는 각각 6문항의 하위척도를 포함하는 18문항의 자기보고식 척도인 주체성-대상성-자율성 자기 척도를 구성하였다. 이는 대학생들에게 각 문항(예비문항들)이 자신의 생각이나 느낌과 얼마나 일치하는지를 '전혀 그렇지 않다(1점)'에서 '매우 그렇다(7점)'의 7점 척도(중간값은 4점)로 평가하게 하여 얻은 자료를 분석해서 선정한 문항들이다. 이렇게 구성된 주체성-대상성-자율성 자기 척도는 양호한 신뢰도와 타당도를 보였다.[20)] 척도에 포함된 각 문항의 내용과 평균치, 요인구조, 하위척도의 신뢰도 등을 표 2에 제시하였다.

### 〈표 2〉 주체성-대상성-자율성 자기 문항의 구조 계수 행렬(한국대학생 집단)

| 문 항 | M (SD) | 요인 1 주체성 자기 | 요인 2 자율성 자기 | 요인 3 대상성 자기 |
|---|---|---|---|---|
| 모든 상황에 대한 리더적인 통제력을 갖는 것이 내게 중요하다. | 4.56 (1.37) | .72 | | -.30 |
| 나는 다른 사람들을 내 뜻에 따르게 할 수 있다. | 4.51 (1.17) | .61 | .45 | -.48 |
| 자기주장이 강하고 뛰어나기 위해 노력한다. | 4.41 (1.36) | .59 | .46 | |
| 나는 남들을 이끌 수 있는 힘을 갖고 싶다. | 5.39 (1.35) | .56 | | |
| 나는 남들에게 나의 영향을 주는 데 있어 타고난 소질이 있다. | 3.96 (1.24) | .53 | .39 | -.33 |
| 종종 '힘의 중심에 있는 인물'이 될 필요를 느낀다. | 5.13 (1.38) | .53 | | |
| 나 혼자서 새로운 것을 탐색하면서 돌아다니는 것을 좋아한다. | 4.49 (1.64) | | .66 | |
| 나는 혼자 힘으로 의사결정을 하는 것이 편하다. | 4.56 (1.51) | | .64 | |
| 나는 혼자서도 얼마든지 잘 지낼 수 있는 방법을 알고 있다. | 4.56 (1.47) | .33 | .57 | |
| 독립적이고 자립적인 것은 나에게 중요하다. | 4.97 (1.41) | .48 | .51 | |
| 무엇을 하든지 나의 즐거움과 만족이 가장 중요한 기준이다. | 5.09 (1.37) | | .51 | |
| 나는 어떤 사람이나 집단에 의지하기보다는 스스로의 힘으로 문제를 해결한다. | 4.33 (1.36) | | .45 | |
| 나는 리더라기보다 따라가는 사람이다. | 4.05 (1.21) | -.55 | | .74 |
| 내가 다른 사람들보다 두드러질 때, 불편해진다. | 3.53 (1.44) | | | .61 |
| 모임에서 리더가 되기보다는 보좌하는 사람이 되고 싶다. | 4.19 (1.68) | -.51 | | .60 |
| 누군가에게 무엇을 시키는 것보다는 누가 나에게 무엇을 시켜주는 것이 편하다. | 3.74 (1.67) | | | .60 |
| 의견이 충돌될 때, 주로 상대방의 의견을 따른다. | 3.89 (1.18) | | | .53 |
| 나는 친구들이 결정한 일이 내 생각과 다르더라도 거의 그대로 따르는 편이다. | 4.19 (1.31) | | | .49 |

| | | | | |
|---|---|---|---|---|
| 고유근 | | 4.58 | 1.41 | .79 |
| 총 변산 비율 | | 25.5% | 7.9% | 4.4% |
| Cronbach's α | | .77 | .74 | .77 |
| 요인 평균<br>(표준편차) | | 4.66<br>(.90) | 4.67<br>(.96) | 3.93<br>(1.00) |

주. 구조 계수 .30 미만은 생략함. N = 227

## 〈표 3〉 주체성–대상성–자율성 자기 문항의 구조 계수 행렬(일본대학생 집단)

| 문 항 | M (SD) | 요인 1 대상성 자기 | 요인 2 자율성 자기 | 요인 3 주체성 자기 |
|---|---|---|---|---|
| 모든 상황에 대한 리더적인 통제력을 갖는 것이 내게 중요하다. | 3.68 (1.40) | | | .61 |
| 나는 다른 사람들을 내 뜻에 따르게 할 수 있다. | 3.40 (1.47) | | | .64 |
| 자기주장이 강하고 뛰어나기 위해 노력한다. | 3.85 (1.48) | -.55 | | .47 |
| 나는 남들을 이끌 수 있는 힘을 갖고 싶다. | 4.88 (1.38) | | | .36 |
| 나는 남들에게 나의 영향을 주는 데 있어 타고난 소질이 있다. | 3.45 (1.37) | | | .59 |
| 종종 '힘의 중심에 있는 인물'이 될 필요를 느낀다. | 3.63 (1.72) | | | .72 |
| 나 혼자서 새로운 것을 탐색하면서 돌아다니는 것을 좋아한다. | 4.85 (1.53) | | .54 | |
| 나는 혼자 힘으로 의사결정을 하는 것이 편하다. | 4.50 (1.61) | | .72 | |
| 나는 혼자서도 얼마든지 잘 지낼 수 있는 방법을 알고 있다. | 4.91 (1.55) | | .66 | |
| 독립적이고 자립적인 것은 나에게 중요하다. | 4.87 (1.33) | | .50 | |
| 무엇을 하든지 나의 즐거움과 만족이 가장 중요한 기준이다. | 3.92 (1.69) | | .51 | |
| 나는 어떤 사람이나 집단에 의지하기보다는 스스로의 힘으로 문제를 해결한다. | 4.60 (1.20) | | .68 | |
| 나는 리더라기보다 따라가는 사람이다. | 4.53 (1.42) | .55 | | -.55 |
| 내가 다른 사람들보다 두드러질 때, 불편해진다. | 3.93 (1.57) | .28[a] | | -.33 |
| 모임에서 리더가 되기보다는 보좌하는 사람이 되고 싶다. | 5.05 (1.45) | .44 | | -.46 |
| 누군가에게 무엇을 시키는 것보다는 누가 나에게 무엇을 시켜주는 것이 편하다. | 4.34 (1.60) | .69 | | -.37 |
| 의견이 충돌될 때, 주로 상대방의 의견을 따른다. | 4.02 (1.28) | .90 | | |
| 나는 친구들이 결정한 일이 내 생각과 다르더라도 거의 그대로 따르는 편이다. | 3.95 (1.33) | .78 | | |
| 고유근 | | 3.46 | 2.34 | 1.62 |
| 총 변산 비율 | | 19.2% | 13.0% | 9.0% |
| Cronbach's α | | .80 | .76 | .76 |
| 요인 평균<br>(표준편차) | | 4.30<br>(1.03) | 4.61<br>(1.01) | 3.82<br>(1.00) |

a 이 구조 계수를 제외하고 .30 미만의 구조 계수는 생략함. N = 131

주체성 자기를 측정하는 하위척도에는 '모든 상황에 대한 리더적인 통제력을 갖는 것이 내게 중요하다.' '나는 다른 사람들을 내 뜻에 따르게 할 수 있다.' 등의 문항이 포함되어 있다. 대상성 자기를 측정하는 하위척도에는 '모임에서 리더가 되기보다는 보좌하는 사람이 되고 싶다.' '누군가에게 무엇을 시키는 것보다는 누가 나에게 무엇을 시켜주는 것이 편하다.'와 같은 문항이 포함되어 있다. 자율성 자기를 측정하는 하위척도에는 '독립적이고 자립적인 것은 나에게 중요하다.', '나는 어떤 사람이나 집단에 의지하기보다는 스스로의 힘으로 문제를 해결한다.' 등의 문항이 포함되어 있다.

척도 제작 과정을 위와 같이 간단하게 요약했지만, 사실은 아주 어려운 작업이었다. 후배들과 함께 한 공동연구의 책임자로서 나의 주체성 부족을 실감했고, 일부 논문 심사자의 신랄한 비판으로 인해 주체성 자기의 위기를 느끼기도 했으며, 한국적 관습을 이용한 자기방어기제의 작동도 경험했다. 즉, 말도 안 되는 비판을 한다고 마음속으로 논문 심사자를 욕한 적도 있었다.

다음으로 한국 대학생을 대상으로 제작된 주체성-대상성-자율성 자기 척도를 일본 대학생을 대상으로 사용하는 것의 타당성을 검토하고자 했다. 이를 위해 일본 대학생을 대상으로 하여 척도의 심리측정학적 특징을 살펴봄으로써 척도의 교차타당화를 시도하였다. 일본어판 설문지는 한국어 사용 경험이 10여년이 되는 일본인 연구자가 제작하고, 일본어 사용 경험이 10여년이 되는 한국인 연구자의 검증을 받았다.

일본 대학생을 대상으로 한 자료에서 얻은 각 문항의 평균치, 요인구조, 하위척도의 신뢰도 등을 표 3에 제시하였다. 전반적으로 한국자료에서 얻은 결과와 유사한 요인구조가 확인되었다. 이로써 주체성-대상성-자율성 자기 척도는 한국뿐만 아니라 일본에서도 사용가능한 타당한 척도인 것으로 확인되었다. 이 척도를 사용하여 주체성-대상성 자기 이론의 기본적인 가정대로 두 가지 자기관의 상대적인 강도에 있어 체계적인 차이가 실제로 한국인과 일본인 간에 존재하는 지를 검증한 결과(그림 2, 표 4 참조), 이론적 예상대로 한국인의 주체성 자기는 일본인의 주체성 자기보다 강하고(가설 1) 일본인의 대상성 자기는 한국인의 대상성 자기보다 강했으며(가설 2), 한국인은 주체성 자기가 대상성 자기보다 강하고(가설 3) 일본인은 주체성 자기보다 대상성 자기가 강한 것으로 드러났다(가설 4).[21]

대인관계에서 다수의 한국인은(또는 평균적인 한국인은) 종종 '힘의 중심에 있는 인물'이 될 필요를 느끼고, 모든 상황에 대한 리더적인 통제력을 갖는 것이 중요하다고 생각하며, 다른 사람들을 자기 뜻에 따르게 할 수 있다고 지각하고 있지만, 다수의 일본인은(또는 평균적인 일본인은) 스스로를 리더라기보다 따라가는 사람이라고 지각하고 있으며, 모임에서 리더가 되기보다는 보좌하는 사람이 되고 싶다고 생각하며, 누군가에게 무엇을 시키는 것보다는 누가 나에게 무엇을 시켜주는 것이 편하다고 느끼고 있다. 즉, 한국인이 내면화한 문화적 자기관은 주체성 자기이고 일본인이 내면화한 문화적 자기관은 대상성 자기라는 주장은 양국의 대학생을 대상으로 한 경험적 자료에 의해 지지된 것이다.

**〈표 4〉 주체성-대상성 자기의 평균비교**

| 집단 | 주체성 자기 | | 대상성 자기 | |
|---|---|---|---|---|
| | M | SD | M | SD |
| 한국대학생 집단 (n = 158) | 5.06 | (.84) | 3.73 | (1.06) |
| 일본대학생 집단 (n = 131) | 3.82 | (1.00) | 4.30 | (1.03) |

또한 한국, 일본 등 동북아시아 대학생들을 대상으로 조사한 연구에 따르면 한국의 경우 주체성 자기가 대상성 자기보다 우세한 사람, 즉 주체성 우세자가 80%, 대상성 우세자는 20%의 비율을 차지하고 있었다. 한편, 일본의 경우 주체성 우세자는 35%, 대상성 우세자가 65%였다.[22)]

30대에서 60대 한국인을 대상으로 한 연구의 의하면, 주체성 자기가 우세한 사람과 대상성 자기가 우세한 사람의 비율은 각각 57.4%와 42.6%로 나타났다.[23)] 이 연구에서 한국인들은 대상성 자기(M = 4.03)에 비해 주체성 자기(M = 4.28)가 우세한 것으로 나타났다.

20대부터 60대까지의 한국인을 대상으로 조사한 다른 연구에 의하면, 일반 성인의 주체성 자기(M = 4.29)는 대학생의 경우보다는 약했지만 중간값(4점)보다는 높아 상당히 많은 한국 성인들이 스스로를 대인관계에서 영

**〈그림 2〉 주체성-대상성 자기의 평균비교**

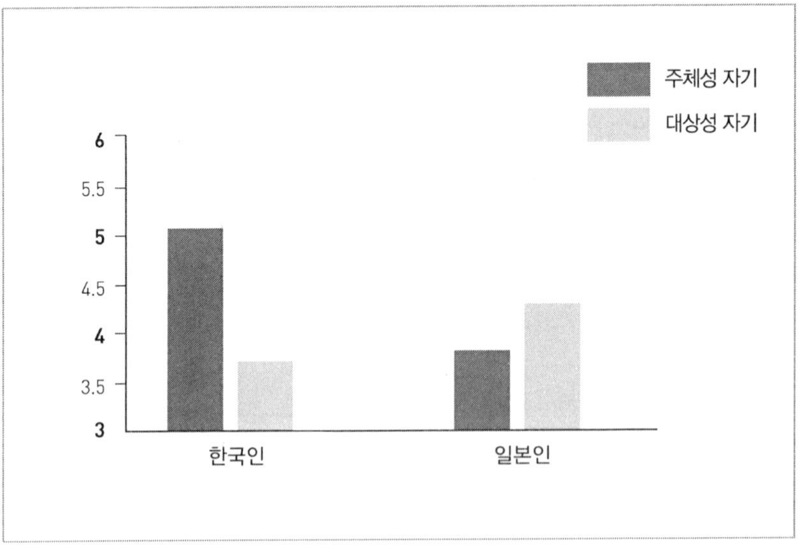

향력을 행사하는 중심적 인물이라고 생각하고 있는 것으로 드러났다. 연령에 따른 차이는 통계학적으로 유의미하지 않았지만, 남성(M = 4.46)은 여성(M = 4.12)보다 주체성 자기가 강한 것으로 나타났다. 그리고 기업 종사자들은 일반성인의 평균보다 주체성 자기가 강한 것으로 나타났다(남성: M = 4.64, 여성: M = 4.34).[24)]

이들 연구를 통해 한국인은 대상성보다 주체성이 강하고 일본인은 주체성보다 대상성이 강하다는 주장은 일정한 지지를 받았다고 생각한다. 그러나 한국에도 소수파이긴 하지만 주체성이 약하고 대상성이 강한 사람들이 존재하고, 일본에도 대상성이 약하고 주체성이 강한 일부 사람들이 존재한다는 것도 사실이다. 문화적 자기관의 관점에서 봤을 때 이러한 비전형적인 자기관을 가진 사람들의 모습에 대해서도 탐구할 필요가 있지만 이 책에서는 거의 언급을 못 했다. 한국인의 대상성과 일본인의 대상성, 그리고 일본인의 주체성과 한국인의 주체성은 생태학적 의미가 다르기 때문에 중요한 질적 차이가 예상되지만 필자의 역량 부족 탓으로 아직 충분히 해명하지 못 했다.

대상성이 강한 일부 한국 사람은 이 책에서 묘사하는 전형적인 일본 사람의 모습과 유사점이 많다고 생각하지만 중요한 차이점도 있을 것이다. 왜냐하면 주체성이 강한 다수파 사이에서 어렵게 살아가야만 하는 사람들이기 때문이다. 그들이 개발한 생존전략을 나도 배우고 싶다. 반대로 주체성이 강한 일부 일본 사람은 한국 상황에 비해 경쟁자가 적고 주변에는 대상성이 강한 사람들이 많아서 더 유리한 입장이기 때문에 전형적인 한국 사람의 모습과 차이점도 있을 것이다. 그들의 입장이 부럽다. 적당히 했으면 좋겠다.

이상과 같은 결과를 간접적으로 지지하는 관련 연구들 또한 존재한다.

우선 한국인과 일본인의 공적 자기의식에 관한 차이를 발견한 연구들이 있다.[25)26)] 공적 자기의식이란 자신의 속성 중 타자가 관찰할 수 있는 측면에 대해 의식하는 경향을 말한다. 자기 자신에게 주의를 기울이기 쉬운 성격특성을 의미하는 자기의식특성에는 외부로부터 보이지 않는 자신의 측면에 주의를 기울이는 사적 자기의식과 외부로부터 보이는 자신의 측면에 주의를 기울이는 공적 자기의식의 두 가지가 있다. 사적 자기의식이 강한 사람은 자신의 감정, 동기, 사고 등의 내적 측면에 주의를 기울이기 쉬운 사람이고, 공적 자기의식이 강한 사람은 자신의 외모나 행동 스타일 등의 외적 측면에 주의를 기울이기 쉬운 사람이다. 이 연구들에 의하면 한국 대학생은 일본 대학생보다 공적 자기의식이 강한 것으로 나타났다. 즉, 한국 대학생은 일본 대학생보다 자신의 외모나 행동 스타일 등에 더 많은 관심을 가지고 있는 것이다.

그런데 공적 자기의식의 양적 차이뿐만 아니라 질적 차이도 발견되었다. 일본에서는 자기존중감이 낮은 사람일수록 공적 자기의식이 강하고, 또한 공적 자기의식이 강한 사람일수록 대인불안이 강한 것으로 드러났다. 그러나 한국에서는 반대로 자기존중감이 높은 사람일수록 공적 자기의식이 강하고, 공적 자기의식과 대인불안 간에는 상관이 없었다. 이러한 차이는 일본인과 한국인이 의식하는 자기개념 자체가 다르기 때문에 초래된 결과로 보인다. 즉, 일본인이 의식하는 것은 대상성 자기의 사회적 측면인 반면, 한국인이 의식하는 것은 주체성 자기의 사회적 측면인 것이다.

대인관계 상황에서 대상으로서의 자기 자신이 주체로서의 타인으로부터 어떻게 생각되고 평가받고 있는지, 타인이 자신의 말이나 행동을 어떻게 받아들이는지 신경이 많이 쓰이는 일본 사람은 대인적 상황에서의 행동이 부자연스러워지고 긴장과 떨림으로 자기표현을 제대로 하지 못하며, 그 장소를 피하고 싶어지는 등의 반응을 일으키기 쉽다. 한편, 공적 자기의식이 높은 한국 사람은 주체로서의 자각이 강한 사람이기 때문에 마치 유명 인사나 연예인이 그러는 것처럼 아무리 타인으로부터 어떻게 생각되고 평가받고 있는지 신경을 많이 쓴다고 해도 대인불안의 감정적, 생리적 반응을 나타내지 않는 것이다.

다시 말하면, 일본인은 자기존중감이 낮은 사람일수록 대인적 상황에서 대상으로서의 자신이 하는 행동 스타일이나 자신의 외모에 더 많은 주의를 기울이게 되고 다른 사람들로부터 어떤 평가를 받게 될지 염려하여 불안해한다. 한편 한국인은 자기존중감이 높은 사람일수록 대인적 상황에서 주체로서의 자신이 하는 행동 스타일이나 자신의 외모에 더 많이 신경을 쓰게 되고 다른 사람들로부터 어떤 평가를 받게 될지 관심을 가지게 되지만, 그렇다고 해서 일본인처럼 불안해지지는 않는다.

문화적 자기관이 다르면 사회비교의 결과도 달라진다. 사람들은 자신을 객관적으로 평가할 기준이 없으면 다른 사람과의 비교를 통해 자신을 평가하게 된다. 이를 사회비교social comparison라고 한다.[27] 미국과 같은 개인주의 사회의 경우 사회비교는 행복과 부적인 관계에 있다고 알려져 있다. 즉, '사회비교를 많이 하면 행복하지 않다.' 사회비교 경향이 높을수록 우울, 스트레스 등의 부정적 정서가 높고 자존감, 주관적 안녕감 등은 낮다는 것이다.

그런데 한국인의 경우 주체성 자기가 강할수록 사회비교를 더 많이 하지만, 주체성 자기가 강한 사람들은 사회비교가 그들의 행복감에 부정적 영향을 미치지 않은 것으로 드러났다.[28] 다만 한국인 중에서 대상성 자기가 강한 사람들은 사회비교를 많이 할수록 행복감(주관적 안녕감과 심리적 안녕감)이 낮아졌다. 즉, '사회비교를 많이 하면 행복하지 않다.'는 현상은 주체성 자기가 강한 사람들 사이에서는 일어나지 않는 것이다. 다른 사람과의 비교를 통해 자신을 평가하게 되는 사회비교는 상호독립적 자기관이 강한 개인주의 문화나 일본과 같은 대상성 문화에서는 부적응적인 의미를 지니고 있지만, 한국과 같은 주체성 문화에서는 별로 그렇지 않은 것이다.

다음으로 한국과 일본의 대학생을 대상으로 사회적 욕구와 사회적 행동에 대해 비교한 연구에 의하면, 사회적 욕구 중에서 한국 대학생은 남녀 모두 지도, 교수, 공헌, 자기현시와 같은 욕구가 일본 대학생보다 강한 반면, 일본 대학생은 남학생도 여학생도 자기성장 욕구가 한국 대학생보다 강했다. 또한 실제 행동에 있어서도 한국 대학생은 남녀 공통으로 권력, 명예, 교수, 자기현시 등을 지향한 사회적 행동을 일본 대학생보다 자주 하는 것으로 나타났으며, 일본 여자대학생은 한국 여자대학생보다 공순 욕구가 강하고 실제로 공순 행동을 많이 하는 것으로 드러났다.[29] 이러한 차이도 '주체성 자기가 우세한 한국인과 대상성 자기가 우세한 일본인'이라는 대비를 간접적으로 지지하는 연구결과로 간주할 수 있을 것이다.

또한 상호독립적–상호협조적 자기관에 관해 한국인과 일본인을 비교한 연구들에 따르면, 일본 대학생은 일관되게 상호독립적 자기관(M = 4.28)보다 상호협조적 자기관(M = 4.70)이 상당히 강한 것으로 나타났으나,[30][31]

한국 대학생들은 상호협조적 자기관(M = 5.13)이 다소 더 강하지만, 상호독립적 자기관(M = 4.87)도 상당히 강한 것으로 나타났다.[32] 보다 최근의 연구에 의하면 한국 대학생들의 상호협조적 자기관(M = 4.86)과 상호독립적 자기관(M = 4.72) 간에는 통계학적으로 유의미한 차이가 없는 것으로 나타났다.[33]

일반적으로 상호협조적 자기관이 우세한 문화권으로 분류되는 한국인과 일본인 간의 이러한 차이도 주체성–대상성 이론의 관점으로 이해할 수 있다. 일본 대학생들이 상호협조적 자기관 척도 점수는 높지만 상호독립적 자기관 척도 점수는 낮은 것은 대상성 자기를 의미하고, 한국 대학생들이 상호독립적 자기관 척도 점수가 상호협조적 자기관 척도 점수만큼 높게 나타난 것은 주체성 자기를 의미한다고 해석할 수 있을 것이다. 왜야하면 상호독립적 자기관 척도에 포함되어 있는 '나는 나의 의견을 언제나 확실히 말한다', '나는 언제나 자신을 가지고 말하며 행동하고 있다'와 같은 문항들에 나타나 있는 자기주장성은 독립적 존재로서의 자기가 갖는 특징일 수도 있으나 사회적 영향력을 발휘하는 주체적 존재로서의 자기가 갖는 특징으로도 볼 수 있기 때문이다.

이상과 같은 연구들을 보면 한국은 주체성 자기가 우세한 '주연들'의 나라이고 일본은 대상성 자기가 우세한 '조연들'의 나라라는 인상이 강해진다. 드라마를 봐도 한국 드라마는 주연급 조연들이 많이 출현해 일본 드라마에 비해 훨씬 역동적인 인상을 주는 경우가 많다. 한편 일본 드라마 중에는 주연답지 않은 주인공이 등장하는 잔잔한 분위기의 드라마도 많다. 나는 둘 다 좋아하지만 너무나 극적인 한국의 연속극은 중독성이 강해서

생활에 지장이 생길까봐 요새는 시청을 자제하고 있다. 너무 재미있는 아침 연속극을 방학 중에 보기 시작해 새 학기가 시작해도 계속되는 드라마가 보고 싶어서 고통스러웠던 적이 한두 번이 아니었기 때문이다.

## 어떤 사람이 주로 타협하는가?

현재 같은 대학에 다니는 사람 중 평소에 자주 연락하거나 만나는 친구(대부분 같은 학년)와의 의견 불일치시의 대처전략에 대해 비교한 연구에 의하면, 한국 학생은 남녀모두 일본과 미국 학생에 비해 '지배'전략을 더 많이 사용하는 것으로 나타났다.[34] 갈등해결전략으로서는 회피, 지배, 양보, 타협, 통합의 다섯 가지 유형이 있는데, 이들 중 '지배'전략의 사용은 한국인이 가장 많았던 것이다. '지배'전략은 상대방에 대한 배려보다는 자신의 주장이 관철되도록 상대방에게 강요하는 대처방식이다. 논의를 주도하고 상대방을 설득하려 한다. 자신과 상대방 사이에 경쟁구도를 설정하여 상대방에게 위압적인 태도를 보이는 경우도 많다. 한국 학생들이 많이 사용하는 갈등해결방식으로서의 '지배'전략은 대인관계에서 주체성 자기를 관철시키는 하나의 수단이다.

또한 한국과 일본에서는 '타협'전략과 '통합'전략의 의미가 다른 것으로 드러났다. '타협'은 상대방의 기대치와 자신의 기대치를 서로 조금씩 낮추도록 조정하여 합리적이고 현실적인 차선책을 강구함으로써 일정한 상호만족을 추구하는 전략이다. '통합'은 상대방의 기대와 욕구도 충족시키면서도 자기만족을 극대화하기 위해, 갈등국면의 당사자들이 개방적으로 정보를 교환하여 협동해서 이상적인 문제해결을 도모하고자 하는 전략이다. 그런데 한국에서는, 일본에서와는 달리, '타협'전략과 '통합'전략은 '양보'와 정적 상관이 있었고(r = .22, r = .26), 반대로 일본에서는, 한국에서와는 달리, '타협'전략과 '통합'전략은 '지배'와 정적 상관이 있는 것으로 나타났다(r = .28, r = .17). 즉, 한국에서는 '타협'전략과 '통합'전략을 많이 쓰는 사람일수록 '양보'를 잘 하지만, 일본에서는 '타협'전략과 '통합'전략을 많이 쓰는 것은 주로 '지배'적인 사람이라는 이야기다. 한국에서는 의견불일치 상황에서 한발 뒤로 물러서서 타협점을 찾고자 하는 것은 상대방에 순응하는 '양보'와 유사한 의미를 가지고 있는 행위인 반면에, 일본에서는 상대방과의 타협점을 찾기 위해 타협안을 제시하는 것 자체가 상대방에 대한 '지배'와 유사한 의미를 가지고 있는 행위인 것이다. 이러한 결과도 '주체성 자기가 우세한 한국인과 대상성 자기가 우세한 일본인'이라는 관점으로 보면 쉽게 이해할 수 있을 것이다. 친구와의 의견 불일치 상황에서 주체성 자기가 우세한 한국인은 자신의 의견을 관철시키기 위해 일본인보다 '지배'전략을 많이 쓰고, '타협'전략과 '통합'전략을 많이 쓰는 것은 한국인 중에서도 특히 '양보'를 잘 하는 대상성이 강한 사람의 특징이다. 한편, 대상성 자기가 우세한 일본인은 한국인보다 '지배'전략을 적게 쓰고, '타협'전략과 '통합'전략을 많이 쓰는 것은 일본인 중에서도 주로 주체성이 강한 '지배'적인 사람의 특징인 것이다.

이와 관련하여 우리 부부의 경우도 같은 갈등해결방식을 사용해도 결과가 다른 것을 여러 번 경험했다. 한국인인 나의 아내는 부부싸움을 할 때 화를 내야 정신건강이 유지된다. 화를 참으면 정신 상태는 더 악화되고 그 후의 관계도 나빠진다. 그런데 나의 경우는 반대다. 내가 일본 사람이라서 그런지, 화를 내면 부부싸움에서 이겨도 며칠 동안 정신 상태가 나빠지는 경우가 많았다. 이는 아마 자기개념의 차이와 관련이 있는지도 모른다. 주체성 자기가 강한 한국인인 아내는 화를 내는 행위가 자기개념에 맞는 것이기 때문에 문제가 없지만, 대상성 자기가 강한 일본인인 나는 화를 내는 행위는 자기개념에 맞지 않기 때문에 문제가 되는 것이다. 반대로 화를 참는 것은 주체성 자기에는 맞지 않기 때문에 아내에게는 문제가 되지만, 대상성 자기에는 맞는 것이기 때문에 나에게는 문제가 되지 않는 것이다. 그래서 요새 나는 부부싸움 할 때 거의 화는 내지 않지만, 전략적으로 화난 척은 한다.

## 주체성이 강한 사람의 특징

다음으로 본 이론과 관련된 선행 이론들을 살펴봄으로써 주체성-대상성-자율성 자기 개념의 이론적 배경을 밝히고자 한다. 이 작업을 통해 개인의 성격 이해에 있어 대인관계의 분리-연결 차원뿐만 아니라 대인관계에서 영향력의 방향성 차원의 중요성을 부각시키고자 한다.

신프로이드 학파의 호나이는 불안의 감소 내지는 불안으로부터 도피하여 안정 상태에 이르고자 하는 욕구가 대인관계의 주된 동기라고 보고, 이러한 불안으로부터 자신을 보호하고자 하는 방어책으로서의 신경증적 욕구를 세 가지로 분류하였다.[35] 첫째는 사람들에게 접근moving toward people하는 것으로서 남들에게 애정, 의존, 복종을 나타냄으로써 자기를 보호한다. 두 번째는 사람들에게 대항moving against people하는 것으로서, 공격, 적대, 습격을 통해 자기를 보호한다. 세 번째는 사람들을 회피moving away from people 하는 것으로서, 고립과 철수를 통해 자기를 보호한다. 호나이에 의하면, 누구나 이 세 가지 책략을 모두 사용하는데, 한 가지 반응 양식만을 경직되게 사용하여 그것이 개인의 성격을 지배하게 되면 신경증이 발생한다고 한다. 주체성–대상성–자율성 자기 이론의 관점으로 보면 이들은 각각 대상성, 주체성, 자율성의 병리적 측면을 묘사한 것으로 볼 수 있다. 신경증적 욕구로서의 접근, 대항, 회피는 각각 대상성, 주체성, 자율성 중 한 가지 특성만을 지나치게 발달시킨 경우이며 그것도 병리적으로 왜곡되어 발휘된 경우라고 할 수 있다.

프롬도 유사한 성격유형론을 제시했는데, 생산적 지향형과 대비되는 비생산적 지향형으로서 수용지향형, 착취지향형, 저축지향형, 시장지향형의 네 가지 유형을 구분하였다.[36] 이들 중 수용지향형receptive orientation 성격의 인간은 일체의 선(善)의 원천이 외부에 있다고 느끼기 때문에 이를 수동적으로 수용하려는 인간 유형이다. 착취지향형exploitative orientation 성격은 수용지향형과 마찬가지로 일체의 선의 원천이 외부에 있다고 느끼지만 획득하는 방법이 힘과 책략으로 빼앗아 가진다는 점에서 수용지향형과 다르다. 저축지향형hoarding orientation 인간은 일체의 선의 원천이 외부에 있는 것이 아니라 자신의 수중에 있는 것으로 여기고 있기 때문에 저축과 절약에 몰입함으로써 안정감을 찾으려는 태도를 취한다. 이들 성격유형도 주체성–대상성–자율성 자기 이론의 관점으로 보면 역시 각각 대상성, 주체성, 자율성의 병리적 측면을 묘사한 것으로 볼 수 있다.

주체성이 강한 사람과 대상성이 강한 사람은 스승과 제자로 만나면 이상적 관계가 되지만 병리적인 관계가 되면 지배하고 착취하는 자와 복종하고 착취당하는 자의 관계가 될 위험성이 높다.

비교적 최근에 와서 키슬러는 대인관계 양식의 원형구조 이론에서 지배–복종 차원과 친화–냉담 차원이라는 직교하는 두 가지 차원을 설정하여 대인관계 양식을 다음과 같이 순서 있게 원형으로 배열할 수 있는 8가지 유형으로 구별하였다.[37] 이들을 시계방향으로 제시하면 지배형(0시방향), 사교형, 친화형(3시방향), 순박형, 복종형(6시방향), 고립형, 냉담형(9시방향), 실리형의 순서가 된다. 대인관계 원형구조에서 바로 옆에 위치한 행동끼리는 유사하며, 지름의 반대 방향으로 갈수록 상반되는 행동이 된다. 이러한 8가지 대인관계 유형을 주체성–대상성–자율성 자기 이론과 대응시키면, 지배형, 사교형은 주체성이 상대적으로 우세한 성격유형들이며 특히 지배형은 인간관계에서 상대방에게 영향력을 발휘하고자 하는 성향인 주체성과 가장 유사한 대인관계 양식으로 보인다. 또한 순박형, 복종형은 대상성이 상대적으로 우세한 성격유형들이라고 할 수 있으며, 특히 복종형은 인간관계에서 상대방의 영향을 수용하려 하는 특성이 두드러진 대상성과 가장 유사한 대인관계 양식으로 보인다.

한국 대학생을 대상으로 주체성–대상성–자율성 자기와 원형구조 이론에 의거한 대인관계 양식의 관계를 검증한 결과, 다음과 같은 사실이 드러났다.[38] 먼저 주체성 자기는 자신을 사회적 영향력을 발휘하는 중심적 존재로 보는 자기관이기 때문에 대인관계 양식 중 지배형, 사교형과의 정적상관을 예상할 수 있고 반대로 순박형, 복종형과는 부적상관을 예상할 수 있다. 실제로 조사에서 나타난 상관관계를 보면, 주체성 자기가 강한 사람일수록 지배형과 사교형 양식이 강했고($r = .61$, $r = .36$), 순박형과 복종형 양식이 약한 것으로 나타났다(r = −.28, r = −.41). 즉, 주체성 자기가 강한 사람은 대체로 자기 확신이 있고 자신만만하고 당당하고 자기주장이 강하고 추진력 있으며, 생기 있고 발랄하고 쾌활하고 외향적이고 사교적인 사람이다.

다음으로 대상성 자기는 자신을 사회적 영향력을 수용하는 주변적 존재로 보는 자기관이기 때문에 대인관계 형용사척도의 순박형, 복종형과의 정적상관을 예상할 수 있고 반대로 지배형, 사교형과는 부적상관을 예상할 수 있다. 조사에서 나타난 상관관계를 보면, 대상성 자기가 강한 사람일수록 순박형과 복종형 양식이 강했고(r = .45, r = .63), 지배형과 사교형 양식이 약한 것으로 드러났다(r = −.68, r = −.46). 즉, 대상성 자기가 강한 사람은 대개 자신 없고 소심하고 비주장적이고 수동적이고 유약하며, 순진하고 양보를 잘 하고 타인 중심적이고 순박하고 고분고분한 사람이다.

**〈표 5〉 주체성–대상성–자율성 자기와 대인관계 양식 간의 상관관계**

| | 주체성 자기 | 대상성 자기 | 자율성 자기 |
|---|---|---|---|
| 대인관계 형용사척도 | | | |
| 지배형 | .61*** | -.68*** | .37*** |
| 사교형 | .36*** | -.46*** | -.03 |
| 친화형 | .24** | -.11 | -.10 |
| 순박형 | -.28*** | .45*** | -.18* |
| 복종형 | -.41*** | .63*** | -.25** |
| 고립형 | -.27** | .46*** | -.03 |
| 냉담형 | -.07 | .10 | .08 |
| 실리형 | .21** | -.21** | .40*** |

*p < .05, **p < .01, ***p < .001, N = 156

표 5에 제시된 결과를 보면 상호독립적 자기관을 개념적으로 계승한 자율성 자기가 대인관계 형용사척도의 하위척도들과 갖는 상관패턴이 새로 개념화한 주체성 자기의 패턴과 부분적으로 유사한 것을 알 수 있다. 즉, 자율성 자기도 지배형과는 정적 상관을 보였고(r = .37), 순박형, 복종형과는 부적상관을 보였다(r = −.18, r = −.25). 그러나 자율성 자기의 지배형 및 복종형과의 관련성(r = .37, r = −.25)은 주체성 자기의 그것(r = .61, r = −.41)보다는 약하고, 주체성 자기가 친화형 및 사교형과 정적상관을 보인 데 반해(r = .24, r = .36), 자율성 자기는 친화형 및 사교형과는 상관을 보이지 않았다. 이는 주체성 자기와 자율성 자기의 개념적 변별성에 관한 일정한 근거로 간주할 수 있으며, 자율성 자기와는 달리 주체성 자기가 자신을 사회적 맥락과 연결된 존재로서 인식하는 상호협조적 자기관의 하위유형임을 시사하는 결과라고 할 수 있다.

또한 일련의 연구에서 확인된 주체성 자기와 자율성 자기 간의 상관(r = .06~.51)도 동일 개념임을 강하게 의심할 정도로 높지는 않았다. 즉, 한국 대학생 집단에서는 주체성 자기와 자율성 자기 간에 그리 강하지 않은 정적상관(r = .26~.51)이 있었으나 일본 대학생 집단에서는 통계적으로 유의미한 상관이 없는 것으로 나타났다(r = .06). 이상과 같이 주체성 자기와 자율성 자기가 별개의 개념임을 가정한다면, 한국인의 경우 자율성은 주체성을 발휘하기 위한 전제조건으로 간주할 수도 있을 것이다. 왜냐하면 타자와의 관계성은 유지하면서도 타자에 의존하지 않고 타자로부터의 영향력에 크게 좌우되지 않아야(즉 자율성을 확립해야) 주체로서의 역할을 수행할 수 있기 때문이다. 그러나 이것은 한국과 같은 주체성 문화만의 특징일 수 있다. 일본인의 경우 주체성 자기와 자율성 자기 간에 상관이 없었다.

이 결과는 자율성이 주체성의 기반이 아니라는 것을 의미하는 듯하다. 일본인은 아무리 자율성을 발달시켜도 주체성 발휘에 연결이 되지 않는다고 해석할 수 있다. 이는 주체성이 약한 대상성 문화의 특징일 것이다. 물론 이러한 해석은 주체성 자기와 자율성 자기의 형성과정에 대한 실증적 연구를 통해 확인될 필요가 있다.

## 한국인의 정情과 일본인의 아마에甘え

가장 기본적이고 특징적인 민족적 정서의 측면에서도 한국인의 주체성 우위와 일본인의 대상성 우위를 확인할 수 있다. 오늘날 한국에서는 사라져가는 '정情'을 그리워하고 일본에서는 '아마에甘え'에 대한 부정적인 인식이 만연되어 있지만, 전통적으로 한국사회에서는 대인관계에 있어서 '정情'을 중요시해 온 반면,[39] 일본사회에서는 전통적으로 대인관계에 있어서 '아마에甘え'가 중요시되어 왔다.[40] 토착적 개념에 관심을 가진 일본의 정신의학자와 한국의 문화심리학자가 가장 먼저 개념화한 민족적 정서는 각각 '아마에甘え'와 '정情'이었다.[41]

정은 기본적으로 주체가 대상에게 느끼는 정서이며 주체가 대상에게 주는 마음이라 할 수 있다. 한편 아마에는 수동적 애정희구이고 모친에 대한 자녀의 의존이 그 핵심이 되는 정서적 의존성인데 일본인은 성인이 된 후에도 가정의 안과 밖에서 모친에 대한 의존과 유사한 정서적인 안정을 추구한다. 물론 한국인도 아마에甘え와 유사한 특징(응석, 어리광)을 충분히 구비하고는 있었고,[42] 일본인도 정情에 해당되는 특징(닌조오, 人情; 오모이야리, 思いやり)을 가지고 있었지만, 민족적 정서를 개념화할 때 한국에서는 정(情)을 제쳐놓고 응석이나 어리광이 가장 중요한 한국인의 특징이라고는 하지 않았고, 반대로 일본에서는 아마에甘え를 무시하고 닌조오人情나 오모이야리思いやり가 제일 중요한 일본인의 심성이라고는 주장하지 않았다.

한국인의 정情도 일본인의 아마에甘え도 그 발달적 기원을 밀접한 부모자식관계에서 찾을 수 있다는 점에서 공통점을 찾을 수 있다. 그런데 서로에게 강한 애착이 형성되고 공감적이고 친밀한 자타미분화적인 관계와 관련하여 한국에서는 주체로서의 부모가 느끼는 정情에 중점을 두게 되었고, 일본에서는 모친에 의존하는 대상으로서의 자녀가 느끼는 아마에甘え에 중점을 둔 개념화가 이루어진 것이다. 아마에甘え의 기본적 특징을 요약하면 '수동적 대상애受動的 對象愛'라고 할 수 있는데,[43] 정情의 기본적 특징을 그와 대비하여 요약해 본다면 '능동적 주체애能動的 主體愛'라고 할 수 있을 것이다.

## 수동태와 사역수동태를 다용하는 일본어

한국인은 일본어를 학습할 때 처음에는 쉽다고 느끼지만, 일본어의 수동태나 사역수동태를 배울 차례가 되면 그 뉘앙스를 이해하고 구사하는 것을 상당히 어려워한다. 일본인인 나는 왜 그것이 어려운지 이해하기 힘들었다. 이 현상이 의미하는 바를 생각해 보자. 한국인이 주체성 자기가 우세한 민족이고, 그와 대비하여 일본인이 대상성 자기가 우세한 민족이라는 것은 언어의 특징, 즉 한국어와 일본어의 차이에도 드러나고 있는 것이다. 어순과 어휘가 상당히 유사한 한국어와 일본어의 가장 큰 차이점은 한국어에 비해 일본어에서는 수동태가 더 빈번하게 사용되고 한국어에 없는 사역수동태라는 표현방식이 일본어에는 있다는 점이다.

물론 한국어에서도 일부 동사에 수동태가 있기는 하지만 대부분의 동사는 문법적으로 수동태로 변하지 않는데, 일본어에서는 대부분의 동사가 수동태로 변할 수 있다.[44] 동사의 어미를 변화시키거나 없애고 '레루れる' 또는 '라레루られる'를 붙이면 수동태가 된다. 그리고 이러한 수동태로 표현하는 경우가 한국보다 많다. 예를 들면 한국어로 '그 편지가 누이동생에게 읽혀졌다(その手紙を妹に讀まれた; 누이동생이 그 편지를 읽었다는 뜻).'라고 하면 어색한 표현이지만, 일본어로 그러한 내용을 수동태로 말하는 것은 아주 자연스러운 표현이다. 또한 일본어에서는 목적어가 없는 자동사도 수동태가 될 수 있다. '부하직원들이 조퇴해 버렸다部下たちが早退してしまった.' 뿐만 아니라 '부하직원들에게 조퇴를 당해버렸다部下たちに早退されてしまった.'라는 표현도 자주 쓰인다. 또한 'A의 아들이 죽었다Aの息子が死んだ.'라는 표현도 물론 쓰지만, 'A는 아들의 죽음을 당했다Aは息子に死なれた.'라는 표현도 흔히 쓰이는 표현이다. 수동태는 자기가 다른 사람으로부터 어떤 영향을 받았다는 것을 나타내는 표현이다. 일본 소설과 수필의 한국어 번역본을 분석한 연구에 의하면, 일본어의 수동태 표현을 한국어의 수동태로 번역할 수 있는 경우는 약 45%였으며, 약 55%는 대응하는 한국어의 수동태 표현이 없어서 능동태로 번역되어 있었다.[45]

또한 일본어에서는 타인이 시키는 일을 하게 된다는 뜻을 나타내는 사역수동태도 자주 사용한다. 자기의 의사와는 관계없이 타인의 요구에 의하여(어쩔 수 없이) 그렇게 하다(되다)라는 의미로 사용되는 사역수동태는 한국어에는 없는 표현방식이다.[46] 일본어의 사역수동태인 '사세라레루させられる'

라는 표현은 한국어로 직역하면 '시킴을 당하여 하게 되다'라는 뜻이다. '교수가 나에게 이 어려운 책을 읽히고 있다読ませている.'라는 내용을 일본어에서는 흔히 '나는 교수에게 이 어려운 책의 읽힘을 당하고 있다読まされている.'라는 식으로 표현한다. 사역수동태 표현에는 그러한 상황을 어쩔 수 없이 수용하는 체념의 심정도 포함되어 있다.

일본 사람은 '~을 하도록 하여 주심을 받다させていただく'라는 표현도 많이 쓴다. 한국인이라면 능동태로 '제가 하겠습니다.'라고 하는 상황에서, 일본인은 보통 '시켜주심을 받겠습니다やらせていただきます.'라고 표현한다. 실제로는 그 일을 직접 시키는 사람이 없을 때도 어떤 주체를 상정하여 그가 시킨 그 일을 자기가 하도록 허락을 받았다는 뉘앙스를 풍기면서 그렇게 표현한다.

또한 일본어에서는 은혜를 받는 대상으로서의 자기에 초점이 맞춰져 있는 '~해줌을 받다してもらう'라는 표현을 많이 쓴다. 이 표현은 한국어로서는 매우 어색한 표현이어서 한국어에서는 행동의 주체에 초점이 있는 형태로 바꿔서 표현할 수밖에 없다. 즉, 일본에서 흔히 쓰이는 '남편에게 책 읽어줌을 받았다夫に本を読んでもらった.'라는 표현은 '남편이 책을 읽어줬다夫が本を読んでくれた.'라고 밖에 표현할 수 없다.

이처럼 한국어에서는 주로 행동의 주체로서의 자기에 초점이 있는데, 일본어에서는 지시나 허락을 받는 대상, 또는 피해나 은혜를 받는 대상으로서의 자기에 초점이 맞춰져 있는 경우가 많다. 이는 일본에서는 대상성 자기라는 문화적 자기관이 강하게 존재하기 때문에 위와 같은 수동태나 사역수동태의 표현이 발달된 것이고 또한 수동태나 사역수동태의 사용에 의해 일본 사람들의 대상성 자기가 유지되어 있는 것이라고 해석할 수 있다.

한국인이 일본어를 학습할 때 일본어의 수동태나 사역수동의 뉘앙스를 이해하고 구사하는 것을 상당히 어려워하는 이유는 한국인이 주체성에 비해 대상성이 약해서 대상으로서의 자기에 초점이 맞춰져 있는 감각을 이해하기 어렵기 때문이라고 생각된다.

어떤 민족의 정신적 특성과 그 언어의 형성은 서로 밀접한 융합상태에 있다고 할 수 있으며, 언어는 말하자면 그 민족의 정신이 밖으로 나타난 현상이다. 언어문화의 심층에 존재하는 통일된 하나의 틀로서의 '내적언어형식'은 말하는 사람이 말을 표출할 때 그에게 일정한 지시(문화적 코드)를 주고, 그 표출된 말을 이해할 때 듣는 사람도 그 일정한 지시에 따라 그 말을 이해하게 되면서 한 언어를 공유하는 민족을 무의식적으로 그 문화적 코드에 순응하여 반응하게 만든다.[47] 일본어 표현에 짙게 스며들어 있는 수동태와 사역수동태는 일본인의 대상성 자기를 지탱하고 있으며 수동태와 사역수동태의 상대적 기피(또는 결여)는 한국인의 주체성 자기를 유지하는 역할을 하고 있는 것이다.[48]

'한국인은 주체성 자기가 우세하고 일본인은 대상성 자기가 우세하다.'는 관점에서 본다면, 한국인과 일본인 간에 존재하는 자아 기능의 여러 가지 차이들에 대해서도 쉽게 이해할 수 있게 될 것이다. 자기관이 달라지면 자아의 기능도 달라질 수밖에 없다. 자기관과 가장 밀접하게 관련된 자아의 기능에는 자기평가, 자기인식, 자기통제의 세 가지가 있다. 다음으로 이 세 가지 측면에서 주체성 자기를 발달시킨 한국인의 심리과정과 대상성 자기를 발달시킨 일본인의 심리과정의 차이를 살펴보고자 한다.

# 금강검의 위력

―――― 긍정적 환상의 한일비교

## 자기존중감과 거짓된 유능감

우선 자기평가 차원에 관하여 주체성 자기를 발달시킨 한국인의 자기평가는 대상성 자기를 발달시킨 일본인의 자기평가보다 긍정적일 것으로 예상할 수 있다. 왜냐하면 자신을 대인관계에서 대상에게 영향력을 행사할 수 있는 주체라고 생각하기 위해서는 그것을 정당화할 근거로서 자신의 능력과 가치에 대한 보다 높은 평가가 요구되기 때문이다. 자신의 능력이나 가치에 대해 자신감을 갖지 못하는 사람은 대인관계에서 주체성을 발휘하기가 어려울 것이다.

자기평가 측면에 관해서 실제로 발견된 차이들은, 한국인이 발달시킨 주체성 자기와 일본인이 발달시킨 대상성 자기를 반영하는 차이인 것으로 보인다. 즉, 한국인의 자기평가는 일본인의 자기평가보다 전반적으로 긍정적이다. 우선 한국 대학생은 일본 대학생보다 자기존중감이 훨씬 높다.[49][50] 자기존중감이란 축적된 과거경험의 결과로서 형성된 자신에 대한 만족감 또는 자신감을 의미한다. 일본 대학생의 자기존중감은 더 낮다.

자기존중감의 수준과 타인 경시 경향의 정도에 따라 유능감 유형을 정의하여 전능형(높은 자존감, 높은 타인경시), 자존형(높은 자존감, 낮은 타인경시), 가상형(낮은 자존감, 높은 타인경시), 위축형(낮은 자존감, 낮은 타인경시)으로 분류할 때, 한국 대학생들은 전능형(43.2%)과 자존형(35.5%)이 많고 가상형(13.1%)과 위축형(8.2%)이 적지만, 일본인 대학생들은 반대로 전능형(13.9%)과 자존형(19.0%)이 훨씬 적고 가상형(32.9%)과 위축형(34.1%)이 많았다.[51] 타인 경시 경향이 높은 사람들의 비율(전능형과 가상형을 합한 비율)은 일본(46.8%)보다 한국(56.3%)이 더 높았으나, 일본 대학생들 중에는 자신의 낮은 자존감을 타인을 경시함으로써 보상하는 '가상적 유능감假想的 有能感'을 형성한 청년들이 한국보다 많았다. '가상적 유능감'은 타자를 경시함으로써 순간적으로 느끼는 무의식적이고 거짓된 유능감을 의미한다. 이는 자신에게 만족 못하고 자신감이 없는 사람들이 살아가기 위해 느끼는 자아방어적인 감정이다. 이는 자신의 과거경험과는 무관하게 느낄 수 있는 지극히 주관적인 자기평가이다.[52]

타민족을 경시하고 혐오하는 것도 자신의 낮은 자존감을 보상하기 위해 '가상적 유능감'기제가 발동하는 하나의 예일 것이다. 말하자면 요괴 같은 '주체성'이다. 억압되고 살해된 '주체성'이 추한 모습으로 되살아난 것이다.

한국 대학생들은 일본 대학생들과는 달리 강한 허구적 독특성 지각(자신의 능력이나 특성에 대한 비현실적으로 긍정적인 평가)과 높은 통제감 및 비현실적 낙관성 경향을 보인다는 증거들이 존재한다.[53][54][55] 자기평가에 관한 이러한 차이에 대해 좀 더 자세히 살펴보기로 한다.

일본인의 시각으로 봤을 때 한국인은 자기특성, 장래에 대한 지각, 통제감 등에 대해 상당한 '긍정적 환상'을 가지고 있다는 인상을 받는다. '긍정적 환상'이란 현실을 자신에게 유리하게 왜곡시키는 경향을 말한다. 일본인이 볼 때 한국인은 다음과 같이 자신감이 넘치는 매우 긍정적 모습으로 보이는 경우가 많다.

> "자신의 힘만을 믿고 세계를 개척하려는 패기 있는 젊은이가 한국에는 많다. 외국유학도 많다. 학력엘리트 중에 오히려 많다. 미국적 사회이다. 그들은 30년, 40년에 걸쳐 조직의 톱니바퀴가 되는 것으로 만족할 수 있는 일본인을 이해할 수 없다고 한다. 고장도 나겠지만, 하여튼 하나의 톱니바퀴에 머물지 않는, 추진력이 뛰어난 크고 작은 엔진이 무수히 있는 곳이 한국이다."[56]

물론 때로는 부정적으로 지각되기도 한다.

> "한국 사람은 상당히 어려운 조건이나 마감날짜임에도 불구하고 쉽게 'OK'하는 경향이 있다."[57]

한국인이 일본인에 비해 미래에 대한 큰 포부를 가진 패기가 있는 사람으로 보이기도 하고 호언장담하거나 경솔하게 일을 떠맡는 사람으로 보이기도 하는 것은 아마도 한국인이 일본인과 달리 자기에 관한 강한 '긍정적 환상'을 가지고 있어서 그것을 자연스럽게 남들에게 나타내 보이기 때문일 것이다.

최근의 여러 연구를 통해 위와 같은 인상은 사실인 것으로 드러났다. 즉, 동아시아 문화권의 일원인 한국인은, 자기고양을 하지 않거나 자기비판적 인지를 하는 일본인과는 달리,[58] 자기고양적인 '긍정적 환상'을 가지고 있는 것으로 나타났다.

### 허구적 독특성

한국 학생들은 능력과 개인주의적 성향 및 집단주의적 성향의 거의 모든 면에서 강한 허구적 독특성 지각을 가지고 있는 것으로 드러났다. 예를 들어 한 연구에서 한국 학생들을 대상으로 자신을 얼마나 긍정적으로(또는 자기고양적으로) 인식하고 있는지를 측정하기 위해 능력(지적능력, 기억력, 운동능력), 개인주의사회에서 중시하는 개체성 특성(독립성, 자립성, 자기주장성), 집단주의사회에서 중시하는 배려성 특성(동정심, 따뜻한 마음씨, 타인사정 이해성)을 각각 제시하고 이러한 각각의 측면에서 '같은 학교 학생들 중 몇 %가 나 자신보다 더 우수하다고 생각되는지'를 응답하도록 하였다.[59]

만약 자기보다 우수한 학생의 비율이 70%라고 한다면 자신을 상당히 낮게 평가하는 것이고, 30%라고 한다면 자신을 상당히 높게 평가하는 것이다. 각 응답자 개개인에게 있어서, 특히 우수한 능력이나 특성의 소유자에게 있어서는 자신에 대한 긍정적 평가는 현실적이고 객관적인 사실을 반영하는 것일 수도 있다. 그러나 각자의 상대적 위치에 대한 추정치의 집단 평균이 50%보다 낮아진다면 대부분의 사람들이 그 능력이나 특성에 관한 '긍정적 환상'을 가지고 있는 것이라 볼 수 있다. 왜냐하면 같은 배경을 가진 학생들 중에서 무선적으로 선발하여 여러 특성에서 자기의 상대적 위치를 추정하도록 했을 때, 그 평가가 현실적이고 객관적인 것이라면 이론적으로 기대되는 추정치의 집단 평균은 50%이기 때문이다.

이 연구의 결과를 보면 한국 대학생들은 전반적으로 긍정적 환상을 품고 있는 것으로 드러났으며, 능력(39.5%)이나 개체성 특성(36.0%)의 자기고양적 지각 경향보다 배려성 특성(29.7%)의 자기고양적 지각 경향이 특히 강한 것으로 나타났다. 한국 대학생들은 평균적으로 여러 가지 능력이나 특성에 있어 자기는 상위 30%에 들어가는 우수한 사람이라고 생각하고 있는 것이다. 이러한 결과는 여러 연구를 통해 확인되었다.

한편, 일본 대학생들은, 집단주의문화에서 중요한 상호협조적 성향(조화성, 성실성 등)에 관해서 미약한 긍정적 환상을 갖고 있을 뿐, 신체적 특징, 능력(지적능력, 운동능력 등), 및 개인주의문화에서 중요한 상호독립적 성향(경험으로의 개방성, 사교성 등)에 있어서는 긍정적 환상이 없으며 현실적인 판단경향을 보이거나 오히려 부정적 환상(자기비하 경향)을 가지고 있는 것으로 드러났다. 평균적인 일본 대학생들은 많은 측면에서 자기는 평균 이하라고 생각하고 있는 것이다. 구체적으로는 일본 대학생들은 신체적 특징(용모가 좋다, 매력적이다, 스타일이 좋다, 건강하게 보인다, 패션감각이 좋다), 경험으로의 개방성(두뇌회전이 빠르다, 어떤 재능이 있다, 개성적이다, 흥미가 넓다, 지적이다), 사교성(사교적이다, 동성 사이에서 인기가 있다, 이성 사이에서 인기가 있다, 명랑하다, 적극적이다)에 있어서는 부정적 환상(자기비하 경향)을 가지고 있는 것으로 드러났으며, 조화성(배려심이 있다, 친절하다, 관대하다, 너글너글하다, 순진하다) 및 성실성(성실하다, 책임감이 있다, 자신에게 엄격하다, 고지식하다, 꼼꼼하다) 측면에서만 미약한 긍정적 환상을 보였다.[60] 상냥함이나 성실함과 같은 영역에서 자기를

평균적 타자에 비해 과대평가하는 이러한 경향은 자존감이 낮은 사람들에게도 나타난다.[61]

다른 연구에서도 일본 학생들은 능력(53.5%)과 상호독립적 성향(50.0%)에서는 긍정적 환상을 보이지 않았고 상호협조적 성향(44.5%)에서만 미약한 긍정적 환상을 보였다.[62]

참고로 이 연구에서 미국의 대학생들은 자신에 관한 세 가지 특성 모두에서 긍정적 환상을 보였는데(능력; 41.5%, 상호독립적 성향; 33.5%, 상호협조적 성향: 28.0%), 미국 대학생과 일본 대학생이 보인 긍정적 환상의 차이는 상호독립적-상호협조적 자기관 이론으로 해석할 수 있는 현상이었지만 한국 대학생이 보인 긍정적 환상은 상호독립적-상호협조적 자기관 이론으로는 전혀 이해할 수 없는 현상이라 하겠다. 왜냐하면 비교문화심리학자는 물론 문화비평가들도 모두 한국사회를 강한 집단주의 사회라고 규정하고 있으며, 한국문화를 일본문화나 중국문화와 함께 상호협조적 자기관이 우세한 문화로 분류하고 있기 때문에 상호독립적-상호협조적 자기관 이론의 예측이 맞는다면 한국인도 일본인과 마찬가지로 자기고양적 지각이 없거나 미약할 것이고 때로는 자기비판적 인지가 나타난다고 봐야하기 때문이다.

자기특성에 관한 이상과 같은 문화차는 자기고양적-자기개선적 동기를 반영하는 행동 차원의 문화차로 귀결된다. 예를 들면 대학생들에게 실험과제(창의성검사)를 수행하도록 한 뒤 피드백을 성공 또는 실패로 조작하여 제공하였다. 그 후 난이도가 달라진 실험과제에 매달리는 시간을 측정한 결과를 보면, 한국 학생들은 실험과제에 성공한 조건에서의 과제 수행시간이 실패한 조건에서 보다 길었으나,[63] 일본 학생들은 이와 반대로 실패한 조건에서의 과제 수행시간이 긴 것으로 나타났다.[64] 이러한 결과는 한국 대학생들의 경우 자신이 성공한 과제에서 자존감의 부양을 느끼고 다음 과제에서도 이 자존감을 확인하고 향유하려는 동기가 상대적으로 강하게 작용하는 반면, 일본 학생들의 경우는 자신이 실패한 과제에서 자괴심을 느끼고 다음 과제에서 자신의 부족한 점을 개선시키려는 동기가 상대적으로 강하게 작용하는 것으로 해석된다.

교사를 대상으로 한 연구에서도 한국인 교사는 일본인 교사보다 자기효능감(수업장면에서의 대처능력에 대한 평가)이 높은 것으로 드러났다. 자기효능감의 형성요인에 관해 한국인 교사는 일본인 교사보다 자신의 계속적인 노력이 중요했다고 생각하는 경향이 강했고, 우수한 선배와의 만남이나 선배에 의한 훈련은 중요하지 않았다고 생각하는 경향이 강했다.[65]

평균적인 한국인은 여러 가지 능력이나 특성에 있어 자기가 상위 30%에 들어가는 우수한 사람이라고 생각하고 있지만, 일부 한국 사람은 그러한 긍정적 왜곡 없이 좀 더 현실적인 자기 평가를 하고 있다. 그들은 한국 상황에서는 손해 보는 가능성이 크다. 정신건강에 별로 도움이 안 되는 태도인 것이다. 과장된 자기평가를 하는 평균적인 한국인은 객관적인 근거 없이 그렇게 하고 있는 것이기 때문에 현실적인 자기 평가를 하고 있는 소수파도 근거 없이 자기 자신을 긍정적으로 평가하는 노력이 필요할 것이다. 그렇게 해도 된다. 한 연구는 일본인의 자기비하적 제시는 타자가 그것을 호의적으로 평가할 것이라는 문화적 각본을 가지고 있기 때문이며, 타자가 그 자기비하적 제시를 부정해주는 것을 통해 정신적 건강이 촉진된다는 것을 밝혔지만,[66] 한국은 그러한 문화적 풍토가 약하다. 그래서 자기 스스로 긍정적 환상을 갖는 것이 정신건강의 기본조건이 되어 있다.

## 비현실적 낙관성

긍정적 환상은 자신의 장래에 관한 지각 영역에서는 비현실적 낙관성이라는 특수한 형태로 나타난다. 비현실적 낙관성이란 사람들이 비슷한 조건의 타인들에 비해서 긍정적인 사건들은 자신에게 더 많이 일어나고, 부정적인 사건들은 자신에게 더 적게 일어날 것이라고 믿는 신념을 말한다.[67] 이러한 경향성은 긍정적인 사건보다 부정적인 사건에 있어서 특별히 크게 나타나며,[68] 서구인들에게는 나이나 사회, 경제적 계급에 상관없이 일반적으로 일어난다.[69] 이것을 측정하는 방법으로서는 어떤 사건이 자신에게 일어날 가능성과 타인들에게 일어날 가능성을 평가하게 하여 그 차이를 구하는 방법 등이 있다.

서구인으로서 상호독립적 자기관이 우세하다고 알려진 캐나다 대학생과 상호협조적 자기관이 우세하다고 인정되는 일본 대학생 간의 비현실적 낙관성 수준을 비교한 연구에 의하면, 캐나다 대학생에서는 비현실적 낙관성이 발견된 반면에, 일본 대학생에서는 비현실적 비관성unrealistic pessimism이 발견되었다.[70] 즉 캐나다 대학생들은 예를 들어 '앞으로 언젠가 폐암에 걸릴 것이다'와 같은 부정적 사건을 경험하게 될 가능성을, 같은 학교의 다른 학생에 비해 자신에게는 더 적을 것으로 판단하였다. 반면 일본 대학생들은 남들에 비해 자신에게 그런 부정적 사건이 일어날 가능성을 더 크게 추정하였다.

한국인은 과연 어떤 경향성을 보일 것인가? 상호독립적–상호협조적 자기관 이론의 관점에서 생각해 본다면 한국은 일본과 같이 집단주의적인 동아시아 문화권에 속하고 상호협조적 자기관이 우세한 문화이기 때문에 한국인 역시 낙관성 경향이 없거나 약해야만 할 것이다. 그러나 한국인의 특성을 다룬 여러 연구에서는 한국인은 낙관성 경향이 강하다는 주장들을 볼 수 있다. 예를 들어 문화 인류학자 오스굿은 1947년 강화도의 농촌을 조사하면서 한국문화와 한국인의 사회적 성격을 탐구했다. 그는 한국인은 모여서 술을 마시고 노래를 즐기고 춤을 잘 추는 낙천적 성향을 갖고 있는데, 이것은 한국인의 고유한 특징이라고 하였다.[71] 사회심리학자 차재호는 외국인이 한국에 와서 한국인을 관찰하고 기록한 17개의 문헌들을 조사하여 한국인의 특성을 정리해 본 결과, 행동 양식 면에서 낙관성 경향이 있음을 지적하였다.[72] 또한 김재은은 역사적, 풍토적 고찰을 통해 낙천성을 한국인의 주요 특징으로 보았고,[73] 윤태림 역시 한국인은 샤머니즘과 자연 존중 사상에 근거한 낙관성이 있음을 지적하였다.[74] 그리고 이러한 문헌 연구 이외에 1997년 말의 IMF 경제위기를 유발한 외환보유고의 과다 추정, 성수대교 붕괴사건이나 삼풍백화점 붕괴사건과 같은 대형사고로 나타난 연속되는 안전불감증도 한국인의 근거 없는 낙관성에 근거한다는 지적들이 많다. 즉 이러한 불행한 사건들은 아마 우리에게 일어나지 않을 것이라는 근거 없는 믿음이 사고의 주요 원인 중 하나로 작용한다는 것이다. 이처럼 낙관성은 한국인의 한 특성으로서 인정되어 왔다.

한국 대학생들을 대상으로 부정적 사건에 관한 비현실적 낙관성을 측정한 연구에 의하면, 한국 대학생들은 알콜중독, 자살, 치매 등의 개인지향적 사건에서도 인간관계 문제로 인한 해고, 부모형제들과의 불화, 이혼 등의 관계지향적인 사건에서도 비현실적 낙관성을 나타냈다.[75] 이와 같이 전반적으로 한국 대학생들은 캐나다 대학생처럼 부정적인 사건들은 비슷한 조건의 타인들에 비해 자신에게 더 적게 일어날 것이라는 신념을 가지고 있었다. 이러한 결과도 역시 긍정적 환상을 설명하는 상호독립적-상호협조적 자기관 이론으로는 설명할 수 없는 결과이다.

## 높은 통제감

비현실적 낙관성의 강도를 결정하는 주요 요소로서 사건에 대한 통제감이 중요하다. 통제감이 커질수록 비현실적 낙관성 경향성이 커진다.[76] 부정적 사건이 다른 사람에 비해 자신에게는 적게 일어날 것이라는 비현실적 낙관성을 합리화하는 근거로서, '나는 그러한 사건의 발생 여부를 통제할 수 있다'는 확신이 작용하고 있는 것으로 추정된다. 따라서 통제감이 높을수록 비현실적 낙관성을 갖기가 쉬워지는 것이다. 부정적 사건들에 대한 통제감에 관해서, 캐나다 대학생들이 개인지향적 사건과 관계지향적 사건 간에 차이가 없었던 반면에 일본 대학생들은 개인지향적 사건보다 관계지향적 사건을 더 통제 가능하다고 느끼고 있었고,[77] 한국대학생들 역시 일본 대학생들처럼 개인지향적 사건보다 관계지향적 사건을 더 통제 가능하다고 느끼고 있는 것으로 나타났다. 이러한 결과는 한국 대학생들이 일본 대학생들처럼 상호협조적 자기관을 가지고 있을 가능성을 시사하는 것이지만, 한국 대학생들의 전반적인 통제감 수준은 일본 대학생은 물론 캐나다 대학생보다도 높은 것이었다.[78]

긍정적 환상의 하위범주인 과장된 개인적 통제감의 지각과 관련하여 통제소재의 발달에 관한 문화 차이를 시사하는 연구들이 존재한다. 로터는 '행동은 목표에 대한 가치와 기대의 함수'라는 가정 하에 행동을 예측하는 중요한 변인으로서의 내외통제소재Internal-External Locus of Control라는 개념을 제창했다.[79] 내외통제소재란 개인의 행동과 행동의 결과 간의 인과관계에 대한 인지양식으로서 행동의 결과는 개인의 행동에 수반되고 따라서 통제할 수 있다는 신념인 내적 통제 경향과, 행동의 결과는 개인의 행동에 수반되지 않으며, 따라서 통제할 수 없다는 신념인 외적 통제 경향을 양극으로 하는 일차원적 변인이다. 각 개인은 개인차에 따라 이러한 일차원적 연속체상 어딘가에 위치하며 내적 통제경향이 강한 사람(내적 통제자, Internals)과 외적 통제경향이 강한 사람(외적 통제자, Externals)으로 분류된다. 내적 통제자는 일의 성패는 개인의 능력ability, 노력effort, 기술skill 같은 내적 요인에 따라 통제된다는 신념을 가지고 있는데 비해 외적 통제자는 일의 성패는 운이나 우연, 힘이 있는 타인powerful others 같은 외적 요인에 따라 통제된다고 생각하거나 상황 요인이 너무 복잡해서 예측불가능하다는 신념을 가지고 있다. 이러한 통제소재 신념의 발달에 관한 연구를 보면, 미국에서는 아동기에서 성인기에 걸쳐 내적통제 경향이 점차 증가하는 데 비해,[80][81] 일본에서는 중, 고, 대학생의 순으로 내적통제 경향이 점차 감소하는 것으로, 즉 외적통제 경향이 증가하는 것으로 드러났다.[82]

한편 한국에서는 초, 중, 고등학생의 순으로 내적통제 경향이 증가하는 것으로 나타났다.[83] 즉 일본학생들은 성장해감에 따라 일의 성패는 운이나 우연, 힘이 있는 타인powerful others 같은 외적 요인에 따라 통제된다고 생각하거나 상황 요인이 너무 복잡해서 예측불가능하다는 신념이 강해지는 데 반해, 한국학생들은 성장해감에 따라 일의 성패는 개인의 능력ability, 노력effort, 기술skill 같은 내적 요인에 따라 통제된다는 신념이 강해진다고 할 수 있다. 아동기부터 청년기까지의 제한된 자료이지만 이들은 한국과 일본에서의 통제감 발달 방향이 정반대임을 의미하는 결과이다.

## 자기고양적 귀인

성공과 실패는 일상생활에서의 목표지향적 활동의 필연적 귀결이다. 성공과 실패의 귀인(원인귀속)에 관한 미국의 연구를 개관하면 자신의 성공을 자기의 내적 요인, 특히 능력에 귀속시키는 강력한 경향이 있다는 사실을 알 수 있다. 이러한 귀인의 결과 자신의 능력을 보다 높게 평가할 수 있게 된다는 점에서 이러한 경향은 자기고양적 편파라고 부른다. 한편 자신의 실패를 운이나 과제의 난이도 등의 외적 요인으로 돌림으로써 자기인지에 대한 부정적 충격을 최소화할 수 있다. 따라서 이러한 경향을 자기방어적 편파라고 부른다. 성공과 실패의 귀인에 있어 이러한 편파를 통해 사람들은 성공했을 때는 자기평가의 고양을 도모하고, 실패했을 때는 자기평가의 방어를 도모한다고 가정되어 있다. 미국의 연구를 개관하면 실패했을 때의 자기방어적 경향은 약간 일관성이 결여되어 있지만, 성공했을 때의 자기고양적 경향은 아주 강하고 일관성이 있다는 것을 알 수 있다.[84)]

그러나 일본인을 대상으로 한 연구에서는 위와 같은 자기고양적-자기방어적 경향은 나타나지 않았다. 오히려 성공을 운이나 과제의 난이도에 귀속시키고 실패는 능력이나 노력 부족에 귀인시키는 자기비판적 경향이 현저하며 편의적 실험과제를 사용한 연구의 대부분에서 능력은 성공보다도 실패의 원인으로 지각되어 있었다. 이러한 일본인의 자기비판적 경향은 공개적인 상황에서 특히 강해지지만, 익명성이 보장된 경우에서도 역시 자기비판적 경향은 나타난다. 따라서 일본인의 자기비판적 경향은 겸양적 자기제시라는 측면뿐만 아니라 실제 자기지각을 반영하는 인지과정임을 의미한다.

한편 한국인의 성공과 실패에 관한 귀인 양상에 대해 알아본 연구에서는 한국 대학생은 개인과제 수행상황에서 실패에 대한 능력 귀인보다 성공에 대한 능력 귀인이 더 강한 자기고양적 귀인을 나타내 보였다. 이러한 자기고양적 내적 귀인은 익명의 귀인 상황에서보다 공개적 상황에서 더욱 뚜렷이 나타났다. 즉, 피험자들은 자신과 같은 과제를 수행한 타인들이 듣는 상황에서도 '겸양지덕' 등의 사회규범에 의해 이러한 경향을 통제하고 절제하기보다는 더욱 자기를 긍정적으로(자기고양적으로) 제시하고자 하였다.[85)]

편의적 실험과제 뿐만 아니라 현실적 과제에 대한 귀인에서도 같은 차이가 확인되었다. 대학입시, 연애, 취직 등의 현실적 과제에서의 성공과 실패에 대한 귀인 경향을 비교한 연구에 의하면, 한국과 일본의 대학생들은 (공통적으로 자신의 성공과 실패의 원인으로서 외적 요인보다 내적 요인을 중시하는 경향을 보였으나) 자신의 성공을 내적 요인으로 귀인하고 실패를 외적 요인으로 귀인하는 자기 고양적 귀인 경향은 한국 대학생이 일본 대학생보다 강했고, 반대로 자신의 성공을 외적 요인으로 귀인하고 실패를 내적 요인으로 귀인하는 자기비하적 귀인 경향은 일본 대학생이 한국 대학생에 비해 강했다.[86)]

이상과 같이 한국인이 보이는 자기특성, 장래에 대한 지각, 통제감, 성공과 실패에 대한 귀인 등에서의 긍정적 환상은 한국문화를 일본문화와 같은 집단주의문화이며 상호협조적 자기관이 우세한 문화라고 단순하게 가정한다면 설명하기 어려운 현상이다. 자기인식에 관한 긍정적 환상positive illusions의 모든 하위영역에서 일관되게 드러난 한일 간의 문화차는 한국인과 일본인의 자기관이 본질적으로 다르다는 것을 강하게 시사한다.

## 긍정적 환상의 발생과정

한국인과 일본인이 보인 긍정적 환상의 차이는 주체성-대상성 자기 이론의 관점에서는 다음과 같이 설명할 수 있다. 한국처럼 주체성 자기가 우세한 문화에 있어서는, 사회적 영향력을 발휘하는 중심적 존재로서의 자격을 자신에게는 물론 타자에게도 확인시키기 위해 자기 안에 자랑할 만한 속성을 찾아내고 그것을 확인하는 것이 정체성 유지와 깊이 관련되어 있다. 따라서 주체성 자기를 가진 사람들은 자기 내부에 그러한 바람직한 속성을 발견하여 그것들을 개인적으로도 사회적으로도 실현함으로써 사회적 우위를 차지하도록 동기화되어 있을 것이다. 만약 그렇다면 한국과 같은 주체성 문화에서 자란 사람들은 자신의 자존감 수준을 유지하고 높이기 위한 다양한 심리적 기제를 발달시켰을 것이다. 특히, 자신의 바람직한 속성에 대하여 선택적으로 초점이 맞춰져 있을 것이다. 즉, 그러한 정보에 초점을 맞춰, 그것들에 대해 애착을 보이고 자주 생각하는 심리적 습관이 성립되어 있을 것이다. 그러한 심리적 습성으로 인해 타자들에 비해 자신의 우수성을 과장되게 지각하게 될 것이다(허구적 독특성). 그리고 이러한 자신의 능력이나 특성에 관한 긍정적 환상은 장래에 일어날 사건들에 대한 높은 통제감의 주관적인 근거가 될 것이다. – '나는 높은 능력과 좋은 특성을 가지고 있기 때문에 어려운 상황에서도 통제력을 충분히 발휘할 수 있을 것이다.' 또한 통제감에 대한 긍정적 환상은 비현실적 낙관성의 기반이 될 것이다. – '나는 어려운 상황도 충분히 통제할 수 있기 때문에 타인들에 비해 부정적인 사건들은 자신에게 더 적게 일어날 것이다.' 이와 같이 한국인이 갖는 자기특성, 통제감, 장래에 대해 강한 긍정적 환상은, 자신을 독립적 존재로 보기 때문이 아니라, 사회적 관계에서 영향력을 발휘하는 주체적 존재로 보기 때문에 일어나는 인지적 및 동기적 자기평가과정의 결과물일 것이다.

한편 일본은 대상성 자기가 우세한 문화다. 이러한 문화에 사는 사람들에게는 자기를 그 구조의 일부로 간주할 수 있는 의미 있는 인간관계를 찾아내는 것이 정체성 유지와 깊이 관련되어 있다. 따라서 그러한 사람들은 의미 있는 사회적 관계 안에서 자기 자신에게 대상으로서의 역할을 부여하도록 동기화되어 있을 것이다. 사회적 우위를 차지하기 위해 자기 내부 속성의 평가를 유지하거나 높이는 일은 대상성 자기를 가진 사람들의 주된 관심사가 아니다. 따라서 그러한 목적을 위해서는 별로 동기화되어 있지 않을 것이다. 그리고 어떤 사회적 관계 안에서 대상으로서의 역할을 수행하기 위해서는 거기에 있는 중심적인 사람들이 가지고 있는 암묵적 기대, 규범, 또는 가치관 등을 간파해야 한다. 그러한 외부기원의 준거틀(스스로를 평가하는 외부의 기준)과 비교하여 자신의 결점, 즉 자신이 가지고 있을 지도 모르는 바람직하지 않은 속성을 객관적으로 인식할 필요가 있다. 왜냐하면 그렇게 함으로써 비로소 그것을 개선하여 그 관계 안에서 자신에게 기대되는 역할을 제대로 수행할 수 있게 되기 때문이다. 만약 그렇다면 일본과 같은 대상성 문화에서 자란 사람들은 자신의 바람직하지 않은 속성에 대해서도 충분히 초점이 맞춰져 있을 것이다. 즉, 특히 그러한 정보에 초점을 맞춰, 그것들에 대해 신중하게 생각하는 심리적 습관이 성립되어 있을 것이다. 이러한 자신의 능력이나 특성에 관한 현실적이거나 자기비판적 지각은 장래에 일어날 사건들에 대한 통제감을 낮게 평가하게 하는 심리적인 근거가 될 것이다. – '나는 별로 높은 능력과 좋은 특성을 가지고 있지 않기 때문에 어려운 상황에서 통제력을 충분히 발휘할 수 없을지도 모른다.' 또한 통제감에 대한 낮은 평가는 비현실적 비관성의 기반이 될 것이다. – '나는 어려운 상황을 충분히 통제할 수 없기 때문에 타인들에 비해 부정적인 사건들이 자신에게 더 많이 일어날지도 모른다.' 일본인이 자기특성, 통제감, 장래에 대해 긍정적 환상이 거의 없거나 자기비하적 지각을 하는 것은, 자신을 상호협조적 존재로 보기 때문이라기보다, 사회적 관계에서 영향력을 수용하는 대상적 존재로 보기 때문에 일어나는 인지적 및 동기적 자기평가 과정의 반영일 것이다.

**〈표 6〉 주체성–대상성–자율성 자기와 긍정적 환상 간의 상관관계**

| | 허구적 독특성a | 지각된 통제감 | 비현실적 낙관성 |
|---|---|---|---|
| 한국대학생 집단(n=158) | | | |
| 주체성 자기 | .21** | .29*** | .22** |
| 대상성 자기 | -.28*** | -.26** | -.18* |
| 자율성 자기 | .14 | -.01 | -.07 |
| 일본대학생 집단(n=131) | | | |
| 주체성 자기 | .35*** | .25** | .34*** |
| 대상성 자기 | -.38*** | -.21* | -.23** |
| 자율성 자기 | .13 | .11 | .01 |

*p 〈 .05, **p 〈 .01, ***p 〈 .001.

[a] 허구적 독특성 점수는 원래 자기보다 우수한 학생에 대해 추정한 비율이 50%보다 낮아질수록 강한 허구적 독특성 지각 경향이 있음을 나타내는 것이지만, 점수가 클수록 강한 긍정적 환상을 의미하는 지각된 통제감 및 비현실적 낙관성 변수와 방향성을 맞추기 위해, 이 분석에서는 점수가 클수록 강한 허구적 독특성을 의미하는 것으로 변수를 전환하여 사용하였다(새 점수 = 100 – 원래 점수).

실제로 한국과 일본에서 자기에 관한 긍정적 환상을 설명하는 틀로서 이상과 같은 주체성-대상성 자기 이론이 유효한지를 검증하고자 하였다. 즉, 세 가지 긍정적 환상을 경험하는 정도를 주체성-대상성 자기 등의 개인이 가지고 있는 자기관으로 예측할 수 있을 것인가? 이 문제에 대해 알아보기 위해 한국과 일본 대학생의 자료에 대해 상관분석을 실시하였다. 주체성-대상성-자율성 자기와 긍정적 환상 간의 상관관계를 표 6에 요약하였다.[87)]

예상했던 대로 한국대학생 집단에서도 일본대학생 집단에서도 강한 주체성 자기를 가진 사람일수록 세 가지 긍정적 환상을 모두 보다 강하게 경험하는 것으로 드러났다. 즉, 한국대학생 집단에서도 일본대학생 집단에서도 주체성 자기와 허구적 독특성, 지각된 통제감 및 비현실적 낙관성은 각각 정적 상관을 나타냈다. 한편 대상성 자기가 강한 사람일수록 세 가지 긍정적 환상은 모두 약한 것으로 드러났다. 즉, 한국대학생 집단에서도 일본대학생 집단에서도 대상성 자기와 허구적 독특성, 지각된 통제감 및 비현실적 낙관성은 각각 부적 상관을 나타냈다. 참고로 자율성 자기와 허구적 독특성, 지각된 통제감 및 비현실적 낙관성 간의 상관은 한국대학생 집단과 일본대학생 집단 양쪽에서 모두 유의미하지 않은 것으로 나타났다. 요약하면 예상대로 한국인의 경우도 일본인의 경우도 자신의 능력이나 특성, 통제감, 장래성에 관해서 형성한 긍정적 환상은 강한 주체성 자기와 약한 대상성 자기로 설명할 수 있는 현상이었다. 주체성-대상성 자기 이론은 긍정적 환상의 문화 차이를 일도양단하는 금강검과 같은 위력을 보여주었다.

# 야누스의 두 얼굴

―――――― 원심성과 구심성

## 대조적인 자기 프로세스

앞에서는 일련의 자기과정 중에서 자기관과 자기평가의 관계를 실제로 검증하였다. 이 결과를 기초로 하면 이론을 자기관에서 자기평가를 거쳐 자기귀인 및 자기제시로까지 확장하는 것이 가능해 보인다.

많은 한국인처럼 강한 주체성 자기를 가지고 있는 사람은 자신의 바람직한 속성에 대한 선택적 초점화를 통해 자신의 우수성을 과장되게 지각하게 되고(허구적 독특성 지각) 앞으로 일어날 사건들에 대한 높은 통제감을 갖게 되기 때문에 비현실적 낙관성이 생긴다. 긍정적으로 왜곡된 이러한 자기평가의 결과로서 귀인적 추론에 있어서 자기고양 편파가 초래된다고 생각된다. 즉, 자신에게 자기가 기대했던 바람직한 사건(예를 들어 성공)이 일어났을 경우에는 그것을 설명할 수 있는 바람직한 내부속성(예를 들어 높은 능력)을 쉽게 연상할 수 있는 데 반해, 자기가 기대 안했던 바람직하지 않은 일(예를 들어 실패)이 일어난 경우에는 그것을 설명할 수 있는 부정적인 내부속성은 별로 연상이 안 되고, 동시에 그것과 상반되는 자신의 바람직한 속성(예를 들어 높은 능력)을 유지하려는 동기가 활성화되기 때문에, 그 모순을 해소시키기 위해 다양한 외적 요인을 추측하여 확인하려 하는 경향이 생긴다. 성공했을 때의 자기고양적 귀인(내부 귀인)은 주체성 자기를 확인하는 효과가 있으며 실패했을 때의 자기방어적 귀인(외부 귀인)은 주체성 자기의 손상을 막아주는 효과가 있는 것이다. 실제로 한국 대학생은 개인과제 수행상황에서 실패에 대한 능력 귀인보다 성공에 대한 능력 귀인이 더 강한 자기고양적 귀인을 나타내 보였다.[88] 또한 자기고양적으로 설명된 성공에 대한 기억은 주체성 자기를 확증해주기 때문에 실패에 대한 기억보다 잘 저장될 것이고 이러한 자기고양적 해석과 선택적 기억은 다시 자기특성과 통제감에 대한 긍정적 인식으로 귀결될 것이다. 이는 또한 장래에 대한 낙관적 전망으로 이어질 것이다.

이렇게 해서 자기개념(주체성 자기) → 자기평가(긍정적 환상) → 자기귀인(자기고양적이거나 자기방어적 귀인) → 자기개념(주체성 자기)으로 다시 순환하는 내적 자기과정이 성립되는 것이다.

이러한 자기내적 과정은 사회적인 자기제시 행동에도 영향을 준다는 증거가 하나 있다. 한 연구에서 한국 대학생들이 보인 자기고양적 귀인은 익명의 귀인 상황에서보다 공개적 상황에서 더욱 뚜렷이 나타났다.[89] 즉, 피험자들은 자신과 같은 과제를 수행한 타인들이 듣는 상황에서도 '겸양지덕' 등의 사회규범에 의해 이러한 경향을 통제하고 절제하기보다는 더욱 자기를 긍정적으로(자기고양적으로) 제시하고자 하였다. 이는 주체성 자기라는 개념이 관계성을 전제로 하는 것이기 때문에 주체성 자기의 고양욕구는 순수하게 개인적 상황에서보다 사회적 상황에서 더 커진다는 것을 의미한

### 〈그림 3〉 한국인과 일본인의 자기 프로세스

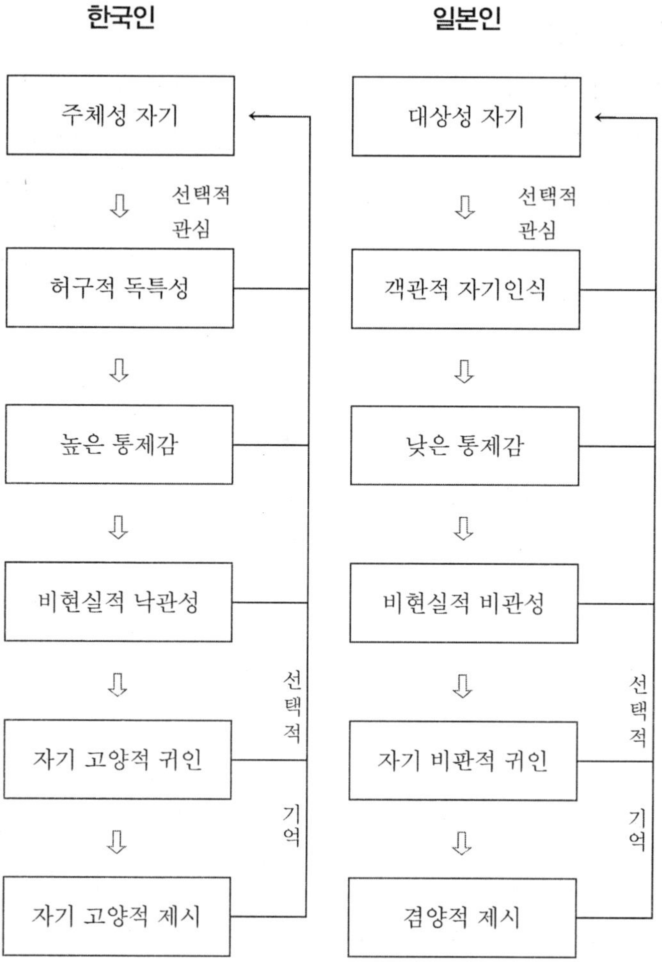

다. 심지어 자기존중감이 낮은 사람들은 익명의 경우에는 자기고양적 과제 평가를 보이지 않았으나, 공개적 평가 상황에서는 가장 뚜렷한 자기고양적 평가(즉, 성공했을 때는 과제를 보다 정확한 것으로 평가하고, 실패했을 때는 보다 덜 정확하다고 평가함)를 나타났다. 이와 같이 자기존중감이 낮은 사람들이, 사적으로는 자기를 높이는 방식으로 귀인하지 않는데, 남들이 있는 상황에서는 보다 뚜렷이 자기를 능력 있는 사람으로 제시하려는 경향은, 남들 앞에서는 자신감의 결여를 은폐하고 과시 포장하려는 '허세'라는 방어기제로 보인다.[90] '허세'라는 기제로 방어하려는 것은 물론 자신의 주체성 자기이다.

이와 대조적으로 많은 일본인처럼 강한 대상성 자기를 가지고 있는 사람은 내면화한 외부기원의 준거틀(규범, 의무, 기대)과 비교하여 자신의 바람직하지 않은 속성에 대해서도 충분히 초점이 맞춰져 있기 때문에 자신의 우수성을 과장되게 지각하지는 않고(허구적 독특성 지각의 부재) 장래에 일어날 사건들에 대해서도 비교적 낮은 통제감을 갖게 되기 때문에 비현실적 낙관성은 약하고 부분적이며 사건유형에 따라서는 비현실적 비관성이 생긴다. 이러한 객관적이거나 부정적으로 왜곡된 자기평가의 결과로서 귀인적 추론에 있어서 자기비판적 편파가 초래된다고 생각된다. 즉, 자신에게 자기가 기대했던 바람직하지 않은 사건(예를 들어 실패)이 일어났을 경우에는 그것을 설명할 수 있는 바람직하지 않은 내부속성(예를 들어 낮은 능력)을 쉽게 연상할 수 있는 데 반해, 자기가 기대 안했던 바람직한 일(예를 들어 성공)이 일어난 경우에는 그것을 설명할 수 있는 긍정적인 내부속성은 별로 연상이 안 되고, 동시에 그것과 상반되는 자신의 바람직하지 않은 내부속성(예를 들어 낮은 능력)이 연상되기 때문에, 그 모순을 해소시키기 위해 다양한 외적 요인을 추측하여 확인하려 하는 경향이 생긴다. 성공했을 때의 겸양적 귀인은 대상성 자기를 확인하는 효과가 있으며 실패했을 때의 자기비판적 귀인은 대상성 자기의 향상(또는 개선)을 지향하는 효과가 있는 것이다. 실제로 문화심리학자 기타야마에 의하면 일본인을 대상으로 한 연구에서는 자기고양적-자기방어적 경향은 나타나지 않았고 성공을 운이나 과제의 난이도에 귀속시키고 실패는 능력이나 노력 부족에 귀인시키는 자기비판적 경향이 현저하며 편의적 실험과제를 사용한 연구의 대부분에서 능력은 성공보다도 실패의 원인으로 지각되어 있었다.[91] 또한 대상성 자기를 확증해주는 실패에 대한 기억은 성공에 대한 기억보다 잘 저장될 것이고 이러한 자기비판적 해석과 선택적 기억은 다시 자기특성과 통제감에 대한 부정적 인식으로 귀결될 것이다. 이는 또한 장래에 대한 비관적 전망으로 이어질 것이다.

이렇게 해서 자기개념(대상성 자기) → 자기평가(현실적이거나 부정적 자기지각) → 자기귀인(겸양적이거나 자기비판적 귀인) → 자기개념(대상성 자기)으로 순환하는 내적 자기과정이 성립되는 것이다.

이러한 자기내적 과정은 역시 일본인의 사회적인 자기제시 행동에도 영향을 주는 것으로 보인다. 즉, 이러한 일본인의 자기비판적 경향은 익명성이 보장된 경우에서도 나타나지만, 공개적인 상황에서 특히 강해진다.[92] 이는 대상성 자기라는 개념이 관계성을 전제로 하는 것이기 때문에 대상성 자기의 겸양적이거나 자기비판적 인지과정은 사회적 상황에서 더 과장된다는 것을 의미한다. 이상과 같은 주체성-대상성 자기와 자기귀인 및 자기제시 행동의 관계에 대해서는 앞으로 실증적인 연구를 통한 검토가 필요할 것으로 생각된다.

## 한국인의 한恨과 일본인의 수치恥

자기평가 다음으로 자기인식의 준거에 대해 검토해보기로 한다. 주체성-대상성 자기 이론에서는 대상성을 발달시킨 일본인은 자기를 인식할 때 주로 외부기원의 준거틀을 사용하고, 주체성을 발달시킨 한국인은 자기를 인식할 때 주로 내부기원의 준거틀을 사용한다고 가정하였다. 여기서 외부기원의 준거틀이란 사회적 규범, 의무, 기대 등을 내면화한 자기개념의 요소를 의미하고 내부기원의 준거틀이란 자신의 소원, 이상, 희망 등을 내면화한 자기개념의 요소를 뜻한다. 자기개념에 포함된 외부기원의 준거틀은 자신이 되어야 하는 자기이고, 내부기원의 준거틀은 자신이 되고 싶은 자기다.

예를 들어 다음과 같은 연구결과는 이러한 관점을 지지하고 있다. 즉, 중고생의 성실성을 비교한 연구에 의하면, 한국의 중고생들은 일상적 학업 습관이나 학업성취에서의 성실성은 일본 중고생들보다 높지만, 학교생활의 규범의식이나 학교행사 참여에서의 성실성은 일본 중고생들보다 낮은 것으로 나타났다.[93] 한국 학생은 수업시간을 중요시하고, 예습, 복습, 숙제를 열심히 하며, 모든 수업 과목에서 최선을 다하고, 배운 내용을 잘 이해하고 있으며, 수업 시간이 재미있다고 느끼는 학생이 일본 학생보다 더 많았다. 하지만, 한국 학생은 학교가 정한 교칙을 지키거나 학교의 기물이나 시설을 소중히 하는 정도와 학교행사에 적극적으로 참여하는 정도에서는 일본 학생보다 성실성이 낮았다.

이와 같이 대인관계에서 대상에게 영향력을 행사하는 주체로서의 자각은 스스로 선택한 행동 기준의 선호를 도출할 것이고, 주체로부터의 영향력을 수용하는 대상으로서의 자각은 사회적으로 통용되는 행동 기준의 존중을 가져올 것이다. 이 행동 기준은 또한 자기를 인식할 때의 준거이기도 하다. 이러한 관점에서 일본인에게 특징적인 부정적 정서로 여겨져 왔던 수치羞恥와 한국인에게 특징적인 부정적 정서로 여겨져 왔던 한恨은 다음과 같이 해석할 수 있다.

문화인류학자 베네딕트는 일본은 세상사람 앞에서의 수치가 인간의 행동 기준이 되어 있는 '수치shame의 문화'라고 규정하면서 일본에서는 나쁜 행동이 세상 사람들 앞에 드러나지 않는 한 크게 걱정할 필요가 없다고 하였다.[94) ] 이 관점에 대해 사쿠타는 베네딕트가 지적한 공개적인 장소에서 조소나 거부를 당한 것에 대한 반응으로서의 수치는 수치의 한 예인 '고우치(公恥: public shame)'라는 측면에 지나지 않고, 수치에는 좀 더 기층적基層的인 면이 있다고 주장했다. 수치는 현실 혹은 상상 속의 타인의 주시에 의해 경험된다. 그러나 모든 주시가 수치의 반응을 일으키는 것은 아니고, 일본 사람을 부끄럽게 만드는 것은 일종의 특별한 주시이다. 이는 '고우치公恥'와 대비되는 '시치(私恥: private shame)' 또는 '슈우치羞恥'이다. '시치私恥' 또는 '슈우치(羞恥)'는 자신과 타자 사이에 '지향성의 엇갈림'이 생길 때 생기는 것이라고 말한다. 일본문화를 '수치의 문화'라고 한다면 특별한 경우의 '고우치公恥'에 대한 두려움보다도 일반적인 주시에 의해 야기되는 '지향성의 엇갈림'에 대한 불안에 일본인의 특징이 있다고 하는 것이 오히려 적절하다고 주장한다.[95)]

다른 사람들과 지향하는 바가 엇갈리지나 않을지 불안해하는 것은 주체성보다 대상성을 발달시킨 사람의 특징이라고 할 수 있다. 다시 말하면 사회적 규범, 의무, 기대 등을 내면화한 외부기원의 준거틀이 강하기 때문에 자신의 행동이 그 준거틀에서 벗어나면 스스로 부끄러움을 느끼게 되는 것이다. 대상성보다 주체성을 발달시킨 사람의 경우는 그러한 외부기원의 준거틀의 작용이 약하고 내부기원의 준거틀의 작용이 더 강하기 때문에 다른 사람들과 '지향성의 엇갈림'이 생겨도 별로 부끄럽게 생각하지 않고 자기가 원하는 행동을 감행하게 되는 것이다.

한편, 한민족은 스스로를 한恨의 민족이라고도 할 만큼 한이 한국인의 고유 정서로 여겨지는 경향이 있다.[96][97] 문화심리학자 최상진에 의하면, 한이라는 고유한 정서가 응결되기 위해서는 다음과 같은 세 가지 과정을 거친다.[98] 우선 부당한 차별대우나 심한 결핍상태로 인해 욕구좌절을 겪으면서 분노, 복수심, 회한의 강한 감정(怨의 감정)을 느낀다. 이러한 감정의 표출이나 직접적인 해소(복수의 결행)가 곤란한 경우에 다음 단계의 심적 과정이 나타난다. 이 단계에서는 억제된 분노와 적개심을 스스로 약화시키고 수용하는 쪽으로, 벌어진 사건을 재해석하게 된다. 즉 사건의 책임을 스스로에게 전가시키면서 자기비하를 하거나 재수 또는 팔자 탓을 하면서 상대방에게 전적으로 미루던 책임을 자기 자신이나 초월적인 운명 등의 탓으로 일부 돌린다. 시간이 경과하면서 이렇게 재해석했던 사건을 되돌아보는 과정에서 여전히 스스로가 억울했음을 느끼게 될 때 마지막 단계가 되어 감정의 기복이 생기고 흔히 말하는 한을 품게 된다.[99]

이러한 한의 발생과정은 차별대우나 심한 결핍상태로 인해 자기의 이상을 실현하지 못하게 됨으로써 부정된 주체성 자기를 부분적으로 회복시키려는 과정으로 보인다. 한의 발생과정에는 상대방에게 전적으로 미루던 사건의 책임을 스스로에게 전가시키는 과정이 필수적으로 포함되어 있는데,

이는 억울한 피해를 당해 실질적으로는 주체의 위치에서 전락했지만 아직 주체로서의 강한 자각이 살아 있기 때문에 발동이 가능한 인지적 과정이라고 할 수 있다. 주체성 자기가 약한 사람이라면 억울하게 당한 사건의 책임을 자기내부에 귀인시킨다는 발상은 나오기 어려울 것이고, 언제까지나 사건의 책임을 상대방에게 귀인시키면서 원怨의 감정을 계속 품고 있게 될 것이다. 한의 발생과정에는, 이루지 못했던 강한 이상과 그에 대한 책임의식이라는 주체성 자기의 요소가 필수적인 조건으로서 개입하고 있는 것으로 보인다.

## 한국인의 강한 자기현시성

자기평가, 자기인식에 이어 자기통제 차원에 관해서 비교한다면, 주체성을 발달시킨 한국인의 자기통제 양식은 보다 자기 현시적이고, 대상성을 발달시킨 일본인의 자기통제 양식은 보다 억제적일 것으로 예상할 수 있다. 왜냐하면 대인관계에서 대상에게 영향을 줄 수 있는 주체로서의 자각이 강하면 자신의 느낌이나 생각, 사정이나 심정을 솔직하게 표현할 수 있으나, 영향을 수용하는 대상으로서의 자각이 강하면 상대방의 지향성을 고려하여 신중한 자기표현을 하게 될 것이기 때문이다. 주체성이 강한 사람의 주된 통제 대상은 상대방이지만, 대상성이 강한 사람의 주된 통제 대상은 자기내부의 요소들이다. 강한 자기현시성은 주체성 자기를 유지하기 위한, 또는 실현하기 위한 중요한 수단이고, 억제된 자기현시성은 대상성 자기를 유지하기 위한 기본적인 방법이다. 이처럼 문화적 자기관에 따라 자기현시

행동의 강약이 규정될 것이다.

나는 2007년도에 방영된 드라마 '문희'에서 시어머니(성병숙 분)가 며느리 문희(강수연 분)에게 "나는 네가 싫다."라고 하는 장면을 보고 놀란 적이 있었다. 이렇게 직설적인 감정 표현을 시어머니가 며느리에게 할 수 있다는 것이 너무나 인상적이었다. 일본인으로서는 상상하기 어려운 대사였다. 그런데 이러한 말은 단지 드라마 속에서만 오가는 말은 아닌 듯하다. 최근 어떤 TV프로그램에서 '시어머니의 속상한 말'에 관한 조사결과를 봤는데, 베스트5로 선정된 말들은 "우리 땐 안 그랬는데...", "다른 집 며느리들은...", "네가 뭘 안다고...", "어디서 말대답이야!", "친정에서 그렇게 가르쳤어?"와 같은 말들이었다. 이러한 말은 일본 시어머니들은 거의 하지 않을 것 같다.

이와 관련하여 한국에 온 일본인들이 말하는 경험 중에도 한국인의 강한 자기주장성이 인상적이었다는 보고들이 많이 있다. 예를 들면, 1968년의 첫 방한 이래 40여 년간 한국을 연구해온 번역가 타테노는 "한국인은 언제나 자기주장을 해서 자신을 돋보이게 하려고 하고 있다. 그들이 자기 의견을 적극적으로 주장하는 것은 이 세상을 살아가기 위해 필수적인 일이기 때문이다. 그것은 직장의 회의에서도, 술집에서의 의논에서도 여행지에서도 변하지 않는다. 한국인의 입장에서는 각각의 상황에서 자신의 의견이나 주장을 적극적으로 말하는 것은 지극히 자연스러운 일이며, 그렇게 하지 않는 것이 오히려 이상한 것이다. 이 점에 대해 일본인과는 지극히 대조적이다."라고 진술하고 있다.[100)] 한국인의 자기주장이 "지극히 자연스러운" 것은 그것이 한국인이 공유하고 있는 문화적 자기관, 즉 주체성 자기에 맞는 행동이기 때문이다.

1980년대 이후 한국문화론을 주도해온 저널리스트 쿠로다는 "한국인과 일본인의 다른 점, 또는 한국인의 특징을 하나만 들어 달라는 부탁을 받았을 때의 답이 있습니다. 그것은 한국인은 감정에 충실하다는 것입니다.", "한국인에게는 일본인 같은 얼굴로 웃고, 마음으로 우는 식의 행동은 없습니다. 얼굴로 웃고 있으면 마음도 웃고 있는 것입니다. 마음이 울고 있으면 얼굴도 울고 있습니다. 그리고 감정이 표정이 되어 스트레이트로 밖으로 나오듯이 감정은 또한 그대로 말이 되어 나타납니다.", "일본문화는 감정을 억제하는 데에 미의식을 느끼는 데 비해, 한국문화는 감정을 발산하는 분방함에서 아름다움을 구합니다."라고 말한다.[101)]

한국 동해안에서 현장연구를 한 문화인류학자 스에나리는 한국에서의 말싸움은 보통 일대 일로 공개석상에서 쌍방이 화려한 동작을 하면서 큰 목소리를 내고 싸우는데, 이는 감정의 격앙이 밖으로 나타난 것이며 개인의 자기주장이 강하기 때문에 생기는 일이고, 이러한 격한 말싸움은 일본에서는 드물다고 보고했다.[102)]

한국인의 자기현시성에 대해 일본인들이 가지는 이상과 같은 인상은 일본인이 자기억제성이 강하다는 것을 의미한다. 일본인이 자기억제성이 강하기 때문에 한국에 왔을 때, 그와 대비해서 한국인이 자기현시성이 강하다고 느껴지는 것이다.

그러나 물론 일본인이 자기억제성이 강하다는 것은 일본인이 자기주장이 없다는 뜻은 아니다. 그 표출이 보다 억제된 형태(때로는 세련된 형태)를 취하게 된다는 것이다. 즉, 일본에서는 개인이 속한 상위 체계(가족이나 친구들, 지역사회나 조직체)와의 관계에 있어서 양호한 평형상태를 유지하기 위해 전략적으로 자기주장을 한정할 수밖에 없는 것이다.[103)]

실제로 한 연구에 의하면, 한국 대학생(M = 4.71)은 일본 대학생(M =

4.14)에 비해 자기현시성이 높은 것으로 나타났다.[104] 일본 대학생에 비해 한국 대학생은 다른 사람들보다 눈에 띄고 싶어 하고, 사람들 앞에서 자신의 경험을 이야기하는 것을 좋아하며, 남들과 차별화하기 위해 패션에도 신경을 많이 쓴다. 이는 부분적으로 한국인의 높은 자기존중감과 관련이 있다. 이 연구에서 자기현시성은 자기존중감이 높은 사람일수록 더 강한 것으로 나타났다. 따라서 한국 대학생이 일본 대학생보다 자기존중감이 더 높기 때문에 자기현시성이 더 높은 것으로 해석할 수 있다. 한편, 자기현시성 점수(중간 값은 4점임)로 판단할 때 평균적인 일본 대학생은 별로 자기현시적이지 않다고 말할 수 있다.

한국인도 일본인도 아닌 제3자의 시각으로 비교해도 한국인과 일본인의 자기주장성의 차이는 분명히 보인다. 한 영어교사는 일본인은 사회적 상황(영어교실 상황)에서 스스로의 감정을 억누르는 경향이 있지만, 한국인은 자신의 감정을 극단적으로 빠르게 전환하고 표출하는 경향이 있다고 지적하고 있다.[105]

## 한국여성의 외모중시 경향

자기현시성은 특히 여성의 경우 외모중시 경향으로도 나타난다. "일본에서는 '얼굴보다 마음'이라고 하는 반면, 한국에서는 '마음이 예쁜 사람은 얼굴도 아름답다'고 말하는 것처럼 '외형의 아름다움 = 내면의 아름다움'이라는 도식이 있다. 즉, 한국에서는 아름다움을 명료하게 외모에 나타내는 것을 옳다고 생각하며, 나아가 외모를 바꾸는 것을 마다하지 않는 솔직한 문화가 있다."[106]

여대생을 대상으로 신체가치관과 신체존중감을 비교한 연구에 의하면, 한국 여대생들은 일본 여대생들에 비해, 신체의 사회적 유용성을 더 강하게 믿고 있으며, 자신의 신체를 타인의 기준으로 평가하는 경향이 더 강하고, 건강보다는 외모를 더 중시하며, 신체의 자의적 조작에 더 허용적인 것으로 나타났다.[107]

한국 여성은 일본 여성에 비해 얼굴의 사회적 유용성을 강하게 믿고 있기 때문에 적극적으로 성형수술에 의한 개선을 시도한다. 실제로 한국 여성(12.12 %)은 일본 여성(0.62 %)보다 성형수술의 경험률이 높은 것으로 밝혀졌다.[108] 일본인도 한국인만큼 '의학의 진보로 아름다워지는 것은 좋은 일'이라고 생각하고 '성형 수술을 받고 아름다워지는 것에 대해 찬성'하고 있었지만, 일본인은 한국인에 비해 얼굴에 칼을 대는 것을 더 우려하고 있었으며(일본여자: 67.9%, 한국여자: 39.2%), 성형수술의 안전성에 대한 불안감이 더 강했다(일본여자: 94.7%, 한국여자: 77.4%). 신체의 자의적 조작에 덜 허용적인 태도뿐만 아니라 이러한 불안감도 작용하고 있기 때문에 적극적으로 성형수술을 받는 일본 여성이 적은 것으로 생각된다. 적극적으로 성형수술을 받는 경우가 많은 한국 여대생들은 일본 여대생들에 비해, 외모존중감이 더 높은 것으로 나타났다.[109]

화장과 관련된 의식과 행동을 비교한 연구에 의하면, 한국과 일본 여자 대학생의 외모에 대한 가치관은 '고운 피부 지향', '얼굴 커뮤니케이션', '남성적 페로몬 지향'의 3가지 요인으로 구성되어 있는 것으로 드러났는데, 한국 여자 대학생은 '얼굴 커뮤니케이션' 경향이 일본 여자 대학생보다 강하고, 일본 여자 대학생은 '고운 피부 지향'과 '남성적 페로몬 지향'이 한국 여자

대학생보다 강한 것으로 나타났다.[110)]

'얼굴 커뮤니케이션'이라고 명명된 제2요인은 얼굴이 커뮤니케이션에서 중요한 역할을 담당할 것으로 생각하고 그 얼굴을 아름답게 하기 위한 외과적인 관리에 수용적인 태도를 나타내는 요인이며, '우리 사회는 얼굴로 커뮤니케이션하는 편이다.'와 같은 문항과 좋은 치열에 대한 지향, 성형에 대한 관심을 나타내는 문항 등으로 구성되어 있다. 이 요인은 내면과 외모의 관계에 대한 가치관을 나타내는 차원으로 보인다. 한국에서는 자신의 외모의 매력을 높이려고 노력하는 것은 자기의 지식이나 기술을 향상시키기 위해 노력하는 것과 마찬가지로 바람직한 행동으로 생각한다.[111)] 이는 '외형의 아름다움 = 내면의 아름다움'이라는 가치관을 반영하고 있다. 얼굴의 사회적 유용성을 강조하는 한국 여성의 가치관이 얼굴을 아름답게 하기 위한 외과적인 관리에 대한 관심과 수용적인 태도를 형성하게 하고 실제 성형수술 경험으로 이어지는 것이다. 이와 대조적으로 일본에서는 '얼굴보다 마음'이라고 하는 가치관이 있기 때문에 함부로 외관을 장식하거나 가공하는 행위는 바람직하지 않다고 생각하는 경향이 강하다.[112)] 한국 여성들이 '외형의 아름다움 = 내면의 아름다움'이라는 가치관을 실천하는 것은 자기 현시성이 높은 행동이며, 일본 여성들이 '얼굴보다 마음'이라는 가치관을 실천하는 것은 상대적으로 자기 억제적인 행동으로 해석할 수 있을 것이다.

'고운 피부 지향'이라고 명명된 제1요인은 피부를 아름답게 유지하고자 하는 경향을 나타내고 있는 요인이며, '얼굴 솜털은 가능한 한 없는 것이 좋다.', '모공이 눈에 띄는 피부는 가능한 한 피하고 싶다.' 등의 항목으로 구성되어 있다. 일본 여성은 한국 여성에 비해 자기의 체모나 체취, 또는 얼굴의 모공이나 기미, 주근깨 등 피부의 결점에 대해 강한 혐오감을 느끼고 자기의 단점을 최대한 없애려고 하는 경향이 강하다. 이것은 아름다움을 적극적으로 성형하려는 태도에 비하면 보다 간접적이고 절제된 미의 표현 방식이라고 할 수 있다.

참고로 '남성적 페로몬 지향'이라고 명명된 제3요인은 윤곽이 뚜렷한 남성의 얼굴이나 근육, 체모 등 남성적인 요소를 호의적으로 평가하는 경향을 나타내는 요인이다.

얼굴의 사회적 유용성을 강하게 믿고 있는 한국 여성은 일본 여성에 비해 추모醜貌 염려도 강하다. 나이 듦의 이미지를 비교한 연구에 의하면, 나이가 들음에 따라 가장 신경이 쓰이는 외모 변화로서 얼굴의 변화, 피부의 노화를 든 여성의 비율이 일본보다 한국에 더 많았다(한국여자: 84.2%, 일본여자: 59.3%). 한편, 비만 체형의 변화를 걱정하는 여성은 일본에 조금 더 많았다(한국여자: 9.4%, 일본여자: 26.9%).[113]

동성 친구와 만날 때의 화장 행동을 장면별로 비교한 연구결과에 의하면, 일본 여성은 집에 있을 때 '베이스 메이크업', '아이브로우', '아이 메이크업'을 한국 여성보다 더 꼼꼼히 하는 것으로 나타났다. 한편, 한국 여성은 학교에 갈 때 '베이스 메이크업'과 '립 메이크업'을 일본 여성보다 더 꼼꼼히 하고, 쇼핑하러 갈 때와 회식모임에 나갈 때 '립 메이크업'을 일본 여성보다 더 꼼꼼히 하는 것으로 나타났다. 일본인은 '화장 행위 자체가 가지는 만족감'이라는 효용 가치를 한국인에 비해 강하게 느끼면서 화장을 하는 경향이 강한 반면, 한국인은 타인을 의식하고 다른 사람한테서 '아름답다'는 긍정적인 평가를 얻기 위한 수단으로 화장을 하는 경향이 강한 것이다.[114]

한국 여성의 강한 외모중시 경향은 한국인의 겉보기 중시 경향 또는 한국인의 민족적 성격으로 드는 경우가 많은[115] '허세'의 일부라고 생각된다. 겉보기 중시 경향에 대해서는 한국인을 관찰한 많은 일본인 장기체류자들이 다음과 같이 보고하고 있다.

"한국인은 아무리 작은 회사의 사장이어도 복장이나 승용차는 호화로운 것으로 하며, 고급 호텔의 로비나 레스토랑에서 교섭, 미팅을 하는 경향이 있다.", "사장이 살고 있는 장소나 회사가 위치하는 지구도 회사의 권위 부여에 중요한 역할을 한다."[116]

"한국인은 정말 눈에 보이는 곳에 자기 프라이드의 근거를 둔다. 부유한 자는 그것을 과시하려고 양손에 금반지를 여러 개 낀다. 미인은 정말 스스로 미인인 것을 자각하고 있는 것처럼, 도도하게 행동한다. 연장자는 연장자답게 위엄을, 사장은 사장답게 권위를 과시하고, 사장영양社長令孃은 사장영양답게 운전기사가 운전하는 차로 미션 스쿨에 다닌다."[117]

"'외화내빈'(속으로는 빈곤함에도 불구하고 겉으로는 화려하게 보이게 함)의 사고방식이 이러한 결과를 초래한 것이 아닌가? 이것을 나는 '보이고 싶어 하는 문화'라고 부르고 싶다. 그렇게 생각하면 앞에서 말한 신분에 어울리지 않은 검게 칠한 고급승용차를 타고 다니는 것도, 화려한 명품(이것도 나중에 대부분 짝퉁이라고 들었다)으로 차려 입는 것도, 모두 다 존재감을 과시하기 위한 '외화'였다는 것이 이해된다."[118]

이러한 겉보기 중시 경향은 강한 자기주장성과 함께 한국인이 스스로의 주체성 자기를 유지하기 위한 중요한 수단이 되어 있는 것이다.

## 제3장

# 자기 프로세스와 대인관계

**최고봉을 향해**_ 주체성 자기와 우월감 추구 동기

'제3종 접근 조우'| 한국사회의 '상승지향'| 전 국민 양반화 | 희망 진학 단계 | 소수정예주의적 교육의식 | 여가활동에서의 우월감 추구 동기

**낙오자의 말로**_ 관계의 수직성 비교

문화적 '전기장'| 아랫사람의 위험한 주체성 | '윗사람다운' 윗사람 | 권력거리 | 윗사람의 의무와 아랫사람의 권리의식 | 차별-피차별 의식

**마음의 문을 열 때**_ 주체성 자기와 정, 대상성 자기와 대인불안

일본인의 대인불안 | 한국인의 깊은 정

**의형제를 맺고**_ 관계의 수평성 비교

물리적 대인거리와 스킨십 | 나를 부르는 '애인'| 일본인의 냉장고 | 문화적 정서규칙 | '주우주우시이' 한국인?

# 최고봉을 향해

—————— 주체성 자기와 우월감 추구 동기

## '제3종 접근 조우'

지역사회에서 이웃끼리 대인관계를 형성할 때의 스타일 차이 때문에 좀 당황한 적이 있었다. 우리 딸들이 아직 어린이집에 다니던 시절의 일이다. 종암동에 있는 30세대 정도가 사는 작은 아파트에 이사한 지 얼마 안 됐을 때, 엘리베이터에 어떤 아저씨와 같이 타게 되었다. "아래층 사는 사람인데, 애들이 많이 뛰네요!" 내 뒤에 서있던 그 아저씨가 갑자기 말을 걸어 왔다. 왠지 선제공격을 당한 기분이었다. 나는 처음 보는 아저씨였지만 그쪽에서는 이사 온 우리들을 이미 아는 모양이었다. "앗 그렇습니까? 미안합니다."라고 답할 수밖에 없었다. 우리가 폐를 끼쳤다고 하니. "나는 이 아파트 관리조합장인데..."라고 그 아저씨는 말을 이어갔다. 나는 세입자라서 아파트 관리조합에는 별로 관심이 없었지만, 그 아저씨가 관리조합장이라면 나는 일개의 평조합원인 셈인가? 하는 생각이 들었다. 본의 아니게 상하관계가 설정된 듯한, 좀 손해 본 기분이었다. 그 아저씨의 태도는 좀 고압적으로 느껴졌다. 처음부터 이러한 고압적인 태도를 보이는 사람은 일본에서라면 성격이 안 좋은 사람으로 봐야 할 것이다. 그러나 한국에서는 그렇지 않다는 것을 나중에 알게 되었다. 일반적으로 일정한 상하관계가 설정되어야 친해지기가 쉽기 때문에 그 아저씨는 그랬던 것 같다. 그 아저씨는 성격이 나쁜 사람이 아니었다. 오히려 꽤 좋은 사람이었다. 그 아저씨의 부인이 집에서 직접 만든 요리나 반찬을 갖다주시기도 했고 아들이 독일에서 박사학위를 받고 돌아와 어느 대학의 교수가 되었고 연봉이 얼마라는 개인적인 이야기도 들려주셨다. 아파트 관리조합 안에서 좀 문제가 생긴 일이 있었는데, 그 때도 그 아저씨는 올바르게 대처하셨던 것 같다.

또 이런 일도 있었다. 나는 한국에 와서 얼마 안 됐을 때 선배의 소개로 초등학교 선생님에게 일본어회화를 가르친 적이 있었다. 50대 남성인 그분은 어느 날 같이 길을 걸어갈 때 나하고 팔짱을 끼는 것이다. '어? 깜짝이야! 내색하지는 않았지만 동성끼리의 스킨십을 좋아하는 이분은 혹시...?' 약간의 경계는 했으나 더 이상의 접근은 없어서 우리의 관계는 더 이상 '발전'하지는 않았다. 그냥 친밀감의 표시였던 것이다. 과민 반응을 안 보였던 것이 다행이었다. 다른 문화와의 '제3종 접근 조우'였다.

한국인의 대인관계 특성은 '접은 우산' 모양이고 일본인의 대인관계 특성은 '편 우산' 모양이다. 이것은 한국인과 일본인의 대인관계 특성을 수직성과 수평성의 관점에서 대비하여 상징적으로 표현한 것이다. 한국인은 수직적 관계에서의 권력거리가 보다 멀고, 일본인은 상대적으로 더 가깝다. 한편 한국인은 수평적 관계에서의 심리적 거리는 더 가깝고, 일본인은 더 멀다. 그래서 수직적 관계에서의 권력거리가 더 멀고, 수평적 관계에서의 심리적 거리가 더 가까운 한국인의 대인관계 특성은 '접은 우산'으로 표현할 수 있고, 권력거리가 더 가깝고, 심리적 거리가 더 먼 일본인의 대인관계 특성은 '편 우산'으로 묘사할 수 있다.

한국인은 상하관계에서 상하의 경계가 분명하고 일본인은 애매하다. 그리고 한국인은 내집단과 외집단의 경계도 분명하고 일본인은 애매하다. (한편 개인 간의 경계 및 공과 사의 경계는 일본인이 더 분명하고 한국인은 더 애매하다.) 한국인과 일본인의 대인관계 특성의 차이는 이와 같이 요약할 수 있다. 제3장에서는 이러한 대인관계 특성의 차이에 대해 살펴보고자 한다.

## 한국사회의 '상승지향'

주체성 자기가 우세한 한국인은 대상성 자기가 우세한 일본인보다 대인관계에서 우월감 추구 동기가 강하게 작용한다. 주체성 자기가 강한 사람은 관계성 욕구 중에서도 상대를 가르치고, 주도하고, 지배하고 싶은 욕구가 강한데 이들 욕구의 기저에는 강한 우월감 추구 동기가 있다. '형, 오빠(또는 언니, 누나), 부모, 선배, 리더'와 같은 역할을 선호하는 것은 우월감 추구 동기가 강하기 때문이다.

또한 주체성 자기가 우세한 사람은 자신의 가치와 능력 및 장래성을 높게 평가하고 있는데, 이것을 바꿔 말하면 상대의 가치와 능력 및 장래성을 낮게 평가하고 있다는 뜻이다. '나는 당신보다 우수한 사람이다.', '나는 존경받을 만하다.'이와 같은 자기평가를 가지고 있기 때문에 이것을 대인관계 장면에서 실현시키기 위해 강한 우월감 추구 동기를 가지게 된다. 주체성 자기가 우세한 한국인의 자기실현은 우월감 추구 동기에 의해 강하게 규정된다.

동양철학자 오구라가 말하는 다음과 같은 한국사회의 '상승지향'은 한국인의 강한 우월감 추구 동기를 의미한다.

"'소(少)', '소(小)', '저(低)'는 안 좋고, '다(多)', '대(大)', '고(高)'야 말로 좋다는 단순한 가치관이 한국에서는 강렬하다.", "한국사회에서는 모두 다 한마디로 말하면 '님'이 되고 싶은 것이다. ... 즉, '위대하고, 크고, 높은' 위치에 상승하고 싶다는 것이 한국인의 일반적인 소망인 것이다.", "이 상승지향이야 말로 한국사회의 최대 특징이라고 해도 된다."[119]

왜 한국인은 높은 위치에 상승하고 싶은가? 그 높은 위치에 올라가서 조용히 전망을 즐기고 싶은 것은 아니다. 그 높은 위치에서 상대를 가르치고, 주도하고, 지배함으로써 주체성 자기를 마음껏 실현하고 싶은 것이다. 한국인의 이러한 '상승지향'즉, 강한 우월감 추구 동기의 뿌리는 현대 경쟁사회가 시작하는 층을 관통하여 보다 더 깊은 역사적 층까지 뻗쳐 있는지도 모른다.

## 전 국민 양반화

한국인의 '상승지향'의 뿌리는 대한제국 시절의 한국 사람들의 행동에도 나타나 있다. 1909년에 민적법이 시행될 때 대부분의 한국 사람들은 그 동네 양반들에게 부탁하여 그 양반가의 성씨를 얻어 와서 관청에 신고했다. 일본처럼 새로 성씨를 만드는 경우는 거의 없었다. 한국은 이때부터 '전 국민의 양반화'가 시작되었던 것이다. 한국은 양반의 후손만이 존재하는 나라가 되었다. 이는 '양반이 되고 싶은' 사람이 너무 많아서 일어난 현상이었다.[120] 그래서 현재 대다수의 한국인은 당시의 유력한 양반가의 성씨를 가지고 있다. 2000년의 통계청 조사에 의하면, 한국에는 현재 286개의 성씨가 있으나, 10대 성씨(김(金)씨, 이(李)씨, 박(朴)씨, 최(崔)씨, 정(鄭)씨, 강(姜)씨, 조(趙)씨, 윤(尹)씨, 장(張)씨, 임(林)씨)인 사람이 전체 인구의 약 64%를 차지하고 있다. 특히 5대 성씨인 사람만으로 전체 인구의 약 54%이다. 이러한 집중도를 보이는 나라는 극히 드물다.[121] 성씨와 족보로 증명할 수 있는 자신의 혈통에 의거하면 대부분의 한국인은 조선시대의 지배층인 양반의 위치까지 상승한 것이다.

자신이 양반의 후손이라는 주관적 사실은 한국인의 주체성 자기와 우월감 추구 동기의 중요한 기반이라고 나는 생각한다. 이와 관련하여 일반인을 대상으로 조사한 한 연구에 의하면, 자신의 이름에 족보상의 돌림자를 사용했다는 사람(M = 4.41)은 그렇지 않은 사람(M = 4.19)보다 주체성 자기가 강한 것으로 나타났다.[122] 또한 다른 연구에 의하면, 조상들의 영혼이 자손들을 내내 보살핀다고 믿고, 간편하게라도 조상에 대한 제사는 계속 지내야 한다고 생각하는 사람일수록 주체성 자기가 강한 것으로 나타났다(r = .18).[123] 이러한 결과는 족보상의 돌림자 사용이나 조상에 대한 제사가 양반의 후손으로서의 정체성을 높임으로써 주체성 자기를 강화하고 있는 것으로 해석할 수 있다.

한편, 일본에서 '전 국민 성씨 가지기' 정책을 시행하여 전 국민으로 하여금 성씨를 만들어 가지도록 한 것은 메이지 유신 때였다. 그런데 메이지 정부가 1870년에 일반 평민에게도 성씨 사용을 허용했을 때는 대부분의 일본인들은 성씨를 사용하려고 하지 않았으며, 1875년에 의무화된 이후에야 성씨를 가졌다. 이때 각자 자기 집의 위치나 지명, 동네의 특징 등을 살린 성씨를 만들어서 가지게 되었다. 일본에는 현재 29만여 개의 성씨姓·苗字·名字·氏가 있으나, 10대 성씨인 사람은 총 인구 중 약 10%를 차지한다. 佐藤(사토), 鈴木(스즈키), 高橋(다카하시), 田中(다나카), 渡辺(渡邊 와타나베), 伊藤(이토), 山本(야마모토), 中村(나카무라), 小林(고바야시), 斎藤(斉藤 사이토)가 상위 10개의 성씨이다. 일본인의 경우 자신이 옛날 지배층의 후손이라는 자각을 가지고 있는 사람은 극히 소수에 불과하다.

## 희망 진학 단계

조선 시대 평민도 과거에 합격하면 양반이 될 수 있었다. 실제로는 평민 출신으로 과거에 합격한 경우는 지극히 드물었지만, 조선의 법 제도는 원칙적으로 모든 양인(양반, 중인, 평민)에게 과거를 볼 수 있는 자격을 부여했으므로 모든 양인들은 양반이 될 가능성이 있었다. 현대 사회에서 대학교 입학시험은 조선 시대 과거의 확대 개정판이다.

한국인의 강한 우월감 추구 동기를 충족시키기 위한 가장 중요한 수단은 높은 학력이다. 한국인은 학력의 수단적 효용에 대해 일본인보다 높게 평가하고 있다. 한국인은 높은 학력을 일본인보다 더 갈망하고 있다. 고등학생의 희망 진학 단계를 비교한 연구에 의하면, 전반적으로 한국의 고등학생은 일본의 고등학생에 비해 희망 진학 단계가 높은 것으로 나타났다.[124] 4년제 대학 이상을 희망하는 비율이 한국에서는 75.6%, 일본에서는

62.9%였다. 이들 중 대학원 진학을 희망하는 비율은 한국에서는 23.2%, 일본에서는 7.3%로 큰 차이를 보이고 있다. 또한 남녀별로 보면, 일본에서는 성별에 따라 희망 진학 단계에 차이가 있지만, 한국에서는 거의 차이가 없었다. 4년제 대학 이상을 희망하는 비율이 일본 남학생의 경우는 61.1%였으나, 여학생의 경우는 46.9%였다. 한편 한국에서는 남학생의 경우 76.0%였고, 여학생의 경우도 75.3%였다. 한일 양국에서 고등학생의 희망 진학 단계에 대한 부모 학력(교육 연수)의 영향이 확인되었으나, 한국에서는 아버지 학력의 영향력이 더 크지만, 일본에서는 어머니 학력의 영향력이 더 큰 것으로 나타났다.

한국의 경우 이미 초등학생, 중학교 입학 단계에서 대학, 대학원을 지망하고 있는 사람이 일본에 비해 압도적으로 많은 것으로 드러났다. 그리고 고등학교 입학 후에는 대학원 지망 쪽으로 더 상승하게 된다. 그와 대조적으로 일본에서는 기본적으로 초등학생 단계에서는 미정이라고 답하는 학생이 과반수이고, 이 비율이 고2 여름까지 점차 감소해간다. 또한 대학원 지망자는 한국과 마찬가지로 증가하긴 하지만 그 상승률은 한국만큼 크지 않다. 이처럼 일본 학생에 비해 높은 한국 학생의 희망 진학 단계는 한국인의 강한 우월감 추구 동기를 나타내는 대표적 형태이다.

고등학생(3학년)의 장래전망을 비교한 연구에 의하면, '어떤 학교를 나왔는지에 따라 일생이 거의 결정되어 버린다'고 생각하는 사람의 비율은 일본에서는 40.8%, 한국에서는 63.0%였다. 또한 학력의 효용으로서 양국에서 공통적으로 '높은 수입'과 '높은 지위'라는 점을 든 비율이 90%를 넘었다. 하지만 '사회에 나갈 때 도움이 되는 친구를 만날 수 있다(한국: 52.7%, 일본: 36.0%)'는 점과 '주위의 사람들로부터 높게 평가된다(한국: 88.4%, 일본:

78.2%)'는 점에 대해서는 한국 학생들이 일본 학생들에 비해 더 높게 평가한 반면, '보람이 있는 일을 할 수 있다(한국: 36.2%, 일본: 54.0%)'는 점과 '교양이 풍부해진다(한국: 60.8%, 일본: 65.6%)'는 점에 대해서는 한국 학생들이 일본 학생들에 비해 더 낮게 평가했다.[125] 이상과 같이 한국 고등학생은 일본 고등학생에 비해 학력의 '외재적 가치', 즉 수단적 효용을 더 평가하고 있는 것으로 나타났다.

## 소수정예주의적 교육의식

한국인은 일본인보다 우월감 추구 동기가 강하고 우월감 추구 동기를 허용하는 사회적 풍조 또한 일본에 비해 더 강하다. 반대로 일본에서는 개인의 우월감 추구 동기를 완화시키려는 사회적 풍조가 한국에 비해 더 강하다. 교육의식을 비교한 연구에 의하면, 엘리트 양성에 역점을 두어야 한다는 '소수정예주의'와 교육의 평등원칙을 중시해야 한다는 '대중주의'가 양극에 위치하는 차원에 관하여, '소수정예주의'에 대한 허용도가 일본에서보다 한국에서 더 높은 것으로 나타났다. 즉, 일본에서는 '소수정예주의'에 대한 거부감이 한국에서보다 더 강한 것으로 드러났다. 예를 들어 현재 가르치고 있는 학생 중 '소수의 사람들만이 훌륭한 사람이 될 수 있다'고 답하는 교사는 일본에서는 7.9%에 불과했으나 한국에서는 40.1%에 달하는 것으로 드러났다. 또한 국가발전을 위해서는 엘리트 양성에 역점을 두어야 하는지 아니면 대중 교육에 역점을 두어야 하는지에 대해 '엘리트 양성'을 선택한 사람이나 초등, 중등, 고등 교육 중 '고등교육'에 가장 재정 투자를 해야 한다고 생각하는 사람은 한국에 더 많았다. 즉, 학교교육이 '국가 발전에 도움이 되는 인재육성을 중시'해야 하느냐, '학생의 자기실현, 인격형성을 중시'해야 하느냐에 대해, 전자(국가 발전에 도움이 되는 인재육성 중시)를 선택한 일본인은 7.4%뿐이었으나 한국인은 23.8%가 전자를 선택하였다.[126] '소수정예주의'를 강조하는 이러한 한국의 교육의식은 한국인의 강한 우월감 추구 동기를 부추기는 사회적 요인이다. 반대로 학생의 자기실현, 인격형성을 중시해야 한다는 '대중주의'를 강조하는 일본의 사회적 풍조는 일본인의 우월감 추구 동기를 억제하는 사회적 요인이다.

## 여가활동에서의 우월감 추구 동기

한국인의 강한 우월감 추구 동기는 학업 영역뿐만 아니라 여가활동에서도 나타나 있다. 내재적 여가동기intrinsic leisure motivation를 비교한 연구에 의하면, 한국 대학생은 일본 대학생보다 여가에 대한 적극성, 능동성이 강한 것으로 나타났다. 6가지의 내재적 여가동기(자결, 적성, 경도, 도전, 무료함, 두근거림) 중에서 한국 대학생은 일본 대학생보다 적성 동기가 특히 강했으며, 자기의 유능함이나 능력, 기능에 대한 정보의 피드백feedback에 높은 관심을 보여 그러한 정보를 피드백 해주는 여가 활동을 선택할 경향이 강한 것으로 드러났다. 한국 대학생은 일본 대학생보다 여가를 유익하게 활용할 수 있다는 효능감이 강했으며, 여가활동은 자신의 유능함을 깨닫게 해주는 자신감의 원천이라고 생각하며, 다른 사람들은 자신을 여가의 달인으로 보고 있다고 생각하는 사람이 많았다. 일본 대학생은 여가활동을 통해 성취감이나 자기 파악 등 타자와 상관없는 '자기 심리 내면의 충실'에서 기쁨을 얻으려고 하는 반면, 한국 대학생은 자기 능력에 대한 자신감이나 자부심 등을 느껴 '타자가 선망하는 나'를 확인함으로써 기쁨을 얻으려고 한다는 데서 차이를 보였다.127)

## 낙오자의 말로

——— 관계의 수직성 비교

서로가 강한 주체성 자기와 우월감 추구 동기를 가지고 있는 한국인은 일본인보다 두렷한 수직적 관계를 형성하게 된다. 한국에서는 일본에서보다 상하관계를 더 엄격하게 구분한다. 대상성 자기가 우세하고 우월감 추구 동기가 상대적으로 약한 일본인의 상하관계는 덜 엄격하다. 만약 한국과 같은 주체성 문화에서 서로가 상대보다 우월한 위치를 차지하려고 강한 주체성을 제한 없이 발휘하게 되면 대인관계 질서가 위태로워질 것이다. 따라서 중요한 사회적 영역, 즉 가정, 학교, 직장 등에서 보다 엄격한 상하관계를 형성하여 부분적으로 '아랫사람'의 주체성을 제한하는 문화적 규범과 실천은 주체성 문화의 필수요소일 수밖에 없다. 한편 일본과 같은 대상성 문화에서는 '아랫사람'의 강한 대상성에 의해 상하관계는 상대적으로 더 안정적이다. 그래서 일본에서 '윗사람'은 강한 주체성을 발휘해야 하는 필요성도 적으며 스스로 주체성을 제한하여 겸손한 자세로 임할 수 있다.

인간관계를 형성하게 될 때의 상하구분 준거에는 나이, 학번, 학력, 직위, 직업, 외모, 신분이나 가문, 경제력, 소지품 등이 있다. 일본에서도 이러한 준거들이 상하관계를 규정하는 데 사용되지만 한국에서보다 그 중요성이 떨어진다. 그래서 일본인의 관점을 가진 내가 한국을 봤을 때 특이해 보이는 현상들이 있었다. 전기장에서 전하를 띤 이온물질들이 자신의 전하 특성에 따라 양이온은 음극으로 이동하고 음이온은 양극으로 이동하는 전기이동 현상처럼 한국에서는 상하를 구분을 하는 준거들에 의해 일본에서보다 더 뚜렷하게 '윗사람'과 '아랫사람'으로 나누어지는 것은 내게 매우 특이해 보였다. 보다 엄격한 상하구분을 요구하는 문화적 '전기장'같은 것이 한국에는 있는 것처럼 느껴졌던 것이다.

**〈그림 4〉 문화적 자기관, 동기, 대인관계의 수직성에 관한 한일비교**

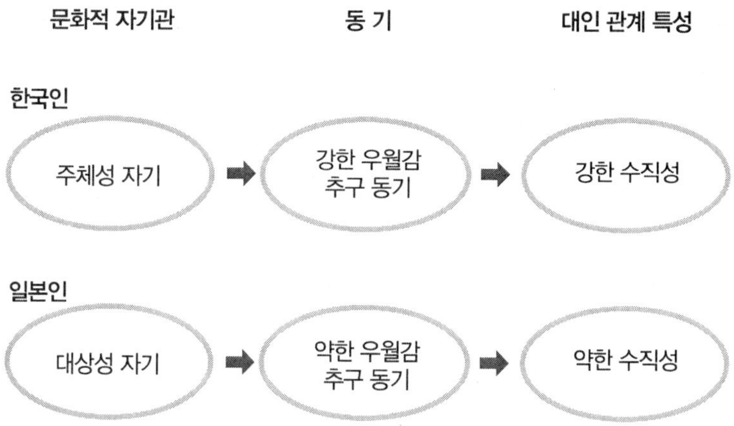


## 문화적 '전기장'

우선 한국에서는 동갑내기만 '친구(오래도록 친하게 사귀어 온 사람이라는 뜻으로 쓰는 친구)'가 될 수 있다는 사실이다. 나이 차이가 한 살이라도 있으면 '친구'가 아니라 선배와 후배가 된다. 그리고 서로 친해지면 이 관계는 친족 호칭이 확대 사용되어 형과 동생 같은 '형제자매' 관계가 된다. 선후배 관계나 '형제자매' 관계는 '친구'사이보다 더 수직적이라고 할 수 있다. 일본에서는 '친구'가 될 때 그렇게 엄격하게 나이를 따지지 않는다. 물론 일본에서도 학생일 경우는 기본적으로 나이를 따지지만, 그 이후에는 나이 차이가 있어도 '친구'가 되는 경우가 한국보다 훨씬 많다. 한국의 '친구'라는 범주는 일본의 '친구'라는 범주보다 범위가 좁다. 일본에서라면 '친구' 범주에 들어갈 사람들이 한국에서는 확대 사용된 친족 호칭으로 '형, 오빠, 언니, 누나, 동생'으로 불리는 위치로 분극화된다. 나의 가장 친한 선배도 생년월일이 두 달밖에 차이가 나지 않지만 '형'이다. 그래서 나는 한국에서 20년 넘게 살았는데 '형이나 동생들'은 많지만 '친구'가 거의 없다. 학교를 졸업하면 사귀게 되는 사람들 중에 일반적으로 동갑내기의 비율이 많지 않기 때문이기도 하지만, 나이 차이가 없는 수평적인 관계의 경우 왠지 친해지기가 어려웠던 것 같다.

다음으로는 교수를 채용할 때 나이가 중요하다는 사실이다. 특히 해당 학과(또는 전공)의 '막내'교수보다 나이가 많은 지원자는 채용되기가 어렵다. 연구자로서의 대학교수는 나이가 많든 적든 연구능력이 높은 교수가 좋은 교수일 것이다. 따라서 나이가 많은 지원자는 연구업적도 많고 연구능력도 높을 가능성이 충분히 있기 때문에 좋은 교수가 될 가능성도 높을 것이다. 하지만 그 학과(또는 전공)의 '막내'교수보다 나이가 많은 사람이 새로 들어오면 조직의 질서에 문제가 생긴다. 그 때까지 그 학과의 많은 일들을 관례적으로 주로 담당해온 '막내'교수는 이제 신임 교수에게 그 업무를 인수인계하여 '해방'되어야 하는데, 신임 교수가 자기보다 연상이면 그렇게 하기가 어려워지는 것이다. 선배인 '막내'교수가 계속하기는 억울하고, 자기보다 나이 많은 신임 교수에게 시키기도 그렇고. 그래서 조직의 질서를 유지하기 위해 보통 '막내'교수보다 나이가 어린 사람을 신임 교수로 채용하게 된다. 그렇게 해야 한 조직으로서 학과(또는 전공)의 수직적 체계가 안정되기 때문이다.

또한 말싸움에서도 나이가 중요하다. 잘 모르는 사람들끼리 말다툼을 하게 될 때, 만약 연상으로 보이는 사람이 자기가 불리해지면 종종 '민증 까!'라는 말을 하여 연하로 보이는 상대방의 나이를 확인하려 하는 경우가 있다. '민증(주민등록증)'에 기재된 생년월일을 확인하여 상대방의 나이가 자기보다 어리면 불리해진 형세를 역전시킬 수 있겠다는 속셈인 것이다. 실제로 이 말이 효과적이었다는 이야기는 못 들어봤지만. 애초에 장유유서의 가치를 중요시 하는 사람이라면 자기보다 연상으로 보이는 사람과 말다툼 자체를 벌이지 않았을 것이다. 말싸움에서 나이를 따진다는 발상자체가 없는 일본인에게는 '민증 까!'라는 말을 하는 것이 익살스러운 모습으로 비치기도 한다. 그 말을 하는 본인은 말싸움에 이기려고 발버둥치는 것이겠지만.

이러한 상하 비교 기준에 의해 한국에서는 '윗사람'과 '아랫사람'이 결정되고 권력 분배의 불평등을 서로 수용하는 관계가 설정된다. 윗사람은 강한 주체성을 보다 자유롭게 발휘할 수 있으나 아랫사람은 주체성을 강하게 억제해야 하는 관계가 설정된다. 관계의 수직성에 관해 비교하면, 한국인은 '윗사람'과 '아랫사람' 사이의 권력거리가 더 멀고, 일본인은 더 가깝다. 일본에서는 '윗사람'의 겸손의식이 한국에서보다 강하다.

## 아랫사람의 위험한 주체성

이러한 차이 때문에 많은 일본인 장기체류자들이 "한국인 사회에서는 무엇보다도 먼저 '수직적 관계'가 기본이 되어 있다."[128] 고 지적해왔다. 높은 자존심과 강한 자기주장을 특징으로 하는 한국 사람이지만, 윗사람 앞에서는 아랫사람의 높은 자존심과 강한 자기주장은 상당히 억제된다. 한국인은 기본적으로 윗사람 앞에서는 그 강한 주체성을 억제한다.

> "한국인은 대체로 분명히 말하는 것을 좋아한다.… 물론 한국인이 누구에게도 솔직하게 자기의 감정을 언어화하고 있느냐 하면, 여기에도 유교의 벽이 있다. 예를 들어 부모, 선생님을 비롯한 연장자 앞에서는 상대가 요구하지 않는 한 그냥 묵묵히 상대의 이야기를 배청하고 있는 경우가 많다."[129]

한국인의 유교가치관을 실증적으로 조사한 연구에 의하면, 유교가치관이 점차 약화되는 추세이지만, 오륜五倫 중의 장유유서長幼有序의 가치는 여전히 가장 강하게 한국인의 마음속에 남아 있는 것으로 드러났다.[130] 장유유서란 본래 형은 사랑하고 아우는 공손해야 한다는 형제간의 윤리가 발전하여 사회 윤리로 확립된 것이며, 어른과 어린 사람 사이에는 순서가 있다는 연령적 질서를 확립하려는 윤리 규범이다. 이 연구에서는 유교가치관을 크게 세계관(천명론, 이기론, 조상숭배), 인간관(인격수양, 인의예지), 사회관(오륜: 부자관, 부부관, 장유관, 붕우관 등)으로 구분하여 척도를 개발하였는데, 유교가치관의 각 요인별 평균 점수에 있어서 장유관(장유유서)이 가장 점수가 높았으며, 그 다음으로 붕우관(붕우유신), 조상관, 인의 예지, 부자관(부자유친), 세계관, 인격수양, 부부관(부부유별)의 순으로 점수가 낮아지는 것으로 나타났다. 전통적으로 강조되었던 세계관(천명론, 이기론), 조상관(조상숭배), 부자관(부자유친)보다 현대 사회에서는 장유관(장유유서)이나 붕우관(붕우유신) 등의 가치가 더 중요하게 받아들여지고 있는 것이다. 천명론(천인합일과 성선설), 이기론(이일분수와 상하귀천), 조상숭배(제사) 등의 유교적 세계관이나 인격수양(겸손, 수기치인, 반구저기, 충서, 혈구지도의 가치)과 인의예지(측은지심, 수오지심, 사양지심, 시비지심의 가치)를 하위요인으로 하는 유교적 인간관은 유교가치관의 핵심이며, 이론적인 기초다. 그러나 현대 한국사회에는 유교적 세계관과 인간관보다는 오륜을 중심으로 하는 사회관 중에서 특히 장유유서長幼有序의 가치와 붕우유신朋友有信의 가치가 더 강하게 남아 있다.

자신에게 잘못이 없는데도 누군가(부모, 교수, 잘 모르는 노인)한테서 야단맞은 경우의 반응을 비교한 연구에 의하면, 한국 대학생은 일본 대학생에 비해 자신의 정당함을 주장하거나 항의하는 사람이 적었으며, 사과하거나 침묵하는 경우가 일본 대학생보다 많았다. 특히 상대가 부모의 경우는 교수나 잘 모르는 노인의 경우보다 이러한 차이가 더 크게 드러났다.[131] 이러한 장면만 보면 한국인은 일본인보다 주체성이 약하고 대상성이 강한 것으로 착각할 수 있다. 그러나 결코 그렇지는 않다. 한국인은 주체성이 약해서 또는 대상성이 강해서 자신의 정당함을 주장하지 않거나 항의하지 않는 것은 아니다. 한국인은 강한 주체성을 가지고 있지만, 그것을 윗사람 앞에서는 억제하고 있을 뿐이다. 더 강한 주체성을 가지고 있는 윗사람에게 이의를 제기하는 것이 위험한 일이라는 것을 경험적으로 잘 알고 있기 때문에 사과하거나 침묵하는 것이다.

대학원생 시절의 일인데 친하게 지내던 한 선배가 크게 화내는 모습을 옆에서 본 적이 있었다. 그 선배는 체격은 크지만 결코 난폭한 성격의 소유자는 아니었고, 모든 일을 신중하게 논의하는 스타일을 가지고 있는, 내가 존경하는 사람이었다. 어느 날 그 선배의 후배인 한 대학원생이 연구실에 찾아와 그 선배가 맡긴 어떤 일을 아직 못 했다는 이야기를 했다. 무슨 사정이 있었는지 그 일을 예정대로 못 했던 모양이었다. 그것은 해외학회 참석과 관련된 일이었고 원래는 참석예정자들이 각자 해야 하는 일이었는데 그 후배가 대표로 모든 참석자들의 일을 맡게 된 것이었다. 들어 보니까 무슨 문제가 있었는지 그 선배의 일만 못 한 것이었다. 그 선배는 그 일을 끝까지 하도록 요구했으나 그 후배는 못 하는 이유를 설명하면서 계속 거부했다. 얼마나 하기 싫었는지 "내가 네 종이냐?"라는 말을 내뱉었다. 그러자 그 선배는 격분하여 자리에서 일어나 그 후배를 때리려고 덤벼들었다. 그 순간 옆에 있던 나는 그 선배를 온 몸으로 막았다. 연구실에서 폭행사건이 발생할 뻔 한 순간이었다.

다행히 나는 선배에게 맞을 뻔 했던 적은 없었는데 지도교수님한테 혼난 적은 있었다. '생활은 질서 있게, 학문은 자유롭게'라는 것이 우리 지도교수님의 모토였다. 그래서 학문적 자기주장이 필요하다는 교수님의 말씀을 실천하고자 석사 논문 지도를 받을 때 교수님의 지도에 반론을 제기하고 끈질기게 자기의 견해를 주장했다. 그랬더니 "자기주장을 하라고 했지 우기라고 한 적은 없다."며 크게 혼났다. 나도 몰래 눈물이 났는데, 너무 심했다고 생각하셨는지 옆 연구실에 있던 선배를 부르셔서 캔 맥주를 사오게 하시고 셋이 같이 마시면서 위로해주셨다. 그 일 이후 교수님은 석사 논문 지도는 먼저 박사과정 선배가 지도교수님을 대신해서 하는 '지도 선배 제도'를 만드셨다. 내

똥고집에 얼마나 머리가 아프셨으면 그렇게 하셨을까 싶다.

## '윗사람다운' 윗사람

한국에서 아랫사람이 자신의 주체성을 억제하는 것은 윗사람의 행동양식이 일본과 다르기 때문이다. 우선 한국인은 어렸을 때부터 보다 강한 주체성을 발휘하는 존재가 주변에 있는 환경에서 살아왔다. 만 5, 6세 어린이와 그 부모를 대상으로 부모의 양육태도와 유아의 사회도덕성을 비교한 연구에 의하면, 한국의 부모는 일본의 부모에 비해 더 통제적이며, 덜 자율적이고, 덜 애정적이지만 덜 거부적인 양육태도를 가지고 있었다(어린이의 아버지와 어머니가 각자 별도로 자기평가). 일본의 부모는 한국의 부모에 비해 덜 통제적이며, 더 자율적이고, 더 애정적이지만 더 거부적인 양육태도를 가지고 있었다. 이 연구에서는 긍정적 양육태도로서 애정적 태도와 자율적 태도를, 부정적 양육태도로서 통제적 태도와 거부적 태도에 주목하여 비교하였다. 따라서 이 4가지 양육태도 차원 중 3가지 차원에서 한국의 부모는 일본의 부모보다 덜 긍정적인 양육태도를 가지고 있는 것으로 드러났다.[132)]

어린이 집 교사들의 보육관을 비교한 연구에 의하면, 한국은 '설정 보육'이 중심이며, 보육자가 중심이 되어 어린이들의 놀이를 지도하는 경향이 강했으나, 일본에서는 '자유 놀이'가 중심이며, 어린이들과 일정한 거리를 두어 놀이를 도와주는 경향이 강한 것으로 나타났다. 한국에서는 보육자의 관여가 적은 것이 바람직하다고 생각하면서도 실제로는 보육자가 중심이 되어 놀이를 지도하는 보육자가 가장 많았다. 일본에서는 보육자의 관여가 적은 것이 바람직하다고 생각하고, 실제로도 어린이들과 일정한 거리를 두어 놀이를 도와주는 보육자가 가장 많았다. 5가지 보육 관련 장면에서 어린이들에게 하는 말을 비교한 결과, 한국의 보육자는 일본 보육자에 비해 명령과 참여권유가 더 많고, 질문과 지켜보기는 더 적은 것으로 나타났다.[133]

중고생의 성실성을 비교한 연구에 의하면, 교사와의 관계에 관해, 교사와 인사하는 정도나 교사를 존경하는 정도에서는 차이가 없었으나, 한국 학생들은 일본 학생들과는 달리 교사를 친절하다고 느끼거나 편하게 이야기 할 수 있는 존재 또는 친하게 지낼 수 있는 존재로 느끼고 감사하고 있는 학생은 더 적었다.[134]

위와 같이 한국의 부모와 교사는 보다 강한 주체성을 발휘하여 자녀와 학생을 상대함으로써 일본의 부모와 교사보다 더 수직적인 관계를 형성하고 있는 것이다.

또한 한국인은 일본인에 비해 윗사람에 대한 수직적 사회적 거리의 허용범위가 좁다. 한국에서는 수직적 사회적 거리 상에서 상위에 위치하는 사람이 그 위치를 스스로 하향 조정하는 경우가 별로 없다. 윗사람은 윗사람다워야 하는 것이다. 이에 비해 일본인은 한국인보다 윗사람의 언행에 관한 수직적 사회적 거리의 허용범위가 하향 방향으로 확대되어 있다. 즉, 지위의 차이가 있음에도 불구하고 윗사람이 아랫사람에게 친구처럼 접근해오는 것을 일본인은 '기사쿠다きさくだ'라는 표현을 써서 매우 긍정적으로 평가한다. 하지만 한국어에는 이에 해당하는 관용화된 어휘가 없다.[135] 이를 풀어서 설명하자면 전혀 교만하지 않고, 겸손하면서 소탈하다는 뜻이

다. 이 말 이외에도 일본어에는 한국어의 '겸손하다'에 해당되는 관용어휘가 많이 있다.[136]

한국에 온 일본인은 윗사람은 윗사람다워야 하는 한국적 기준에 맞지 않는 행동을 하게 될 경우가 있다. 한국기업에 중간간부로 영입된 일본인이 자신의 검소함과 합리성에 의해 소형아파트에 살고 소형차로 출퇴근하자 부하직원들에게 위신이 서지 않는다며 대형차를 타고 대형아파트에 사는 것을 상사가 요구하는 경우가 종종 있다.

또한 내가 명지대학교의 일본문제연구소 연구원으로 있었을 때 일본인 교수를 초청해서 세미나를 개최하는 일이 몇 번 있었다. 세미나가 끝난 후 회식 자리에서 소장님이 자신보다 나이도 많은 일본인 교수에게 상석에 앉도록 아무리 권해도 끝까지 상석을 피하고 구석진 자리에 앉는 일본인 교수가 종종 있었다. 그럴 때 소장님은 어쩔 수 없이 일본인 교수 옆의 구석진 자리에 앉게 되었고 상석에는 아랫사람인 다른 교수나 연구원이 앉게 되어 약간 안 좋은 모양새가 되곤 했다. 초청된 입장이고 나이도 가장 많으면 당연히 상석에 앉는 것이 한국문화에 맞는 행동인데, 그렇게 하지 않는 일본인 교수를 보고 나는 역시 일본인은 주체성 자기가 약하고 대상성 자기가 강하다고 생각하게 되었다.

일본에서는 선술집에 혼자 가서 술을 마시면서 옆에 있는 다른 손님과 이야기를 하게 될 일이 흔히 있는데, 이럴 때 일본인 교수는 자신을 대학 교수라고 하지 않고 교사라고 자기 소개하는 경우도 많다. 대학 교수라고 하면 상대방이 심리적인 부담감을 느낄까봐 그렇게 하는 것이다. 이런 경우 한국인 교수라면 어떻게 자기를 소개할까? 아마도 상대방의 심리적인 부담감을 염려하여 일부러 교사라고 말하는 한국인 교수는 거의 없을 것이다.

상하관계와 관련된 언어 사용에 있어서도 일본어와 한국어 사이에는 비대칭적인 차이가 있다. 일본어에는 자신을 낮춤으로써 간접적으로 상대에 대한 경의를 표하는 형식의 말인 겸양어가 한국어보다 다양하게 존재하며, 일본인의 겸양어 사용빈도는 한국인의 그것보다 더 높다. 한편, 일상적 한국어에는 다양한 욕이 존재하며, 한국인은 상대방을 욕하고 비판함으로써 상대방의 가치를 깎아내리고자 하는 행동을 일본인보다 많이 한다. 겸양어는 주로 아랫사람이 쓰고 욕은 윗사람이 더 많이 쓴다. 일본에서는 한국에서보다 윗사람이 욕을 덜 쓴다. 겸양어는 대상성의 표현이고 욕은 주체성의 표현이다.

일본에서와 달리 한국에서는 윗사람 앞에서 술을 마실 때 고개를 돌리고 공손히 마셔야 한다. 이러한 한국 특유의 '윗사람 앞에서의 음주방식'은 보다 엄격한 수직적 관계를 확인시키는 하나의 문화적 의식儀式으로 볼 수 있다. 윗사람은 아랫사람의 그러한 모습을 보고 자신의 위치를 확인하고, 자신의 주체성 자기를 확인하는 것이다. 이러한 음주 의식儀式이 없는 만큼 일본의 수직적 관계는 덜 엄격한 것이다.

## 권력거리

대인관계의 수직성에 있어 한국과 일본 간에 차이가 있다는 사실은 40년 전에 거대 다국적 기업(IBM)의 종업원들을 대상으로 노동 관련 가치에 관해 조사한 자료를 분석한 홉스테드의 연구에서도 드러나 있었다. 그는 한 나라의 기관(가족, 학교, 지역사회 등)과 조직(직장) 속에서 약한 자가 권력분배의 불평등을 당연한 것으로 받아들이는 정도를 권력거리라고 정의하고, 그 나라의 권력거리 지수Power Distance Index를 산출하여 50여 개국을 구분하였다. 권력거리가 큰 나라에서는 상사의 의사결정 스타일은 전제적 스타일이나 가부장적 스타일이다. 이런 경우에는 부하직원과 상사 간의 심리적 거리가 커서 부하직원이 직접 상사에게 다가가서 반대의견을 내놓는 일은 좀처럼 드물다. 이 연구에서 한국은 27위(60점), 일본은 33위(54점)였으며, 한국의 권력거리는 일본보다 더 큰 것으로 나타났다.[137] 홉스테드의 예상대로 그 차이는 현재까지도 거의 그대로 유지되어 있는 듯하다.

이상과 같이 윗사람과 아랫사람 사이의 권력분배의 불평등이 좀 더 심한 것이 한국적 대인관계의 특징이다. 한국에서는 일본에서보다 윗사람이 권위를 더 인정받고 권력을 더 많이 행사하고 있다. 하지만 한국의 윗사람은 일본의 윗사람보다 더한 의무를 가지고 있는 것도 사실이다.

## 윗사람의 의무와 아랫사람의 권리의식

한국의 윗사람은 자신의 위치를 유지하기 위해 아랫사람들에게 많은 것을 베푼다. 사회적으로 성공한 사람은 친족에 대한 경제적 지원을 해주는 경우가 일본보다 많다. 상사나 선배는 부하나 후배들의 음식 값까지 같이 계산해준다. 음식 값을 각자 계산하는 '와리캉(각자부담)'이 관습화되어 있는 일본과는 달리 한국에서는 모든 음식 값(또는 술값)을 한 사람이 대표로 계산하는 한턱내기가 관습화되어 있다. 한턱내는 것은 보통 윗사람의 역할이다. 엄격한 상하관계를 유지하기 위해 윗사람은 한턱내기를 통해 자신의 위치를 주기적으로 아랫사람에게 확인시킬 필요가 있는 것이다. '한턱내기'는 한국의 엄격한 상하관계에서는 필요하지만 일본의 덜 엄격한 상하관계에서는 보다 평등한 방식인 '와리캉(각자부담)'으로도 상하관계 유지에 큰 문제가 없는 것이다.

이러한 베풀기 행동은 친족 관계도 직업상의 관계도 없는 사람들에게까지 그 대상이 확대되는 경우도 많다. "한국인은 일본인이 상상하는 것 이상으로 자비심이 깊고, 동정심이 풍부하며, 그것을 솔직하게 표현한다."[138] 거지에게 보시하는 사람들, TV모금에 응하는 사람들, 사회사업단체에 기부하는 사람들이 많다. 이러한 일반화된 베풀기 행동(또는 자비심)은 가진 자로서의 책임의식이나 어렵게 살아왔지만 이제는 사회에 공헌할 수 있게 되었다는 자신의 인생에 대한 자부심에서 행해지는 것으로 보인다.

사회적 규범에 관한 한 연구에 의하면, 한국과 일본에서 중요시되는 사회적 규범에는 차이가 있었으며, '사회적 약자에 대한 배려의 규범'은 한국에서만 중요한 사회적 규범이었다. 구체적으로는 '재해로 인해 어려움에 처해 있는 사람들을 위한 모금운동에는 약간의 돈을 자진해서 기부해야 한다.', '노약자에게는 좌석을 양보해야 한다.'와 같은 '사회적 약자에 대한 배려의 규범'은 한국에서만 중요한 사회적 규범인 것으로 드러났다.[139]

중고생의 이타적 행동(긴급원조, 원조, 분여, 기부, 봉사)을 비교한 연구에 의하면, 한국인은 이성 우위형(의무, 책임)의 이타적 행동이 많고(한국: 57.3%, 일본: 27.7%) 일본인은 정서 우위형(동정, 공감)의 이타적 행동이 많았다(한국: 30.9%, 일본: 65.2%).[140][141][142]

윗사람의 권위를 인정하는 대신에 아랫사람에게는 약자의 권리의식이 생긴다.

"한국에서는 상하관계의 아래에 위치하는 사람은 윗사람에게 계속적으로 '한턱 얻어먹게'된다(와리깡은 하지 않는다).", "사원(아랫사람)은 자기가 (그 일부라도) 지불 한다는 감각조차 없다."[143]

"약자는 부자가 돕는 것이 당연하다고 생각한다."[144]

"노동조합운동을 보더라도 대 정부요구도 대 기업요구도, 정당한 요구라기보다는 과도한 요구를 한다.… '당신들은 돈과 권력을 가지고 있으니, 그런 사람들은 가난한 우리들을 좀 보살펴줘도 되지 않겠느냐?'라고 말하고 있는 듯하다."[145]

일본 사람의 눈에는 좀 과도한 요구로 보일 수도 있으나 엄격한 상하관계에서 자신의 주체성을 억제하면서 살고 있는 한국의 아랫사람(또는 약자)로서는 당연한 요구인 것이다. 또한 이러한 요구는 부분적으로 약자의 대등의식의 결과일 것이다. 대상성 문화 일본의 상하관계는 상호겸손의식이 강한 것이 특징이고, 주체성 문화 한국의 상하관계는 윗사람의 겸손의식이 약하고 아랫사람의 대등의식이 강한 것이 특징이다.

한국인의 자존심에 관한 연구에 의하면, 자존심 상하는 경험에는 두 가지가 있다. 하나는 자신보다 능력 또는 인격 등이 부족한 낮은 위치의 타인에 의한 '자기가치의 불인정(자신의 가치, 능력을 무시당함)'이고 또 하나는 자신보다 지위나 권위가 높은 위치에 있는 타인에 의한 '자기가치의 훼손(자신의 능력이나 가치를 남과 비교당하거나 그와 관련하여 인격적 모독을

당함)'이다. 윗사람에 의해 자존심 상한 후자의 경우도 자기를 평가하는 타인이 자신보다 지위나 권위가 높은 위치에 있지만 그들 자체의 능력이나 인격에 대해서는 그 위치만큼 긍정적으로 인식하고 있지 않는 것으로 드러났다.[146] 상대방이 윗사람인 경우도 그의 가치와 능력을 낮게 평가하는 것이 주체성 자기가 강한 사람의 특징이다.

## 차별-피차별 의식

수직적 대인관계의 부산물로 '상위'에 위치한 사람의 '하위'에 위치한 사람에 대한 차별의식이 파생된다. 이는 윗사람의 강한 특권의식에 기인한 것이다.

"한국사회 전체가 낙천적인 '상승 구조'에 의해 지배되어 있기 때문에 드러내 놓고 차별을 한다. 안 좋은 학력, 직업, 외모는 상승하면(또는 향상시키면) 되는 것이지(본인이 못하면 자녀를 출세시키면 됨), 안 좋은 것을 안 좋은 상태 그대로 인정할 일은 없다."[147]

"한국은, 결혼 등에서도, 일본보다 훨씬 '출신', '가문'을 의식한다."[148]

"대기업이 위이며, 경영자, 관리직, 화이트컬러가 위이고, 하청업자나 현장, 노무, 장사, 서비스업은 아래라는 감각이 있는 것처럼 보인다."[149]

"한국에서는 직업의 귀천의식이 강하고, 현장에서의 수공을 특히 미천하게 생각하는 경향이 있다."[150]

청년들의 사회문제에 대한 인식을 비교한 한 조사 연구에 의하면, 한국에서만 5위내에 든 문제는 '신분과 가문에 따라 모든 것이 결정된다.'는 문제(한국: 71.8%)와 '빈부 격차(한국: 68.2%)'의 문제였다. 한국도 일본도 '학력에 따른 격차(한국: 75.9%, 일본: 53.8%)', '사회복지(한국: 64.4%, 일본: 50.4%)', '올바른 일이 통하지 않는다(한국: 55.4%, 일본: 35.6%).'는 인식은 공통적으로 5위내에 들어갔으나 각각을 문제시하는 사람은 한국에 더 많았다. 일본에서만 5위내에 든 문제는 '환경문제(일본: 50.9%)'와 '성실한 사람이 보답 받지 못한다(일본: 30.3%).'는 문제였다.[151]

교육의식을 비교한 연구에 의하면, 개인의 사회적 성공이 본인의 노력이나 능력에 의한 것이라고 생각하는 '능력주의'냐, 신체적, 사회경제적 속성에 기인하는 것이라고 생각하는 '귀속주의'냐에 관하여, 한국인과 일본인은 공통적으로 '능력주의'를 지지하는 견해가 과반수였다. 하지만 한국에서는 '귀속주의'를 지지하는 비율이 일본보다 훨씬 많았다. 즉, 개인의 사회적 성공을 결정하는 요인을 ① 부모의 사회적 지위, ② 건강, 외모 등의 신체적 조건, ③ 혈연, 지연, 학연 중에서 선택한 비율이 한국에서는 43.3%에 달한 반면, 일본에서는 9.6%에 불과했다.[152]

고등학생의 부모를 대상으로 한 연구에 의하면, 한국에서는 학생의 아버지 학력과 어머니 학력의 상관이 .73이었고, 일본에서는 .45였다.[153] 학력이 유사한 사람끼리 결혼하는 경향은 한국이 일본보다 훨씬 강한 것이다.

2004년도의 조사 자료로 계층귀속의식을 비교한 연구에 의하면, 한국의 계층 귀속 의식의 분포는 일본에 비해 아래쪽으로 치우쳐 있는 것으로 나타났다.[154] 상(한국: 0.6%, 일본: 1.4%)과 중, 하(한국: 51.5%, 일본: 49.3%)는 비슷한 비율을 보였으나, 중, 상(한국: 12.9%, 일본: 26.0%)의 비율은 일본보다 낮고, 하; 상(한국: 21.4%, 일본: 17.3%)과 하하(한국: 13.6%, 일본: 6.0%)의 비율은 일본에 비해 높았다.

통계청 2013년 사회조사 결과'에 의하면, 소득, 직업, 교육, 재산 등을 고려한 사회경제적 지위를 '하층'이라고 생각하는 한국인은 46.7%였으며, 조사를 처음 실시한 1988년(약 37%) 이후 최고 수준인 것으로 드러났다. '중간층'이라는 응답자는 51.4%, '상층'이라는 답변은 1.9%에 불과했다. 한국인의 상대적으로 낮은 계층귀속의식은 여러 상황에서 경험하는 피차별의식이 부분적으로 반영된 결과일 것이다.

# 마음의 문을 열 때

—— 주체성 자기와 정, 대상성 자기와 대인불안

자기 개념의 차이는 대인관계와 관련된 정서의 차이를 통해 관계의 수평성 차원에서 서로 다른 행동으로 나타난다. 주체성 자기가 우세한 한국인은 대인불안이 약하고 정이 많아서 대인거리가 일본인보다 더 짧다. 대상성 자기가 우세한 일본인은 대인불안이 강하고 정이 많지 않아서 대인거리가 한국인보다 더 멀다.

## 일본인의 대인불안

한국인과 일본인은 대인관계에 영향을 주는 부정적 정서, 즉 대인불안에 관하여 차이가 있다. 한국인은 대체로 대인관계 장면에서 긴장하지 않는다. 열등감 내지 열등의식을 보상하기 위한 이상한 우월감에 사로잡힐 일이 없이 자연스럽게 자기표현 할 수 있는 사람이 많아 보인다. 남들 앞에 나설 때도 자연스럽게 소신이나 소감을 발표할 수 있는 사람이 많은 것 같다. 한국인의 연회에 여러 번 참석한 경험이 있는 일본인은 "모두가 주인공처럼 행동하고 있었다."고 감탄한다.[155] 그런 자리에서 소극적인 사람이 많은 일본인과 달리 분위기를 고조시키기 위해 적극적으로 스피치나 노래 등을 하는 사람들이 많다는 것이다. 나도 이 의견에 전적으로 동감한다. 대학원 시절 신입생 환영회나 졸업생 환송회, 스승의 날 행사 등 각종 회식 자리가 많았는데 돌아가면서 스피치를 하는 것이 관례였다. 그래서 나는 몇 시간 전부터 진땀을 흘리면서 스피치의 내용을 생각하고 연회장에 가는 경우가 많았다. 그리고 몇 시간 열심히 생각한 티가 나는 스피치를 하곤 했다. 그러나 다른 사람들은 즉흥적으로 자연스러운 스피치를 하는 것 같았다. 이것은 대인불안 수준의 차이를 반영하는 행동의 차이로 볼 수 있다.

**〈그림 5〉 문화적 자기관, 정서, 대인관계의 수평성에 관한 한일비교**

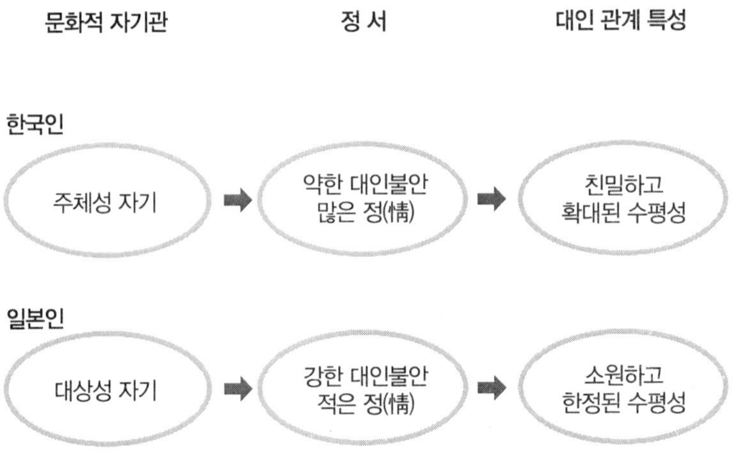


실제로 대학생을 대상으로 조사한 여러 연구들에서 한국인은 일본인에 비해 대인불안이 약한 것으로 드러났다.[156][157][158][159] 반대로 말하면, 일본인

은 한국인에 비해 대인불안이 강한 것이다. 사회공포증 환자(일본인)와 대학생(일본인과 미국인)을 대상으로 대인불안의식에 대해 비교한 연구에 의하면, 일본 대학생의 대인불안의식은 사회공포증 환자와 미국 대학생의 중간에 위치하는 비교적 높은 수준인 것으로 나타났다.[160]

대인불안 수준의 차이는 자기 개념과 관련이 있다. 한 개인이 대인불안을 느낄 가능성은 주체성 자기가 활성화되어 있는 상황에서보다 대상성 자기가 활성화 되어 있는 상황에서 더 높아진다. 처음 찾아온 같은 학교 후배라는 사람을 볼 때보다 처음 보는 같은 학교 선배를 찾아갈 때 더 긴장할 것이다.

대상성 자기가 강한 일본인은 상대의 지향성을 존중하려는 경향이 강하다. 그래서 상대방의 기대, 상대방에 대한 의무, 일반적 타자의 기대인 사회적 규범 등에 맞게 자기가 행동하고 있는지 많이 염려하게 된다. 대인관계 상황에서 대상으로서의 자기 자신이 주체로서의 타인으로부터 어떻게 생각되고 평가받고 있는지, 타인이 자신의 말이나 행동을 어떻게 받아들이는지 신경이 많이 쓰인다. 그래서 일본 사람은 대인불안이 강한 것이다. 대인적 상황에서의 행동이 부자연스러워지고 긴장과 떨림으로 자기표현을 제대로 하지 못하고 그 장소를 피하고 싶어지는 사람이 일본에는 한국보다 많다. 일본인은 자기존중감이 낮아서 대인적 상황에서 대상으로서의 자신이 하는 행동 스타일이나 자신의 외모에 더 많은 주의를 기울이게 되고 다른 사람들로부터 어떤 평가를 받게 될지 염려하여 불안해한다.

한편, 한국 사람은 주체로서의 자각이 강한 사람이기 때문에 자기평가가 상대적으로 높아서 타인으로부터 어떻게 평가받고 있는지 기본적으로 염려하지 않는다. 타인으로부터의 평가에 대해 신경을 많이 쓰는 사람도 유명 인사나 연예인이 그러는 것처럼 얼마나 평가가 좋은지가 궁금할 뿐이다. 그래서 안 좋은 평가를 받지 않을까 늘 걱정하는 일본인과 달리 대부분의 한국인은 대인불안의 감정적, 생리적 반응을 별로 나타내지 않는 것이다.

## 한국인의 깊은 정

대인관계와 관련된 긍정적 정서에도 차이가 있다. 많은 일본인은 '한국인의 정의 깊이'에 감동받는다.

"한국에는 '정에 살고 정에 죽는다.'는 표현이 있듯 서민 감각의 정이 매우 강한 사회이다."[161]

"일본인도 친절한 편이라고 생각하지만, 이렇게 다이렉트하게 관심을 나타내지 않는다. 한국인의 친절함은, 어떤 면에서는 '신기함'도 작용하고 있으며, 때로는 강요하는 것처럼 느끼는 사람도 있는 것 같지만, 사람의 정, 따뜻한 마음을 솔직하게 외국인에게도 보내준다."[162]

"한국 사람들한테서 느끼는 정은 일본인한테서, 아니 부모한테서도 느낀 적이 없는 종류의 따뜻함에 충만 되어 있어, 차갑게 굳어진 마음이 느긋하게 녹아내릴 듯한 기분에 잠겼다."[163]

한국 사람이 말하는 정情이란 서로 자주 접촉할 수 있는 공간적으로 가까운 거리에서(동거성), 한 가족 같은 다 터놓고 지내는 삶과 활동을(허물없음) 오랜 기간에 걸쳐 했을 때(역사성) '이슬비에 옷이 젖듯' 자연발생적으로 저절로 느끼게 되는(비의도성) 친근하고 포근하고 편안한 감정이다(다정성).[164]

한국 사람은 오랫동안 함께 지내왔고, 서로 관심을 가지고 배려를 해주고 도와주며, 고민을 숨김없이 말할 수 있는 상대에 대해 정이 들었다고 생각한다. 반대로 자신에 대해 정을 느끼고 있다고 판단하는 상대는 늘 같이 있거나 자주 연락하며 자신을 잘 이해해주고 배려해주고 도와주고 부담 없이 편하게 대하는 사람이다.[165]

또한 한국인은 '정이 많은 사람'은 남의 어려움이나 감정, 처지에 대해 관심을 보이고 공감하며(타인배려성) 남을 사랑하고 도와주는(애타성) 사람이지만, 이성적인 판단에 의해서 그러한 행동을 하는 것이 아니라 마음이 약하고(인간적 연약성), 실속 없이 착하고 미련하고 우직해서(우선愚善성) 하는 사람이라고 생각한다.[166]

한국과 일본의 대학생을 대상으로 조사한 연구에 따르면, 정의 하위요인 중에서 '타인배려성'에는 차이가 없었으나 '다정다감성'은 한국 대학생이 더 강하고, '인간적 연약성'은 일본 대학생이 더 강한 것으로 나타났다.[167][168] '타인배려성' 요인은 주위 사람의 고민이나 문제를 많이 들어준다, 상대의 입장을 잘 이해해 주는 편이다, 다른 사람의 감정에 공감을 잘한다, 다른 사람이 어려운 일을 당하면 잘 도와주는 편이다 등의 문항으로 구성되었다. 한국 대학생이 점수가 더 높았던 '다정다감성' 요인은 눈물이 많은 편이다, 슬픈 이야기를 듣거나 영화를 보면 콧등이 시큰거린다, 어떤 일로 인해 서운함을 느낄 때가 있다, 한동안 같이 지내던 사람이 떠나가면 허전함을 많이 느낀다 등의 문항으로 구성되었다. '다정다감성'은 한국 대학생이 더 강했으나, '타인배려성'이 한일 간에 차이가 없었던 것은 한국의 정을 중요시하는 정도에 관한 세대 차이를 반영한 결과로 보인다. 중년 세대 이상을 대상으로 비교하면 '타인배려성'에도 한일 간에 차이가 있을 것이다.

'타인배려성' 요인과 '다정다감성' 요인에 포함된 문항들은 일본에서 개발된 오모이야리(思いやり, sympathy) 척도의 문항들과 상당히 유사하다.[169) 일본의 오모이야리 개념은 한국의 정에 해당하는 문화심리학적 개념이며, '타인배려성'과 '다정다감성'을 한국의 정 개념과 공유하고 있지만, 동거성, 허물없음, 역사성, 비의도성, 인간적 연약성, 우선愚善성 등의 정의 특징은 포함하지 않는 개념이다. 어려운 사람을 이해하고 공감하고 배려하고 도우려는 마음은 정과 오모이야리의 공통점이지만, 정은 기본적으로 오랫동안 가족처럼 함께 지내온 상대에 대해 느끼는 대상 특정적인 감정이고, 오모이야리는 기본적으로 보다 더 보편적인 대상을 향한 감정이다.

이 연구에서 사용된 정 척도에는 오랫동안 가족처럼 함께 지내온 상대(동거성, 허물없음, 역사성)에 대해 느끼는 친근하고 포근하고 편안한 감정을 측정하는 문항이 포함되어 있지 않았다. 만약 그러한 문항들이 포함되어 있었다면 '다정다감성' 요인의 점수 차이는 더 컸을 것이다. 즉, 한국인의 '다정다감성'이 일본인보다 훨씬 높게 나왔을 것으로 사료된다.

일본 대학생이 점수가 더 높았던 '인간적 연약성' 요인은 남의 부탁을 잘 거절하지 못한다, 내가 싫어하는 일이지만 다른 사람의 입장을 생각해서 하는 경우가 많다, 다른 사람의 부탁을 거절하지 못해 어려움을 당한 적이 있다, 남을 위해 나를 희생하는 일이 종종 있다 등의 문항으로 구성되었다.

어려운 부탁을 해온 사람을 돕기 위해 수동적으로 자기희생을 감수하는 '인간적 연약성'은 정이 많은 사람의 특징이기도 하지만 대상성의 특징이기도 하다.

대인불안과 정의 하위요인 간의 상관으로는, 대인불안과 타인배려성 사이에서는 한일양국 모두 약한 부적 상관이 있었다(r = -.21, r = -.15). 타인배려성은 남에게 관심을 가지고 아끼고 배려하는 것으로 정의 중심적인 속성 중의 하나라고 할 수 있다.

대인불안과 다정다감성 사이에서는 한국은 약한 정적 상관(r = .18)이 있었으나 일본은 상관이 없었고, 대인불안과 인간적 연약성 사이에서는 일본은 약한 정적 상관(r = .23)이 있었으나 한국은 상관이 없었다. 한국과 일본양국에서 대인불안과 정(총점) 사이에는 상관이 없었다. 이는 정의 하위요인들이 대인불안과 가지는 상관이 서로 상반되기 때문에 그 효과가 상쇄되어 상관이 없는 것으로 나타난 것이다.[170]

정은 기본적으로 주체가 대상에게 느끼는 정서이다. 정은 주체가 대상에게 주는 마음이다. 정은 주체가 대상을 아끼는 마음이다. 정은 대상을 소중히 여겨 자상하게 보살피고자 하는 주체의 마음이다. 그래서 정情의 기본적 특징은 '능동적 주체애能動的 主體愛'로 요약할 수 있다. 한국인은 상대방에 대한 배려적인 마음을 서로 주고받으면서 정을 쌓아간다. 주체성 자기가 강한 사람은 서로 정을 주고받고 정을 쌓아간다. 주체가 주는 정을 과도하게 기대하고 주체의 정을 받기만 하는 것은 대상의 '아마에甘え'이다. 대상성 자기가 강한 사람은 서로 상대의 지향성을 배려할 수도 있으나 서로 상대에게 과도한 정을 기대할 수도 있다.

# 의형제를 맺고

―――――― 관계의 수평성

대인관계를 맺는 상대를 잘 아는 사람, 어느 정도 아는 사람, 전혀 모르는 사람으로 분류했을 때, 정은 잘 아는 사람에게 가장 강하게 느끼는 반면 대인불안은 어느 정도 아는 사람에게 가장 강하게 느낀다. 물론 전혀 모르는 사람에게 대인불안을 강하게 느끼는 경우도 있다.

한국 사람이 정이 많고 대인불안이 별로 없거나 약하다는 것은 바꿔 말하면 심리적 대인거리가 일본인에 비해 짧다는 이야기다. 즉, 잘 아는 사람들이나 어느 정도 아는 사람들에게 친밀감을 더 쉽게 느끼고 더 강하게 느낀다. 그리고 일본인에 비해 한국인은 처음 보는 사람끼리도 금방 친해져 말을 잘 주고받는다.

한편, 일본인은 상대적으로 정이 많지 않고 대인불안이 강해서 대인거리가 한국인보다 더 멀다. 물론 일본인도 잘 아는 사람들에게 친밀감을 가장 많이 느끼지만, 한국인에 비하면 일본인은 잘 아는 사람들이나 어느 정도 아는 사람들에게 친밀감을 덜 느낀다.

한국인과 일본인의 심리적 대인거리의 차이는 물리적 대인거리와 스킨십, 호칭 표현, 프라이버시 존중의식, 감정표현, 상호의존 관계 등의 영역에서 폭넓게 나타나 있다.

## 물리적 대인거리와 스킨십

우선 심리적 대인거리가 짧으면, 물리적 대인거리도 짧아진다. 정의 세계에서는 상대와의 거리가 자연히 가까워진다. 식사나 간식을 같이 나눠먹기도 하고, 술잔을 교환하면서 술을 마시기도 하고, 신체를 접촉시키는 일이 상대적으로 많은 한국인은 일본인보다 심리적 대인거리뿐만 아니라 물리적 대인거리도 짧다. 대인거리에 대한 연구들에 의하면, 일상적인 대화를 할 때 일본인끼리의 거리는 약 1m, 한국인은 약 70㎝ 정도이다.[171] 10대에서 70대까지의 일본인과 한국인의 대인거리를 측정한 다른 연구에 의하면, 일본인의 전체 평균 대인거리는 77.3㎝, 한국인의 전체 평균 대인거리는 60.0㎝로 17.3㎝의 차이가 있었으며, 일본인의 대인거리가 한국인의 대인거리보다 먼 것으로 나타났다.[172]

한국에서는 첫 대면할 때는 악수를 하는 경우가 일본보다 훨씬 많다. 상대의 성별과 관계없이 악수를 청하며, 일반적으로 윗사람이 아랫사람에게 악수를 청한다. 악수는 상호 간의 유대감을 높여준다. 나는 아직까지 이 관습을 제대로 습득하지 못해 내가 악수를 청해야 하는 상황에서 그러지 못하고 있는 것 같다.

한국인은 여자끼리 팔짱을 끼거나 손을 잡고 다니는 경우가 많다. 일본에서는 여자들끼리도 거의 하지 않는 행동이다. 팔짱을 끼거나 손을 잡고 다니는 것은 악수 이상으로 상호 간의 친밀감과 유대감을 높여준다.

한국에서는 남자끼리도 술자리가 흥겨워지면 어깨나 등을 툭툭 치기도 하고 어깨동무도 하고 손도 잡고 껴안기도 한다. 일본에서는 흔치 않은 행동이다. 술에 취한 상태이기도 하니까 친근감과 유대감이 강해진다. 나도 이런 경험을 수없이 많이 해왔지만 초반에는 그러한 나를 객관적으로 보고 있는 또 다른 나의 시선이 강하게 남아 있어서 교수나 선배하고 껴안고 있는 내 모습을 다른 일본 사람이 보면 오해할 텐데 라고 걱정하곤 했었다.

일본 사람이라고 해서 친밀감을 느끼고 싶지 않은 것은 절대 아니다. 대학생의 사회적 욕구와 행동에 대해 비교한 연구에 의하면, 친화적, 애정적 욕구 군에 관해서 일본 학생이 한국 학생보다 약간 더 강하지만 실제로 하고 있는 친화적, 애정적 행동 군에 있어서는 한국 학생이 더 행동적인 것으로 나타났다.[173] 일본 학생은 친화적, 애정적 욕구는 강하지만, 그러한 행동을 한국 학생보다 못하고 있는 것이다. 하고는 싶은데 하지는 못하니까 강한 욕구를 느끼는 것이다.

## 나를 부르는 '애인'

친근감의 차이는 호칭 표현과도 관련이 있다. 우선 한국에서는 학교 친구를 부를 때 성씨가 아니라 이름으로 부른다. 한편 일본에서는 성씨로 부르는 것이 일반적이다. 한국은 김(金)씨, 이(李)씨, 박(朴)씨, 최(崔)씨, 정(鄭)씨만으로 한 학급의 50%를 넘기 때문에 친구를 성씨로 부르면 개인의 식별이 되지 않는다. 그러나 일본은 29만여 개에 달하는 많은 성씨가 있으며

10대 성씨인 사람을 합해도 한 학급의 겨우 10%에 불과해 보통 같은 반에 같은 성씨를 가진 학생은 한 쌍 정도여서 성씨로 불러도 개인 식별에 별로 문제가 없다. 그래서 한국에서는 '덕환아~', '현주야~'라는 식으로 이름으로 부르고 일본에서는 '사토佐藤', 또는 '에토江藤쿤君', '와타나베渡辺상さん'이라는 식으로 성씨만 부르거나 성씨에 '쿤君'이나 '상さん'을 붙여서 부르는 것이 일반적인 호칭방식이다. 남학생끼리는 보통 성씨로만 부르고, 여학생이 남학생을 부르는 경우는 '쿤君'을 붙여서 부르고 남학생이 여학생을 부르는 경우는 '상さん'을 붙여서 부르는 것이 일반적이다. 성씨에 '쿤君'이나 '상さん'을 붙여서 부르면 상대를 존중하는 느낌을 줄 수는 있지만, 성씨로 부르는 것보다 이름으로 부르는 것이 더 친근감을 나타내는 데에는 효과적이다. 자신의 성씨를 들었을 때보다 이름을 들었을 때 더 상대에 대해 친근감을 느낄 수 있다. 일본에서도 여학생끼리 부를 때는 이름으로 부르는 경우도 많고 중학생까지는 남학생끼리도 친한 친구라면 이름으로 부르는 경우도 종종 있다.

나는 일본에서 '이누미야'라는 내 성씨를 부르는 소리는 수없이 많이 들어봤지만, '요시유키'라는 내 이름을 부르는 소리는 거의 못 들어봤다. 그래서 한국에 와서 서울대 어학당에 다닐 때 아름다운 여자 강사님이 나를 계속 '요시유키'라고 부르는 소리를 들을 때마다 묘한 정감을 느꼈었다. 마치 애인이 나를 부르는 것 같은... 일본에서 나를 '요시유키'라고 부르는 여자는 어머니나 누나가 아니면 애인밖에 없기 때문이다. 나보다 여섯 살 정도 연상으로 보인 그 여자 강사님은 전혀 그럴 의도가 없었겠지만 성이 아닌 내 이름을 부르는 낯선 자극 때문에 나는 묘한 감정에 사로잡힐 수밖에 없었다. 돌이켜 보건대 싫지만은 않았던 느낌이었다.

일본에서는 가족 호칭의 확대사용이 극히 제한적이지만 한국에서는 가족호칭의 확대사용이 사회적 관계에까지 이루어지고 있다. 한국인은 학교나 직장에서 친형제가 아니어도 '형(형님)', '오빠', '누나(누님)', '언니'와 같은 가족 호칭을 일상적으로 사용하고 있다. 예를 들어 선배를 부를 때 '형!'이라고 하거나 이름 뒤에 붙여서 '일호 형!'과 같이 부른다. 나이가 어린 후배는 친동생을 부를 때 그렇게 하듯이 이름으로 부른다. 가족호칭의 확대사용은 편하고 따스한 정감이 흐르는 대인관계에서 유래하며 동시에 이를 유지하는 역할을 하고 있다.

가령 학교에서 후배가 선배에게 '형'이나 '오빠' 같은 가족 호칭을 안 쓴다면 선배는 그 후배에 대해 섭섭함을 느낄지도 모른다. 서로 어느 정도 안면이 있는 사이에 가족의 호칭을 사용하지 않는다는 것은 어떤 이유로 후배가 그 선배를 인간적으로 인정 못한다는 의사표시이기 때문이다. 따라서 학교의 선배나 직장의 상사나 상관을 처음으로 '형'이라고 부르는 장면은 한국 영화나 드라마에서 관계의 극적인 전환점의 상징으로 많이 사용되기도 한다. 친형제 못지않게 우애가 깊어졌다는 것을 의미한다.

한국 남자들에게는 '형' 못지않게 '오빠'도 특별한 의미를 가진 호칭이다. 여성이 연상의 남성을 부를 때 사용하는 이 '오빠'라는 단어는 젊은 세대뿐만 아니라 40대 중년여성이 50대 중년남성에게 사용할 수도 있을 만큼 광범위하게 사용되고 있다. 유흥업소에서는 거의 모든 남자가 '오빠'다.

요새 일본에서는 학교나 직장의 선후배 간은 물론 사촌 간에도 이러한 가족호칭을 거의 안 쓴다. 만약 일본의 초밥 집 같은 곳에서 '형님あにき' 또는 '누님ねえさん/あねさん'과 같은 말을 하는 사람들이 있으면 조심하거나 조용히 자리를 뜨는 것이 좋다. 그들은 야쿠자일 가능성이 높다.

부부 간의 호칭 표현에도 차이가 있다. 영화나 드라마 속의 주인공 부부의 대화 장면을 비교한 연구에 의하면, 일본인 부부에 비해 한국인 부부는 직접 호칭 표현(자기, 여보, 오빠, 이름+아/야, 너, 야, 마누라 등; あなた, おまえ, 이름+さん/ちゃん 등)의 사용 빈도가 높고 표현도 다양한 것으로 나타났다.[174] 또한 부부의 실제 대화 장면을 비교한 연구에서도 같은 결과가 나왔다.[175] 직접 호칭 표현에는 상대를 부르는 단순한 호칭 기능과 함께 상대에게 화자의 감정을 전달하거나 상대의 감정을 통제하는 기능이 있는데 한국인 부부는 일본인 부부에 비해 약 5배 정도의 많은 직접 호칭 표현을 사용함으로써 심정교류가 활성화된 더 친밀한 관계를 형성하고 있는 것이다.

한국의 김연아 선수와 일본의 아사다 마오 선수의 인터넷 팬 사이트의 메시지를 비교한 연구에서도 한국인 팬은 일본인 팬보다 더 다양한 직접 호칭 표현을 사용할 뿐만 아니라 그 사용빈도도 높은 것으로 드러났다(3배 이상 많았음).[176] 이러한 언어행동도 짧은 심리적 대인거리를 반영하고 있는 것으로 해석할 수 있다.

## 일본인의 냉장고

정이 많고 친근감을 쉽게 느끼는 한국 사람은 상대에 대한 관심이 많아져 일본 사람이 볼 때는 프라이버시를 존중해주지 않는 것으로 지각될 수도 있다. 한국에 온 일본 여성 중에는 처음 만난 사람이 자신에게 나이나 결혼할 의사를 묻는 일에 당황하는 사람이 많다.

"한국인은 처음 만난 사람의 프라이버시에 관한 일에 대해서도 마구 물어본다."[177]

"인간관계에 있어 어디까지나 자기가 중심이고, 상대의 입장, 감정에 일본인만큼 세심한 배려를 하지 않는다. 일본인 입장에서는 무신경, 프라이버시 침해로 보인다."[178]

한국인과 일본인은 프라이버시 감각에 차이가 있다. 예를 들어 일본에서는 가족이나 친구라고 해도 다른 사람 집의 냉장고를 마음대로 열지는 않는다. 냉장고는 그 집의 프라이버시라고 생각한다. 한국인 사위가 일본의 처가에 갔을 때 냉장고를 마음대로 열자 장모가 딸에게 불평을 했다는 이야기도 있다.[179] 물론 일본인 장모는 한국인 사위에게는 직접 불평을 하는 일은 없겠지만 나중에 아내를 통해 그 이야기를 들으면 한국인 사위는 당황하고 섭섭해 할 것이다. 이는 프라이버시 감각의 차이 때문에 생긴 일이다. 일본인은 한국인에 비해 자신의 프라이버시 영역이 더 넓다. 한국인은 심리적 대인거리가 더 짧고 친밀감을 더 강하게 느끼고 있기 때문에 서로의 프라이버시 영역을 일본인보다 좁게 지각한다.

## 문화적 정서규칙

정이 많은 한국 사람의 친밀한 관계는 솔직한 감정표현으로 유지되고 심화되어 간다. 한국인의 솔직한 감정표현은 많은 일본인이 인정하는 특징이다.

"솔직하고, 붙임성이 있고, 본심으로 말하는 사람들이다."[180]

"한국인의 언어표현, 감정표현은 직설적이다. 좋다/싫다, 맛있다/맛없다 등을 일본인 이상으로 확실하게 말하며, 분명하게 의사를 나타내는 경향이 있다."[181]

"삶의 모든 측면에서 감정 표현이 직설적이고 명확하며, 일본, 특히 교토 사람에 전형적으로 볼 수 있는, 의도적인 도회韜晦나 애매한 표현은 좋아하지 않는다. 내숭과 일구이언만큼 한국인의 성격에 안 맞는 것은 없다."[182]

"한국인에게 있어 꽃이란 생활의 윤기가 아니라 호의나 존경, 또는 사죄의 마음을 표현하고, 전달하기 위한 도구인 것이다."[183]

"말다툼을 반복하면서 또 사이가 좋아진다. 농후한 관계이다. 친한 친구에게는 정말 무엇이든지 이야기한다."[184]

한국에서는 솔직한 감정표현이 일반적이기 때문에 의사전달의 책임은, 일본에 비해 상당히 화자 중심적이다. 이와 대조적으로 일본에서는 좀 더 청자에게도 책임이 부과된다. 한국인은 완곡한 표현을 쓰면 마음속을 헤아려주지 않는 경우가 있다. 확실히 말하지 않아도 의도나 감정을 헤아려주는 일본인과 대조적이다.

사과 장면의 일상회화를 비교한 연구에 의하면, 한국인은 일본인에 비해 발화發話의 의미정보량이 상당히 많은 것으로 드러났다.[185] 즉, 한국인은 의미적으로 다양한 정보를 듣는 사람에게 보다 많이 전달하여 자신의 발

화 의도를 명확하게 하려는 경향이 강하다고 할 수 있다. 또한 TV드라마(일본의 'ドラゴン桜'와 이것을 리메이크한 한국의 '공부의 신')의 대화 장면을 비교한 연구에서도 같은 결과가 나왔다. 이러한 결과는, 일상 회화에 있어 발화 이해의 책임 주체라는 관점에서 한국어는 화자 책임speaker-responsible의 언어이지만 일본어는 청자 책임listener-responsible의 언어라는 것을 시사하는 결과라고 해석되었다.[186)]

하지만 이는 언어 자체의 특징이 아니라 문화의 특징이다. 한국은 의사전달 하는 주체인 화자에게 주된 책임이 있는 주체성 문화이고 일본은 의사전달 받는 대상인 청자에게도 화자의 의사를 '해독解讀'해내는 상대적으로 큰 책임이 있는 대상성 문화인 것이다. 한국에서와 달리 일본 드라마에 추리물이 많은 것도 이러한 대상성 문화를 상징하는 현상이다. 범인의 만부득이한 사정과 심정을 형사나 탐정 역할을 하는 등장인물이 '해독解讀'해가는 과정은 일본의 일상생활에서 애매하고 완곡한 표현을 자주 사용하는 화자에 대해 청자가 거쳐야 하는 과정과 유사한 구조를 가지고 있다.

일본인에 비해 한국인은 언어적 감정표현뿐만 아니라 얼굴 표정도 솔직하다. 대학생을 대상으로 자신의 감정 경험 시에 나타내는 얼굴 표정(행복, 분노, 정색)을 32 종류의 얼굴 모양 특징에 관해 비교한 연구에 따르면, 행복 시에는 얼굴의 폭과 높이가 모두 신장하지만, 분노 시에는 얼굴 중앙부분이 축소하고, 정색 조건에서는 눈의 크기는 최대가 된다는 공통성을 보였다. 표정 표출 정도는 한국인이 일본인보다 크고, 여자가 남자보다 큰 것으로 나타났다. 또한 한국인은 표정(행복, 분노, 정색)에 따른 얼굴 형태 특징의 차이가 크고, 일본인은 그 변화가 작았다.[187)]

또한 사회적 기술과 얼굴 표정의 풍요로움(행복 시와 분노 시의 얼굴 표정 차이)은 한국인의 경우 관련이 있었으나 일본인에 대해서는 사회적 기술과 표정의 관계가 별로 나타나지 않았다.[188)]

일본인은 한국인보다 더 억제적인 감정 표시 규칙을 가지고 있다. 정서 환기 장면에서 일본인과 한국인의 정서 표시 규칙을 표정 캐리커쳐를 사용해서 비교한 연구에 의하면, 일본인은 감정 표출을 억제해야 한다고 생각하는 경향이 한국인보다 강한 것으로 드러났다.[189)]

이 연구에서는 세 가지 기본 정서(슬픔, 분노, 기쁨)를 환기시킬 것으로 생각되는 사건의 시나리오를 읽은 조사 대상자들(대학생)이 그 때 느낄 것 같은 정서의 종유와 강도를 평가하고 동시에 그 때 자신이 나타낼 것으로 생각되는 표정과 일치하는 표정 캐리커쳐를 선택하였다. 시나리오로 작성된 사건은 슬픔이 '기르던 개의 죽음', 분노는 '친구의 배신', 기쁨은 '좋아하는 사람의 사랑 고백'을 선정했다. 표정 캐리커쳐의 선택 결과는 제시된 장면에서 사람들이 나타낼 것이라고 조사 대상자가 생각하는 표정의 수준을 나타내고 있다. 이 수준은 적절한 표정에 대한 조사 대상자의 기대를 반영한 것이며, 문화와 관련된 사회규범인 표시 규칙의 양태를 이해하는 단서가 될 것으로 연구자들은 생각했다.

우선 정서 강도에 관한 결과를 보면, 정서 강도는 일본 여성이 일관되게 가장 높고, 또한 일본인에서만 일관된 성차가 나타났다. 구체적으로는, 슬픔의 경우 일본인이 한국인보다 강도가 높았고 여성이 남성보다 강도가 높았다. 분노와 기쁨은 일본 여성만 다른 집단들보다 강도가 높았다.

정서 환기 장면에서 어떻게 정서를 경험해야 하는가를 지시하는 사회 문화적인 규칙(정서 규칙)이 존재할 것이다. 만약 이러한 가정이 맞는다면, 이 결과는 일본인과 한국인은 각각 고유한 정서 규칙을 가지고 있으며, 정서 규칙이 성차를 포함하고 있을 가능성을 시사한다.

다음으로 정서 표출도에 관한 결과를 보면, 슬픔과 분노에 관하여, 사회적 장면뿐만 아니라 개인 장면에서도, 일본인은 한국인보다 정서 표출도가 낮았다. 이는 다른 사람들과 같이 있을 때뿐만 아니라 혼자 있을 때의 정서 표출까지도 표시 규칙이 존재한다는 사실을 의미한다. 일본인은 다른 사람들과 같이 있을 때뿐만 아니라 혼자 있을 때에도 슬픔과 분노의 표출을 한국인보다 억제한다.

정서 강도의 차이를 감안하여 분석한 결과, 슬픔과 분노는 일본인, 한국인 모두 개인 장면보다 사회적 장면에서 정서 표출도가 낮았다. 그러나 사회적 장면에서의 정서 표출도의 저하는 문화에 따라 달라 한국인보다 일본인이 더 컸다. 한국인도 일본인도 혼자 있을 때에 비해 다른 사람들과 같이 있을 때 슬픔과 분노의 표출을 억제하는데, 일본인은 한국인보다 더 강하게 억제한다. 기쁨도 일본인, 한국인 모두 개인 장면보다 사회적 장면에서 정서 표출도가 낮았다. 특히 일본 남성의 기쁨 표출도가 가장 낮은 것으로 나타났다. 일본 남성은 한국 남성, 한국 여성보다 기쁨의 표출을 더 억제하는 것으로 나타났다.

### '주우주우시이'한국인?

친근감 수준에 차이가 있는 한국인과 일본인이 심리적 거리의 허용범위

에 관하여 차이가 있는 것도 이상한 일은 아니다. 한국어에는 상대방의 언행이 자기가 생각하는 심리적 거리의 허용범위를 넘어선 경우 중에서 과도하게 멀어진 경우를 나타내는 관용어휘는 여러 가지 있으나, 과도하게 가까워진 경우를 나타내는 관용어휘가 거의 없다. 하지만 일본어에는 과도하게 가까워진 경우를 나타내는 관용어휘가 여러 개 있다. 예를 들어 '아츠카마시이あつかましい'나 '주우주우시이ずうずうしい'와 같은 말들이다. 한국인은 일본인에 비해 심리적 거리의 허용범위가 넓지만, 멀어지는 방향으로 확대되어 있는 것이 아니라 가까워지는 방향으로 확대되어 있는 것이다. 일본인이라면 보통 접근하지도 않고 접근을 허용하지도 않은 가까운 자기 영역까지 한국인은 접근하고 또한 상대방의 접근을 허용한다.

따라서 한국인과 일본인이 교류할 때 서로에게 느끼는 부정적 감정에는 대조적인 차이가 있게 된다. 한국인은 자신을 대하는 일본인의 행동에 대해 스스럽다, 서먹서먹하다는 인상을 가지는 경우가 많고, 일본인은 자신을 대하는 한국인의 행동에 대해 '아츠카마시이あつかましい', '주우주우시이ずうずうしい'라는 인상을 가지는 경우가 많다. 그런데 '아츠카마시이'와 '주우주우시이'에 해당되는 한국어 어휘는 없으며, 이는 굳이 말한다면 '예의없다'나 '버릇없다'로 표현할 내용이지만 예의 없는 행동 중 친하지 않은데도 친한 사람이어야 허용되는 행동을 하는 특수한 경우를 나타내는 말이다.[190)]

한국인과 일본인은 허용 가능한 심리적 접근거리에 차이가 있다. 한국인은 더 가깝고 일본인은 상대적으로 더 멀다. 일본에서는 '친한 사이에도 지켜야 할 예의가 있다親しき仲にも礼儀あり.'라는 속담에 표현된 규범이 상식적인 생각이다. 그러나 한국에는 이에 해당되는 속담이 없다. 한국에서는 '친한 사이'란 허물없는 사이를 의미한다. 체면을 차리거나 조심할 필요가 있는

사이는 '친한 사이'가 아닌 것이다.

대학원 시절 대부분의 강의는 열 명 정도의 학생이 교수님과 함께 큰 책상에 둘러앉아서 발표와 토론을 하는 방식이었다. 어느 날 강의 시간에 한 여학생이 아무 말 없이 내 필통에서 수정용 화이트펜을 찾아 꺼내 쓰는 일이 있었다. 나는 좀 당황했다. 교수님이 말씀하시는 중이어서 화이트펜을 빌려달라고 말을 하기는 어려운 상황이었지만 그래도 일본인이라면 눈빛으로라도 사인을 보내야 하는 상황에서 아무 말 없이 내 필통을 뒤지는 행위에 '신선한 충격'을 받았다. 나중에 다른 친구에게 물어보니 그런 일은 한국에서도 흔치는 않다고 했다. 나에 대해 가지고 있던 그 여학생의 친근감을 내가 파악하지 못했던 것인가?

한국 학생과 일본 학생이 룸메이트가 되면 소유권 의식의 차이 때문에 갈등이 생길 경우가 있다. 그 방에 하나만 있는 냉장고를 같이 쓰는 경우 일본 학생이 사온 음료나 음식을 한국 학생이 마음대로 먹는 일이 발생할 수 있다. 그러면 대부분의 일본 학생은 기분 나빠 할 것이다. 처음에는 직접 항의하는 대신 자기가 사온 음료나 음식에 자기 이름을 쓸지도 모른다. 한국 학생은 룸메이트를 준 식구로 간주하기 때문에 '내 것은 네 것'이고 '네 것은 내 것'이라는 식으로 생각하게 된다. 하지만 일본 학생에게는 어디까지나 '타인은 타인'인 것이다. 일본인은 룸메이트가 사온 것을 먹더라도 허락을 받고 먹어야 한다고 생각한다. 영역감각에는 미묘한 문화적 차이가 있다.

선배의 소개로 만난 초등학교 선생님에게 일본어회화를 가르쳤던 것은 아르바이트가 아니었다. 왜 과외비를 안 받고 처음 보는 사람에게 일본어회화를 가르치게 됐는지 지금으로서는 정확하게 생각나지 않지만 아마 한국에 와서 얼마 안 됐을 때였고 오후 한 시쯤에 수업이 끝나는 한국어학당에 다니는 것 외에는 정해진 일과가 없었기 때문에 별 생각 없이 그랬던 것 같다. 그런데 그 분은 일주일에 세 번 자기가 근무하는 학교까지 와서 가르쳐 달라고 나에게 부탁했다. 그 분은 일본어 상급자라서 내가 특별히 많은 준비를 해가야 하는 것은 아니었지만 나의 상식을 벗어나는 상당히 부담스러운 부탁이었다. 일본인이라면 하지 못할 부탁이다. 그러나 그 당시 나에게는 바보같이 착한 구석이 있어서 거절하거나 조건을 협상하지도 못해 그 분이 원하는 대로 어학당에서 버스로 30분 거리에 있는 초등학교까지 일주일에 세 번 내가 가기로 했다. 나중에 그 분은 한국의 여러 관광명소를 안내해주셨는데 그 때서야 한국인은 서로에게 도움을 요청하고 도와주는 스케일이 일본인보다 훨씬 크다는 사실을 알게 되었다.

부모자식 간의 상호의존도도 한국은 일본보다 높다. 경제적으로 전면적인 지원을 하여 아들딸을 결혼을 시켜 유학 보내는 부모가 한국에는 많다. 일본의 경우 부모와 자식은 좀 더 상호독립적이다. 아무리 공부하러 해외로 간다고 해도 성인이 된 아들딸이 부모에게 경제적으로 전면적인 의존상태가 되는 것은 서로가 피하려고 한다. 그래서 나도 결혼한 후 과외 아르바이트를 하면서 대학원을 다녔었다. 신혼생활은 방 한 칸의 옥탑방에서 시작했다. 내 아내도 절약하면서 몇 년간은 어렵게 살았다. 그런데 내 남동생이 결혼할 때 명의는 아버지 명의지만 동생 부부가 사는 아파트를 사줬다는 소식을 듣고 아내의 머리뚜껑이 열렸다. 지금까지 돈이 없어서 못 도와주신 것으로 알고 있었는데 동생에게 아파트를 사줄 만큼 여유가 있으면서 왜 장남인 나에게는 아파트를 사주지 않았냐고 하면서 격분한 것이다. 일본에는 전세제도가 없어서 동생부부는 월세로 살아야 했지만 그 월세에 해당하는 금액을 아버지에게 보내는 조건으로 아버지 명의로 된 아파트에 살게 하는 것은 경제적으로 합리적인 선택이었다. 또한 나는 장남이지만 언제 일본으로 돌아갈지 모르는 상황에서 아버지는 큰돈을 한국에 보내기도 어려웠다. 하지만 아내에게 아무리 이를 설명해도 소용이 없었다. 아내는 차별당한 기분을 좀처럼 가라앉힐 수 없었던 것 같다. 그 날 이후 아내의 사전에서 절약이라는 말은 사라졌다.

제4장

# 심적 에너지, 뇌기능, 고추

**추진력**_ 심적 에너지

말의 속도, 신명, 색채감각 | 한국학생의 강한 성취동기 | 정과 아마에 그리고 자기 프로세스 | 심적 에너지 개념의 역사

**조타술**_ 행동양식과 우뇌-좌뇌 활용성향

순발력 vs 신중함 | 융통성 vs 세심한 일솜씨 | 방향전환 vs 지속력 | 우뇌-좌뇌 활용성향 | 언어의 특징과 뇌쓰기

**마음의 연료**_ 고추 섭취량은 실제로 주체성과 관련이 있는가?

생리심리학적 요인: 매운 음식의 선호 | 의외의 결과가 나온 여학생 집단 | 다이어트로 인해 사라지는 고추의 효과 | 우세한 우뇌 활용성향

# 추진력

——————— 심적 에너지

왜 한국인은 일본인보다 주체성이 강한가? 제4장에서는 이 문제에 대해 성격심리학적으로 탐구하고자 한다.

다음 세 사람 중 누가 가장 주체성이 강할 것 같은가? A씨는 정신력이 강하고 활기찬 성격이다. B씨는 집중력이 강하지만 종종 허탈감을 느낀다. C씨는 기력이 부족하고 조용한 성격이다. C씨나 B씨보다 A씨의 주체성이 강할 것 같지 않은가? 그렇다면 이들의 어떤 차이 때문에 그렇게 판단한 것인가?

앞에서 살펴본 바와 같이 한국인은 특히 주체성을 발달시켰고 일본인은 주로 대상성을 발달시켰다. 그러면 이러한 대인관계에 임하는 태도의 차이가 생기게 된 원인은 무엇인가? 나는 하나의 중요한 원인으로서 마음속을 흐르는 심적 에너지에 주목하였다. 여기서는 일단 지정의知情意 기능의 원동력이 되는 활력을 심적 에너지라고 부르기로 한다.

심적 에너지는 눈에 보이지 않으며, 만질 수도 없고, 어디에 있는 지도 알 수 없다. 그러나 마음이 움직여 무슨 일을 했다면 심적 에너지가 있었다는 것을 추측으로 알게 된다. 심적 에너지가 발동하여 뭔가 눈에 보이는 일로 나타난 것이다. 에너지라는 것은 모두 그렇다. 마음의 에너지에 대해서도 마찬가지로 생각된다. 마음이 뭔가를 했다는 것을 지각함으로써 마음의 에너지가 있었다는 것을 알게 된다. 심적 에너지 수준이 낮아지면 모든 것이 귀찮아지고 아무것도 하기 싫어진다.

심적 에너지는 마음속을 흐르는 양과 표현방식에 있어 개인마다 그리고 민족마다 차이가 있다고 가정할 수 있다. 어디까지나 상대적인 이야기지만, 나는 다음과 같은 가설을 세웠다. 한국인은 마음속을 흐르는 심적 에너지의 양이 많고 개방적 표현방식이 우세하다. 반면 일본인은 마음속에 흐르는 심적 에너지의 양이 적고 억제적 표현방식이 우세하다. 이 차이가 한국인의 주체성 우위와 일본인의 대상성 우위를 설명해주는 하나의 중요한 요인이라고 생각된다.

## 말의 속도, 신명, 색채감각

한국인이 일본인보다 심적 에너지의 양이 많고 개방적 표현방식이 우세하다는 가설은 관련이 있어 보이는 몇 가지 현상들을 관찰하고 추론한 것이다. 우선 한국인은 이야기할 때 말하는 속도가 일본인보다 훨씬 빠르고 목소리도 크고 말도 많다. 우리 부부가 단칸방에서 살고 있었을 때 집사람의 고향친구가 서울로 올라와서 하룻밤 묵고 간 적이 있었다. 밤이 늦어서 나는 먼저 이불을 덮고 자려고 했는데 집사람과 고향친구는 계속 이야기를 하고 있었다. 뭐가 그렇게 할 말이 많은지 몇 시간 동안 서로 기관총을

쏘듯이 쉬지도 않고 계속 이야기를 하고 있었다. 그 때 '이 몇 시간 동안에 둘이서 한 말의 양은 내가 일본에서 20여 년 동안에 한 말의 총량보다 많을지도 모른다.'는 생각이 들었다. 말이 많고 빠르고 목소리도 크다는 것은 심적 에너지가 많은 사람의 특징으로 볼 수 있다.

1980년대에 이데올로기에 구애받지 않은 생생한 한국 탐방기를 최초로 발표한 작가 세키카와는 한국인은 굉장한 수다쟁이이며 그들을 이길 수 있는 일본인은 거의 없다고 말하면서 일본인의 약한 근성을 다음과 같이 자조했다.[191]

"대포집이나 호프집의 저녁 7시, 거기는 담론풍발談論風發이라기보다 격론폭발激論爆發의 실탄 연습장이다. 모든 손님의 머리에서 연기가 솟고 있다. 소주와 고추를 연료로 하여, 천둥이 울리고, 번개가 치고, 구름은 수상쩍게 질주해 간다. 그리고 한국의 명물, 침방울이 하늘을 난다. 무슨 할 말이 저렇게 많은 걸까? 초라한 일본인은 개인호 안에서 떨면서 중전차 군단의 회전會戰을 방관하고 있는 근성이 없는 관전 무관이다."

30년 지난 지금도 한국의 호프집 풍경은 변함이 없으며, 거기에 일본 사람이 혼자 들어가면 똑같은 인상을 받을 것이다.

한국인은 심적 에너지의 양이 많고 개방적 표현방식을 선호한다는 것은 일본어에는 대응하는 개념이 없는 '신명神明'이라는 말을 통해서도 알 수 있다. 한국인이라면 누구나 다 신명나는 경험을 했을 것이다. 한국이 월드컵 4강 진출했을 때의 거리 응원이 대표적인 경우이지만, 그 이외에도 운동 경기 응원, 대학축제, 마을잔치, 풍물놀이, 연극공연, 악기 연주할 때, 춤출 때, 동창회, 자신이나 자녀의 시험합격/ 취업/ 승진 등 다양한 장면에

서 한국인은 신명경험을 하고 있다.[192] 신명이란 강렬한 긍정적 정서 경험이며, 빠른 속도로 집단에 전이되고, 신명이 전이 된 집단은 일종의 문화적으로 약속된 무질서 상태를 통해 일상생활에서 하지 못했던 다양한 감정표현들이 가능해진다. 이러한 신명경험을 통해 사람들은 누적되었던 부정적 정서들을 배출하며, 그 같은 과정을 통해 활력과 능력감 등의 효과를 얻는다.[193] 이러한 경험을 나타내는 말이 존재한다는 것은 이러한 신명 상태가 한국문화에서는 중요한 의미를 가지고 있다는 것을 시사한다. 한국어에는 대응하는 개념이 없는 일본어의 '와비(わび', 간소한 가운데 깃들인 한적한 정취)'나 '사비(さび', 한적하고 인정미 넘치는 정취미)'가 일본문화에서 중요한 의미를 가지고 있는 것처럼 말이다.

한국문화의 신바람에 주목한 일본인 기술자 요시카와는 한국인은 신명 상태에서는 일정 조건만 갖추어지면 평상시의 자기 능력으로는 상상할 수 없을 정도의 불가사의한 힘이 치솟아 오른다는 점을 강조한다.[194] 일상생활 속에서 때때로 경험하는 신명상태를 통해 잠재적 에너지를 개방하고 활력을 증진시키는 것이 한국인의 중요한 정서적 특징이다.

현대인이 즐겨 입는 민족의상의 색채감각에도 심적 에너지 수준과 관련이 있는 차이가 발견된다. 한국인은 선명하고 화려한 원색이 인상적인 한복을 선호한다. 한편, 일본인은 온화하고 차분한 정취가 있는 색채의 기모노着物를 좋아한다. 한복은 밝은 색상이 주류이지만 기모노는 어두운 색상도 많다. 화려한 색상의 남성용 기모노는 거의 없지만, 한복의 경우 남자도 원색의 한복을 많이 입는다. 내가 유일하게 가지고 있는 한복도 장모님이 맞춰주신 것인데 거의 원색에 가까운 빨간 색이다. 임금님도 아닌데 내가 입기에는 상당히 부담스러운 색상이다. 한국인은 심적 에너지 수준이 높기 때문에 선명하고 화려한 원색을 선호하고, 일본인은 심적 에너지 수준이 상대적으로 낮기 때문에 온화하고 차분한 정취가 있는 색채를 좋아한다. 자신의 내적 상태가 색상 선택에 일정한 영향을 주는 것이다. 심적 에너지 수준이 높은 사람에게는 차분하고 어두운 색상이 '정취가 있는 색채'가 아니라 '칙칙한 색깔'로 보일 수도 있다. 반대로 심적 에너지 수준이 낮은 사람에게는 강렬하고 밝은 색상이 '화려하고 기품이 있는 색채'가 아니라 '천박하고 유치한 색깔'로 보일 수도 있다.

한국인과 일본인은 컨디션이 안 좋을 때 먹는 음식에도 차이가 있다. 일본인은 몸 상태가 안 좋을 때는 자극적인 것은 피하고 담백한 것을 먹는 사람이 대부분이지만, 한국인은 숙취 해소나 감기의 초기 증상에 좋다고 일부러 매운 음식을 찾는 사람들이 적지 않다. 그런 한국인들을 보면 평상시에 허약한 사람은 없고 오히려 평균 이상으로 에너지가 많은 사람으로 보인다. 그래서 기본적인 에너지 수준이 높은 사람은 자극적인 음식으로 컨디션을 회복시키려고 하지만, 에너지 수준이 낮은 사람은 담백한 음식으로 컨디션을 회복시키려고 한다고 나는 생각하게 되었다. 몸과 마음은 별개의 것이 아니기 때문에 이러한 차이도 한국인과 일본인의 심적 에너지의 특징과 관련이 있어 보인다.

일본인의 낮은 심적 에너지 수준을 시사하는 다음과 같은 조사 결과도 있다.[195] 일본인에게 일본을 포함한 9개 나라의 연령 이미지를 물어본 결과 지금의 일본의 이미지 연령은 평균 51.7세로 조사 대상 9개국 중 최고령이었다. 게다가 실제 국민의 평균 연령(43.9세)보다 8살 더 늙은 이미지였다. 이런 이미지를 가지게 된 이유를 요약해보면, 지금의 일본은 젊음과 힘으로 정력적으로 일을 해내는 시기는 지나고 지치기 시작하여 능력은 있으나 의욕과 체력의 한계를 실감하면서 노후준비를 걱정하고 있는 모습이라는 것이다. 한편 한국의 이미지 연령은 평균 35.6세였으며 실제 국민의 평균 연령(36.5세)보다 1살 연하의 이미지를 가지고 있었다. 한국은 일본보다 15살이나 젊은 이미지다. 이 차이는 한국인의 활기찬 모습을 반영하고 있는 것으로 보인다. 참고로 기타 국가들의 나이 이미지는 미국 47.3세, 스웨덴 45.8세, 이탈리아 44.6세, 브라질 33.3세, 인도 32.7세, 싱가포르 32.5세, 중국 31.5세의 순이었다.

## 한국학생의 강한 성취동기

주체성 자기가 강한 한국인은 자신의 소원, 이상, 희망 등 내부기원의 준거틀을 중시하고, 대상성 자기가 강한 일본인은 사회적 규범, 의무, 기대 등 외부기원의 준거틀을 중시한다. 자기인식의 준거가 다르다는 것은 동기의 차이가 존재한다는 것을 뜻한다. 즉, 한국인은 일본인보다 성취동기가 강하다는 것을 의미한다. 일본인이 다른 사람들과 보조를 맞추려고 신경을 쓰는 동안 한국인은 다른 사람들보다 한걸음 앞서가려고 애를 쓴다.

내가 한국어 어학당에 다닐 때 살았던 고시원 주인의 고등학생 조카에게 학교에 갈 때 도시락을 세 개나 싸가지고 간다는 말을 듣고 매우 놀란 적이 있었다. 도시락을 세 개씩이나 싸가지고 다닐 정도로 고등학생이 밤늦게까지 학교에서 공부한다는 것이 일본에서 온 나에게는 믿기지가 않았기 때문이다. 고등학생의 공부량 차이의 많은 부분은 성취동기의 차이로 설명할 수 있다.

한국 학생의 강한 성취동기는 다음과 같은 연구들에 의해 지지되어 있다. 우선, 초,중학생의 성취의욕과 자기결정을 비교한 연구에 의하면 초등학생(6학년)의 경우는 학습의욕에 있어 한국과 일본 간에 차이가 없었으나, 중학생(2학년)의 경우는 한국 학생(M = 2.80)이 일본 학생(M = 2.48)보다 학습의욕이 강한 것으로 나타났다.[196]

다음으로 중,고등학생을 대상으로 가정 학습 시간을 비교한 연구에 의하면, 중학생(3학년)의 경우는 가정 학습 시간에 있어 한국(116.1분)과 일본(119.0분)간에 차이가 없었으나, 고등학생(3학년)의 경우는 한국 학생(201.7분)이 일본 학생(73.9분)보다 가정 학습 시간이 훨씬 긴 것으로 나타났다.[197] 중학교에서 고등학교로 진학함에 따라 일본의 경우는 평균 가정 학습 시간이 119.0분에서 73.9분으로 감소하는데, 한국의 경우는 116.1분에서 201.7분으로 증가한다.

또한 중학생(3학년)의 학습시간을 비교한 다른 연구에 의하면, 한국의 중학생과 일본의 중학생의 학습시간은 비슷한 것으로 나타났으나,[198] 고등학생(3학년)의 학습시간을 비교한 연구에 의하면, 한국의 고등학생은 일본의 고등학생에 비해 학습시간이 훨씬 많은 것으로 나타났다.[199] 하루 평균 가정학습시간은 일본 학생이 85.3분, 한국 학생이 189.9분이었다.

학원이나 과외교사 이용률은 일본이 24.6%, 한국이 35.3%로 한국이 약간 많지만, 도쿄와 지방도시 간에 별로 차이가 없는 일본과는 달리 한국의 경우는 서울에 사는 고등학생의 이용률(45.0%)이 지방도시(18.3%)에 비해 상당히 높았다. 가정학습과 학원, 과외를 포함한 하루 평균 학습시간은 일본의 경우 도쿄 91.7분, 지방도시 79.9분이었으며, 한국의 경우 서울 221,7분, 지방도시 214.3분으로 대도시 거주 학생의 학습시간이 많았다. 한국 고등학생은 일본 고등학생의 두 배 이상 열심히 공부하고 있는 것이다.

동기가 다르면 보람을 느낄 때도 달라진다. 사는 보람을 느낄 때는 언제인지 물어본 조사에서 한국 청년들은 '일에 열중하고 있을 때'라고 답한 사람이 가장 많았으나, 일본 청년은 '친구나 동료와 함께 있을 때'라고 답한 사람이 가장 많다.[200]

## 정과 아마에 그리고 자기 프로세스

한국인이 심적 에너지 수준이 높기 때문에 대상성보다 주체성을 발달시켰다는 것은 대인관계에서 상대를 아껴주는 마음인 '정情'을 중요시한다는 것과 관련이 있다. 한국인은 기본적으로 상대방에게 심적 에너지를 주려는 자세가 강한 것이다. 한편 일본인이 심적 에너지 수준이 낮기 때문에 주체성보다 대상성을 발달시켰다는 것은 대인관계에서 정서적 의존성인 '아마에甘え'가 전통적으로 중요시되어왔다는 것과 관련이 있다. 일본인은 상대방한테서 심적 에너지를 얻어내려는 자세가 상대적으로 강했던 것이다. 최근에 와서 일본에서는 아마에는 부정적 평가를 받고 있으며 기본적으로 극복의 대상으로 여겨지고 있다. 오히려 일본보다 한국에서 아마에와 유사한 의존성이 만연되어 있다. 그 극단적인 경우인 '마마보이'는 한국에 더 많다.[201][202] 이는 아마에를 허용해주는 정情이 많은 주체가 한국에는 많다는 것을 의미한다. 아마에를 허용하지 않는 일본의 사회적 분위기와 '히키코모리(은둔형 외톨이)'의 증가는 관련이 있다고 생각한다. 한국보다 훨씬 많은 일본의 '히키코모리'에는 다른 원인들도 있겠지만, 일본에서 아마에를 통해서 심적 에너지를 충전시킬 수 있는 사회적 환경이 예전에 비해 약해졌기 때

문에 충족되지 못한 아마에 욕구가 원인이 되어 '히키코모리'라는 궁극적 형태로 나타나고 있는 것으로 보인다. 일본의 일부 청년들은 어머니의 자궁과 같은 자기의 방에서 아마에 욕구를 불완전하게나마 충족할 수밖에 없는 상태인 것이다. 계속되는 '히키코모리'상태는 심적 에너지 수준을 더욱 감소시킨다.

한국인은 심적 에너지의 충실도가 비교적 높기 때문에 자기와 관련된 긍정적 환상을 가지게 되며, 내부기원의 자기인식 준거인 소원, 이상, 비전 등을 보다 쉽게 형성할 수 있고, 자기현시적 행동을 하게 되는 것이다. 그런데 이러한 자기평가, 자기인식, 자기제시 방식은 반대로 심적 에너지의 충실도를 높이는 데 기여하는 심리적 습관이기도 하다. 한편 일본인은 심적 에너지의 충실도가 낮기 때문에 자기와 관련된 긍정적 환상을 거의 가지지 않고, 외부기원의 자기인식 준거인 규범, 의무, 기대 등을 중요시하게 되고, 자기억제적 행동을 하게 되는데 이러한 자기평가, 자기인식, 자기제시 방식은 반대로 심적 에너지를 소모하기 쉬운 심리적 습관이기도 하다. 주체성 자기와 관련된 자기 프로세스는 심적 에너지의 충실도를 높이는 데 공헌하고, 높아진 심적 에너지는 주체성 자기와 관련된 자기 프로세스를 촉진하는 순환관계가 있는 것이다. 이와 대조적으로 대상성 자기와 관련된 자기 프로세스는 심적 에너지를 소모시키는 특성이 있으며, 낮아진 심적 에너지는 대상성 자기와 관련된 자기 프로세스를 조장하는 순환관계가 있는 것이다.

## 심적 에너지 개념의 역사

한국인과 일본인의 심적 에너지 수준을 실증적으로 비교하기 전에 여기서 말하는 심적 에너지라는 개념을 다른 학자들의 견해와 비교하여 좀 더 분명히 정의할 필요가 있을 것이다. 먼저 심적 에너지psychic energy의 본질을 성적性的 에너지 또는 리비도Libido라고 생각하고, 그것을 핵심개념으로 삼아 정신분석학을 창시한 오스트리아의 정신의학자 지그문트 프로이트(1856-1939)의 견해에는 나는 동의하지 않는다. 프로이트는 심적 에너지 개념을 너무 편협한 의미로 쓴 것 같다. 그가 생각한 것처럼 성적性的 에너지가 예술적 에너지로 승화된다고 보기는 어렵다. 성적性的 에너지도 심적 에너지의 많은 형태 중의 하나에 불과하다. 심적 에너지는 지향하는 대상에 따라 성적性的 에너지뿐만 아니라 예술적 에너지, 종교적 에너지, 학문적 에너지 등 많은 형태가 있는 것이고, 이들 중 하나만이 다른 형태보다 본질적인 것이라고 보기는 어렵다. 이 책에서 사용하는 심적 에너지라는 개념은 프랑스의 심리학자 피에르 쟈네(1859-1947)나 스위스의 정신의학자 칼 구스타프 융(1875-1961)의 견해와 같다. 융은 프로이트의 영향을 받아 리비도라는 단어를 처음에는 사용했지만, 자신이 생각하는 개념에 맞지 않기 때문에 결국 리비도라는 말을 버리고, 보다 일반적인 심적 에너지라는 개념을 사용하기로 하면서 독자적 체계인 분석심리학을 수립했다. 심적 에너지라는 개념은 융이 창시한 분석심리학의 가장 기본적인 개념이다.[203] 프로이트의 경쟁자였던 쟈네와 그의 영향을 받은 융은 심적 에너지의 속성으로 종류와 강도를 제안했다. 예를 들어 성적 에너지가 강하느냐 아니면 예술적 에너지가 강하느냐에 따라 그 사람의 성격과 인생이 달라진다는 것이다. 심적 에너지는 지향하는 대상에 따라 성적性的 에너지, 예술적 에너지, 종교적 에너지, 학문적 에너지 등 질적으로 상이한 많은 형태가 있으며 개인 안에서 각각의 강도가 다르다고 보았다.

또한 융은 심적 에너지의 기본적 방향성을 생각했는데, 심적 에너지가 주변 환경인 '외적 세계'로 향하는 경우와 마음의 세계인 '내적 세계'로 향하는 경우를 구별했다. 주된 활동의 동기를 외적 세계에서 찾는 사람과 내적 세계에서 찾는 사람은 심적 에너지의 방향성이 다른 것이며 이에 따라 자아의 모습에도 차이가 난다는 것이다. 이것을 기준으로 외향형과 내향형이라는 두 성격 유형이 나뉜다고 주장했다.

그런데 심적 에너지의 방향성을 구분하는 더 중요한 기준은 의식과 무의식이다. 중요한 것은 의식의 에너지가 강한가, 아니면 무의식의 에너지가 강한가다. 쟈네와 융은 어떤 사람이 가지고 있는 심적 에너지는 총체적으로는 동일하다고 생각했다. 의식의 에너지가 적으면 무의식의 에너지는 많아진다. 반대로, 의식의 에너지가 커질수록 무의식의 에너지는 작아진다.

쟈네는 신경증 등의 환자를 보고 모든 환자가 다 마음의 에너지가 부족한 증상을 보인다는 것을 깨달았다. 그들은 마음의 에너지가 부족해서 보통의 일상생활을 할 수 없는 것처럼 보인다. 그러나 더 잘 관찰해 보면 실제로 에너지가 없는 경우와 에너지가 없어 보일뿐 사실은 에너지를 가지고 있는데 단지 그것을 사용할 수 없는 경우가 있음을 알게 된 것이다. 그래서 쟈네는 이 두 차원을 구별할 수 있도록 '심적 에너지'와 '심적 긴장'이라는 말을 사용하게 됐다.

마음의 에너지를 의식적으로 사용하기 위해서는 의식이 긴장해야 한다. 의식이 긴장하고 있으면 심적 에너지는 의식에 의해 사용된다. 하지만 의식이 긴장하고 있지 않으면 의식수준의 저하가 초래되어 심적 에너지는 무의식적으로 사용하게 된다.

쟈네와 융은 물리학의 에너지 보존 법칙을 마음의 에너지에도 적용하여 심적 에너지의 총량은 일정하다고 가정했다. 그들은 다음과 같이 생각했다. 의식이 심적 에너지를 사용하는 상태와 무의식 속에서 심적 에너지가 사용되는 상태가 있다. 의식과 무의식 사이에서 에너지가 왔다 갔다 한다. 심적 에너지를 의식이 사용하고 있는지 무의식이 사용하고 있는지에 따라 그 사람은 전혀 다른 행동을 취한다.

이것을 극단적으로 반복하는 것이 조울증이다. 조증 상태에서는 심적 에너지가 많은 것처럼 보이는데, 이것은 의식 쪽으로 대부분의 심적 에너지가 오고 있기 때문입니다. 조증 상태에서는 심적 에너지가 100%가까이 의식에서 사용되고 있기 때문에, 활동적이고 기운이 넘친다. 그러나 이것은 오래 안 간다. 얼마 후 우울해지고 아무것도 할 의욕이 없어진다. 이때에는 의식에 심적 에너지가 거의 오지 않고 대부분 무의식 쪽으로 가버린다. 의식적으로는 아무것도 할 수 없게 된다. 이것이 우울증 상태이다. 즉, 의식과 무의식 사이에서 심적 에너지가 극단적으로 왕래往來를 반복하는 것이 조울증인 것이다.

한편, 무의식 속에 대부분의 심적 에너지가 가게 된 상태를 퇴행이라고 말한다. 이것은 심적 에너지가 무의식 안에서 갇혀 맴돌고 있는 상태이다. '밖으로 나올 수 없다'또는 '가고 싶은 곳에 아무래도 갈 수 없다'는 미궁의 꿈. 이것은 심적 에너지가 의식으로 나가는 출구를 찾을 수 없는, 무의식 속에 갇혀 있는 상태를 의미한다. 이런 상태가 언제까지나 계속되면 자폐 상태나 우울증이 되기도 한다. 이것은 융 자신도 그랬던 것처럼 내향적인 아이에게 종종 보이는 현상이다. 더 심해지면 무의식의 이미지를 현실로 생각하게 되는 정신분열증(조현병)이 된다. 심적 에너지가 대부분 무의식에 가고 있는 상태는 매우 위험한 상태이다.

무의식 속에서 심적 에너지가 빙빙 겉도는 퇴행이 왜 일어나는가 하면, 현실 속에서 심적 에너지가 잘 사용되지 않기 때문이다. 심리학의 용어로 말하면, 현실에 적응할 수 없는 것이다. 현실에 잘 적응하지 못하는 사람은 현실 속에서 심적 에너지가 잘 사용되지 않는다. 그래서 무의식 쪽으로 많은 심적 에너지가 흘러간다.

심적 에너지의 방향성을 의식과 무의식으로 나누는 쟈네와 융의 이와 같은 견해에 나는 상당 부분 동의한다. 하지만, 이 책에서는 기본적으로 의식적 심적 에너지만을 가리키는 말로서 심적 에너지라는 개념을 사용하겠다. 이는 측정의 문제 때문이다. 무의식 속에 존재하는 심적 에너지는 측정할 수 없기 때문이다.

그리고 쟈네와 융은 심적 에너지의 총량이 일정하다고 가정했으나, 나는 한 사람의 인생을 염두에 두었을 때, 시기와 상황에 따라 심적 에너지의 총량이 변한다고 본다. 타고난 심적 에너지의 수준에도 개인차가 있고, 심리적 발달에 따라 그 수준은 계속 변화하고 개인이 가진 습관과 문화에 따라서도 심적 에너지 수준은 계속 영향을 받는다고 가정한다.

# 조타술

———— 행동양식과 우뇌-좌뇌 활용성향

한국인과 일본인은 문제해결방식에도 차이가 있다. 일상적인 일을 처리하는 방식이 다르다. 어떠한 과제가 주어졌을 때, 한국인과 일본인은 과제의 시작, 전개, 마무리의 3단계로 이루어진 행동 양식에서 대칭적인 차이가 있다는 인상을 준다.

즉, 한국인은 일본인에 비해 성급하고, 일솜씨가 엉성하며, 지속력이 떨어진다. 반면에 일본인은 한국인보다 신중하고, 일솜씨가 세심하며, 지속력이 뛰어난다.

## 순발력 vs 신중함

그러나 관점을 바꾸어 보면 일본인의 강점의 이면에는 약점이 숨어있고 한국인의 약점은 오히려 강점이 된다. 즉, 한국인은 일본인보다 순발력이 뛰어나고, 융통성이 있으며, 상황변화에 따라 방향전환을 잘한다. 일본인은 한국인에 비하면 순발력이 떨어지고, 융통성이 없으며, 방향전환을 잘 못한다. 이러한 문제해결방식의 차이는 심적 에너지와 관련이 있어 보이는 것들이다.

우선 한국인은 순발력이 있으나 성급한 경향이 있고, 일본인은 순발력은 없으나 신중한 면이 있다. '빨리빨리'는 한국 사람이 자주 쓰는 말이며, 한국 사람의 특징을 나타내는 대표적인 말 중의 하나라고 할 수 있다. 일상적인 대화 장면에서도 한국인은 상대방의 질문에 대해 대답하기까지의 시간이 일본인보다 짧다. 그런 한국인들에 비하면 내가 질문에 답할 때 걸리는 시간이 너무 길어서 지도 교수님으로부터 잔머리 굴리지 말고 빨리 대답하라는 말씀을 자주 듣곤 했다. 나는 잔머리를 굴리려는 것이 아니라 좀 더 신중하게 생각해서 답하려는 것이었는데 문화적인 제한 시간을 초과해버리는 경우가 많았던 것이다. 다른 대학원생들은 어려운 질문에도 자신 있게 바로 대답하는 사람이 대부분이었는데, 그들 중에는 한참 이야기한 후에 역시 아닌 것 같다면서 정반대의 의견을 다시 말하는 사람도 종종 있었다. 이들은 직관적으로 속단해서 이야기를 시작하는데 설명을 전개함에 따라 자기 의견의 허점을 스스로 알게 되고 정반대의 견해로 입장을 바꾸는 것으로 보인다. 이런 전략도 재미있어서 괜찮다 싶었지만, 나는 아직까지 배우지는 못했다.

대학생들이 생각하는 '머리가 좋은 사람'의 특성(64항목)에 관한 비교문화연구에 의하면, 한국, 일본, 중국, 대만, 캐나다, 멕시코에서 공통적으로 5가지 요인, 즉 공감성, 사회적 능력, 대인적 능력, 지식의 파악, 처리능력, 판단력, 결단력, 표현력, 센스의 각 요인이 추출되었으며, 특히 지식의 파악, 처리능력 요인과 판단력, 결단력요인이 '머리가 좋은 사람'의 특성으로서 중요한 것이었다.[204] 그런데 가장 중요시되는 특성(상위 5항목)을 비교하면 한국인과 일본인이 가지고 있는 '머리가 좋은 사람'의 표상에는 차이가 있었다.[205] 예를 들어 남학생이 생각하는 머리가 좋은 남자의 특성에 관해서,

'두뇌 회전이 빠르다'와 '상식이 있다'는 한국에서도 일본에서도 중요시되는 특성이었으나, 한국 대학생은 판단력, 결단력 요인에 속하는 '눈치가 빠르다(재치 있다)', '결단력이 있다', '판단이 빠르다'등의 항목을 일본 학생보다 상당히 중요시한 반면, 일본 학생은 지식의 파악, 처리능력 요인에 속하는 '요점 파악이 정확하다', '지식이 풍부하다', '사고방식이 합리적이다'와 같은 항목을 한국보다 중요시하고 있었다. 한국인은 합리적이고 정확한 판단보다 신속하고 단호한 결단력을 평가하는 것이다.

이러한 한국인 기질에는 마작보다 화투(고스톱)가 더 잘 어울린다. 마작과 고스톱은 게임 구조는 유사하지만, 136개의 패를 사용하는 마작은 48장의 패를 사용하는 고스톱보다 경우의 수가 많아 더 복잡하다. 그래서 한국인에게는 안 맞는다. 고스톱은 한 게임 당 소요시간이 마작보다 짧고, 한판, 한판 돌아가는 속도감이 한국인의 성정에 잘 맞는다. 나는 일본에 있을 때는 마작을 꽤 좋아했는데 속도감의 차이가 현격한 한국의 '고스톱계'에는 데뷔할 엄두를 내지 못했다. 내가 고스톱을 하게 되면 분명히 '빨리빨리'하라는 소리를 듣게 될 것이기 때문이다. 반대로 만약 고스톱의 속도감과 역동성에 익숙해진 한국 사람이 마작을 하게 된다면 너무 머리가 복잡하고, 버리는 패를 정돈해야 하고, 한 게임의 소요 시간이 길어서 짜증이 날 것이다.

## 융통성 vs 세심한 일솜씨

한국인의 특징 중 융통성이나 즉흥성에 대해 높이 평가하는 일본인들이 많다. 규칙이나 관례, 계획성을 중요시하는 일본인 입장에서는 한국인은 다음과 같은 모습으로 보인다.

"한국의 운전기사들은 실로 융통성이 있다."[206]

"한국은 업무의 범위이나 진행방식이 탄력적이고 유동적이다. 바꿔 말하면, 업무 처리 방식에 있어 담당자의 재량에 맡겨진 부분이 넓다고도 할 수 있다."[207]

"한국에서는 그 때의 상황에 따라 즉각 과거의 판단을 바꾸는 것이 '우수함'으로 간주된다.", "한국에서는 장기적인 약속관계(사실의 계속)는 반드시 중요시된다고는 할 수 없는 경향이 있다.", "한국인은 단기적인 이익을 추구하는 경향이 있다."[208]

"한국의 시스템은 최초부터 완성되어 있지 않은 열린 상태로 출발하기 때문에, 모든 공정은 돌발 사고의 연속이 된다. 그 때 그 때의 처리로 척척 해결해 나간다는 유연한 구조를 가지고 있다."[209]

한국인의 특징으로서 지적되는 이러한 유연성, 융통성, 탄력성, 즉흥성 등은 한국인이 과제에 대처하는 과정에서 자율적 상황적응성을 보인다는 것으로 개념화 할 수 있다. 한국인은 시시각각 변화하는 상황 속에서, 기존의 관례나 규칙에 구애받거나 세부적인 행동 계획을 작성하는 것에 집착하지 않고, 즉각적인 자기 판단에 의해 행동한다. 기존의 시스템이 완벽하다고 생각하지도 않고, 또한 모든 새로운 시스템이 최초에 완벽한 설계도가 있어야만 구축할 수 있다고도 생각하지 않는다.

정해진 것에 구애받지 않는 유연성은 상황에 따라서는 아주 효과적인 문제해결 방식일 수 있지만, 부수적으로 계획성과 일관성이 부족해지는 경향이 생기기 때문에 일의 완성도와는 반비례하는 태도로 보인다.

"괜찮아 주의, 엉성한(거친) 일솜씨, 단차가 고르지 않은 계단 마지막 부분, 아파트 실내인테리어의 부실한 마무리 공사"[210]

"한국인은 우선 '노력하여 최선을 다 했다'는 것으로 만족한다.", "처음부터 완벽한 것은 있을 수 없다. 또는 완벽함을 기대하는 것은 무리하다고 생각한다."[211]

"한국인은 목표달성보다 현실을 중시하고, 일본인은 현실을 희생시켜서라도 목표달성을 중시하는 경향이 있다."[212]

1993년에 내가 처음 한국생활을 시작했을 때에 비하면 앞의 지적과 같은 한국의 '대충대충'주의는 많이 개선된 것으로 보인다. 그 때는 아직 '코리안 타임(한국 사람들이 시간 약속을 잘 지키지 않는 것을 비꼬아서 하는 말)'이라는 것도 남아 있었다. 처음에는 정확하지 않은 철도운행 시간이나 함몰된 보도블럭이 많아 울퉁불퉁한 보도 등이 많이 불편했다. 그리고 방바닥에 깔려 있는 비닐 장판을 봤을 때의 기묘한 감각은 잊을 수가 없다. 노란색 비닐 장판이 벽면 쪽으로 5㎝ 정도 올라와 있는 곡선은 이차원異次元의 세계에 들어온 것 같은 착각을 나에게 일으켰다. 90도를 이루는 벽과 바닥의 엄연한 경계를 방바닥에 깔려 있는 비닐 장판이 뻔뻔하게 5㎝나 침범해도 된단 말인가! 경계에 맞추어 정확하게 비닐 장판을 자르면 안 되는 이유는 도대체 무엇인가?

20년 지난 지금은 내가 한국 스타일에 적응이 돼서 그런지 일본식 완벽주의의 산물이 답답해 보일 때도 있다. 예를 들어 일본의 어느 결혼예식장의 궁전 같은 화려한 화장실에서는 나도 몰래 신발을 벗고 들어가야 할 것 같은 느낌마저 들었다.

일본인의 꼼꼼한 일솜씨, 완벽주의 경향과 대비되는 한국인의 엉성한(거친) 일솜씨, '괜찮아요'주의, '최선주의'등은 행동결과에 대한 평가기준이 효율지상주의에 입각한 것임을 의미한다. 즉, 40시간을 투자해서 100%의 완성도를 기대하는 것보다 20시간을 투자해서 90%의 완성도를 기대하는 것이 입력 대비 출력의 효율성이 훨씬 높다고 판단하는 것이다. 남은 20시간으로 또 다른 새로운 (90%의) 가치를 실현시킬 수 있다는 사고방식과 가치관이 강한 것 같다. 이러한 행동양식의 성과는 적용되는 영역에 따라 차이가 있을 것이다. 예를 들어 과학적 창의성이 필요한 분야에는 안 맞을 수도 있지만 예술적 창의성이 필요한 분야에서는 성과가 좋을 수도 있다. 숙명여대 전통문화예술대학원 송혜진 교수는 이와 관련한 다음과 같은 일화를 소개한 적이 있다.[213)]

"한국과 일본에서 오케스트라를 지휘한 몇몇 외국인 지휘자가 흥미로운 경험을 털어놓았다. 일본에 먼저 들른 지휘자는 악보대로 정확하게 연주하는 일본 오케스트라의 능력에 감탄한다. 그리고 한국 오케스트라를 만나면 이내 실망한다. 일본 오케스트라에 비해 한국 오케스트라가 악보를 정확하게 재현하는 능력이 떨어지기 때문. 하지만 실제 공연에 들어가면 예상치 못했던 다이내믹한 힘을 체험하고 놀란다. 심지어 한국 오케스트라는 관객들을 행복하게 만드는 음악을 하고 있다고 느낀다."

## 방향전환 vs 지속력

한국의 정부나 기업 그리고 개인들의 행동을 보면 일본인보다 방향전환을 잘한다는 인상이 강하다. 한편, 일본인은 상대적으로 지속력은 강하지만 방향전환을 잘못하는 것 같다.

이러한 한국인의 행동특성은 진취성 및 낮은 전통문화 보호의식이라고 해석할 수도 있는데, 이들은 미래 지향성이라는 범주로 포괄할 수 있는 행동 양식이다. 가치 있는 것은 과거에 있다기보다 미래에 있다고 보기 때문에 전통에 구애받지 않고 진취적 행동을 취하며 미래를 상징하는 새로운 가치를 신속하게 실현시키려고 하는 것이다.

"눈앞의 일에 전력을 집중하고, 어느 정도 목표를 달성하자 그것을 버리고, 또 새로운 다음 목표를 향해 나아간다는 한국인이 가지고 있는 특유의 기질" ... "나는 한국인의 이 기질을 '현재중시 문화'라고 부르고 싶다. 이에 대해 일본인은 과거의 경험을 중시하는 '과거중시 문화'라고 생각한다."[214)]

일본인 기술자 요시카와는 일본의 '과거중시 문화'에 대비하여 이와 같이 한국은 '현재중시 문화'라고 말하지만, 나는 '미래중시 문화'또는 미래 지향성이라고 부르고 싶다.

한국인은 미래를 상징하는 '신기술, 신제품, 유행품(게다가 그런대로 값이 비싼 것)을 재빨리 손에 넣는 경향이 있다.'[215] 이와 관련하여 생활의식을 비교한 연구에 의하면, 전통지향성에 관해서는 한일 간에 차이가 없었으나, 한국 대학생은 일본 대학생보다 진취성이 높았다.[216]

중, 고등학생을 대상으로 학교 외의 생활에 대해서 비교한 연구에 의하면, 미디어 접촉에 관해서는 별로 차이가 없었지만, '휴일에는 친구와 번화가에서 논다(한국: 62.6%, 일본: 51.7%)', '최신 유행가를 부를 수 있다(한국: 82.6%, 일본: 58.6%)', '유행에 민감하다(한국: 51.8%, 일본: 38.8%)'등에 대해 긍정하는 학생이 한국에 더 많았다.[217]

또한 교육의식을 비교한 연구에 의하면, 개방주의 대 폐쇄주의 차원에 관하여, 교육은 사회의 변화에 적극적으로 대응해야 하며, 교육에 대해 사회변혁을 향한 견인력을 발휘하는 것을 기대하는 '개방주의'를 지지하는 경향이 강하다는 공통점이 들어났다. 하지만, 일본에서는 첨단적인 교육기기(교육매체)가 교사의 역할을 대신한다는 견해에 대해 긍정적인 의견을 가지고 있는 사람들은 소수파였으나(26.9%), 한국에서는 과반수(53.2%)가 긍정적인 의견을 가지고 있는 것으로 나타났다. 또한 학교교육의 사회적 역할이 사회의 개혁이나 새로운 질서를 만드는 데에 있다고 생각하는 사람도 일본(38.6%)보다 한국(49.3%)에 더 많은 등 한국인은 일본인보다 더 '개방주의'적 교육의식을 가지고 있었다.[218]

자꾸 새로운 상품을 원하고 적극적으로 생활을 변화시키려고 하는 한국인의 이러한 진취성은 '세계의 경제대국의 지위를 노리는 한국에서 새로운 비즈니스를 낳는 원동력'이 되어 있는지도 모른다.[219] 물론 이러한 한국인의 진취성은 그 이면에 '문화재보호 의식이 낮고, 전통의 가치를 인식할 수 없는 한국인의 민족성'이 있기 때문에 발휘되는 것인지도 모른다.[220] 진취성과 전통지향성은 양립하기가 어려운 가치관이기 때문이다.

그러나 과감한 미래지향적 행동 경향 덕분에 어떤 면(IT기반 서비스를 비롯하여 '교통카드 시스템, 편리한 전화번호안내 시스템, 잔고가 있는 한 사용할 수 있는 공중전화, 은행의 청원경찰, 다양한 배달문화, 철저한 쓰레기 분리수거, 바닥 난방 시스템 등')에서는 일본을 능가하는 선진성을 실현시킨 것도 사실이다.[221)]

이상과 같이 한국인과 일본인의 문제해결방식의 차이에 대해 묘사해왔지만, 물론 모든 한국인이 일본인보다 순발력이 뛰어나고, 융통성이 있으며, 상황변화에 따라 방향전환을 잘한다는 이야기는 아니며, 모든 일본인이 한국인보다 신중하고, 일솜씨가 세심하며, 지속력이 뛰어나다는 이야기도 아니다. 어디까지나 한국인과 일본인의 상대적인 차이를 말하고 싶었던 것이다.

그런데 이러한 문제해결방식의 차이는 심적 에너지 수준과 표현방식의 차이와 관련이 있어 보인다. 순발력, 융통성, 상황변화에 따른 방향전환 능력 등을 발휘하려면 높은 심적 에너지 수준과 개방적 표현방식이 요구된다. 또한 성급함, 엉성한 일솜씨, 지속력 부족은 심적 에너지 수준이 높고 개방적 표현방식이 우세한 사람이 종종 가지고 있는 부정적 측면으로 해석할 수 있다. 한편, 신중함, 세심한 일솜씨, 강한 지속력은 낮은 심적 에너지 수준과 억제적 표현방식이 우세한 사람에게 잘 어울리는 특징이다. 순발력 부족, 융통성 결여, 경직성은 그러한 사람이 때때로 나타내는 부정적 측면으로 생각할 수 있을 것이다. 한국인의 특징은 짧고 강하게 숨쉬는 사람의 특징과 유사하고 일본인의 특징은 길고 약하게 숨쉬는 사람의 특징과 같다. 이상을 요약하면, 한국인은 심적 에너지 수준이 높고 개방적 표현방식이 우세하기 때문에 순발력이 있고 유연하며 방향전환을 잘한다는 특징을 가지게 된 것이고, 일본인은 심적 에너지 수준이 낮고 억제적 표현방식이 우세하기 때문에 신중함, 세심한 일솜씨, 높은 지속력이라는 적응전략을 취하게 된 것이다.

## 우뇌-좌뇌 활용성향

한국인은 심적 에너지 수준이 높기 때문에 개인적 행동양식에서 순발력이 있고 유연하며 방향전환을 잘한다는 특징을 가지게 되고 대인관계에 임하는 자아의 태도로서 대상성보다 주체성을 발달시켰다고 생각된다. 또한 이를 생리심리학적 관점에서 보면 심적 에너지가 주체성 발달에 미치는 주된 경로는 뇌기능의 활성화라고 할 수 있을 것이다. 심적 에너지가 많은 사람일수록 뇌기능이 활발하고, 그것은 대인관계에서 주체성을 발휘하기 위한 좋은 기반이 되는 것이다. 반대로 심적 에너지가 적고 뇌기능의 활성화가 낮은 상태로는 대인관계에서 주체성을 발휘하기가 어려울 것이다.

한국인의 주체성이 순발력이 있고 유연하며 방향전환을 잘하는 개인적인 행동양식과 관련이 있다면, 뇌기능 중에서도 특히 우뇌 기능이 주체성과 관련이 깊을 것이다. 우뇌적 정보처리 스타일의 특징에는 신기성지향적(호기심), 직관적, 심상적, 즉흥적(충동적), 상상적, 통합적, 변화지향적, 전체적, 시공간적 정보처리 등이 있다. 순발력이 있고 유연하며 방향전환을 잘하는 행동양식을 가지고 있는 사람은 특히 우뇌 기능이 활성화되어 있을 것이다. 왜냐하면 순발력, 융통성, 적절한 방향전환성과 같은 강점은 신기성지향적(호기심), 직관적, 심상적, 즉흥적(충동적), 상상적, 통합적, 변화지향적 정보처리를 잘 활용할 때 도출되는 행동양식이기 때문이다.

한편, 좌뇌적 정보처리 스타일의 특징에는 분석적, 논리적, 수리적, 언어적, 규칙적, 계열적, 계획적, 합리적(계산적), 완벽성지향적 정보처리 등이 있는데, 이들 중 특히 규칙적, 계열적, 계획적, 합리적(계산적), 완벽성지향적 정보처리는 순발력, 유연성, 방향전환과 같은 행동양식과는 맞지 않는 스타일로 보인다. 이들은 신중함, 세심함, 지속력과 같은 일본인의 행동양식과 잘 맞는 정보처리 스타일이다.

한 연구에 의하면 우뇌 선호도가 높을수록 외향성이 강했으며, 좌뇌 선호도가 높을수록 내향성이 강했다.[222] 그런데 이전의 조사에서 한국 대학생은 일본 대학생과 달리 강한 외향성을 나타냈으며, 반대로 일본 대학생은 한국 대학생과 달리 강한 내향성을 나타냈다.[223] 이러한 결과를 감안하면 강한 외향성을 나타낸 한국 대학생은 강한 내향성을 나타낸 일본 대학생보다 우뇌 선호도가 높을 것으로 예상된다.

## 언어의 특징과 뇌쓰기

조용진 교수의 연구에 의하면, 실제로 한국인은 일본인에 비하여 우뇌형의 인구비가 큰 것으로 나타났다. 일본인이 3 : 7로 우뇌형이 적고 좌뇌형이 많은 것에 비하여, 한국인은 7 : 3으로 우뇌형이 많고 좌뇌형이 적다는 것이다. 그는 한국인의 뇌쓰기에 대해 다음과 같이 진단한다.[224]

"한국인의 70% 정도는 우뇌가 우세한 뇌쓰기형으로 진단됩니다. 주지하시는 바와 같이 우뇌는 이성과 대응되는 '감성'이 깃든 뇌입니다. 한국인은 감성적인 우뇌가 우세한 결과, 직관력, 통찰력, 종합력, 이해력, 순발력이 뛰어나 눈치가 빠르고 적응력이 강하며 판단이 신속한 반면에, 좌뇌가 상대적으로 억제됨으로써 수리력, 어휘력, 문장력, 합리성, 지구력, 탐구력, 진지성, 치밀성, 사려성 등이, 좌뇌가 우세한 선진 다른 민족, 특히 일본, 독일 민족에 비하여 떨어지는 약점이 있습니다. 한국인의 감성적, 직관적인 능력이 단기간에 경제 성장도 이루고 각 분야에 괄목할 만한 성과를 거두고 있는 것은 사실이지만, 한편 '한국병'도 만들었습니다."

조용진 교수는 한국인이 일본인에 비하여 우뇌형이 많고 일본인이 한국인에 비하여 좌뇌형이 많은 데에는 유전적 요인과 문화적 요인 등이 있는데 가장 큰 문화적 요인은 한국어와 일본어의 차이라고 주장한다. 즉, 한국어는 일본어에 비해 모음이 발달되어 있으나 자음을 경시하는 특징이 있는 데 반하여, 일본어는 한국어에 비해 모음이 적지만 자음을 중시하는 특징이 있다. 그런데 일반적으로 모음은 우뇌에서 처리하고 자음은 좌뇌에서 처리한다. 모음은 높낮이에 의하여 의미가 달라지므로, 고저 강약을 해석하는 멜로디 센터가 있는 우뇌에서 처리한다. 따라서 모음이 발달된 한국어를 쓰는 한국인은 우뇌가 활성화된다는 것이다.

실제로 일본어에 비해 한국어에는 모음이 많고, 모음 변화로 말을 만들고, 음의 고저 강약을 조절하여 의사를 전달하는 경향이 강하다. 한국어에서는 '오'와 '어', '요'와 '여', '우'와 '으', '에'와 '애'등의 모음을 구별하지만, 일본인에게는 이들 모음을 구별하는 것은 어려운 일이다. 일본어에는 '위',

'의', '외', '웨', '워'등의 모음도 없다. 또한 한국어는 나–너, 맛있다–멋있다, 낡았다–늙었다, 똥똥하다–뚱뚱하다, 도드라지다–두드러지다, 졸졸–줄줄, 뱅글뱅글–빙글빙글 등 모음을 바꾸어 말을 만든다. 그리고 어휘와 문법을 이용하여 의사를 전달하는 것보다 음의 고저 강약을 조절하여 멜로디로 의사를 전달하는 경우가 많다. 예를 들어 '엄마, 집에 가.'라는 말은 억양에 따라, 집으로 갈 거냐는 질문이 될 수도 있고, 집으로 가도 되느냐는 허락을 받기 위한 말이 될 수도 있고, 집에 같이 가자는 청원이 될 수도 있고, 명령이나 협박이 될 수도 있다. 일본어에서는 문법을 이용하지 않으면 이렇게 다양한 의사를 전달하는 것은 불가능하다.

한국어는 모음이 발달한 언어이기 때문에 상대적으로 자음이 경시된다. 자음은 왼쪽 뇌에서 처리되는데, 모음 사용으로 인한 우뇌의 활성화에 밀려 왼쪽 뇌가 열세에 놓여 있기 때문에 자음 경시 현상이 생기는 것이다. 일본어에서는 구별하는 청음과 탁음을 구별해서 표기하지 않는 점이나 두음법칙과 자음접변 현상 등은 자음 경시 현상으로 간주할 수 있다. 가방의 '가'는 청음이고, 아가의 '가'는 탁음이다. 가방의 '가'는 'k'에 가깝고, 아가의 '가'는 'g'에 가깝다. 하지만 한국어에서는 이들을 구분해서 표기하지 않는다. '량심'이 '양심'으로, '력사'가 '역사'로, '래일'이 '내일'로, '락원'이 '낙원'으로, '녀자'가 '여자'로, '년세'가 '연세'로 변하는 것은 자음을 중시하지 않는 뇌쓰기에서 나오는 발성이다. 또한 '신라'를 [실라]로, '칼날'을 [칼랄]로, '항로'를 [항노]로, '대통령'을 [대통녕]으로 발음하는 것도 자음을 경시하는 뇌쓰기에 유래한 것이다.

한편 한국어에 비해 일본어에는 모음이 훨씬 적기 때문에 일본어를 이해하는 데는 우뇌의 멜로디 센터보다는 좌뇌의 순차 프로그램이 더 유효하며, 이에 따라 일본인은 좌뇌형의 사람이 많아지게 되었다는 것이다. 예를 들어 모음을 우뇌 반구에서 처리하는 다른 민족과 달리 일본인은 모음마저도 좌뇌 반구에서 처리하는 독특한 뇌쓰기를 한다. 또한 일본인은 곤충의 소리도 다른 민족과 달리 좌뇌에서 처리한다. 한국인과 중국인 그리고 서양인은 곤충의 소리를 음악이나 잡음을 처리하는 우뇌에서 처리하지만 일본인은 언어를 처리하는 좌뇌에서 처리한다. 한국에서는 한자를 거의 사용하지 않게 됐지만, 일본에서는 여전히 한자를 많이 쓰고 있다. 한자의 기억은 우뇌가 맡지만, 한자어의 뜻은 좌뇌가 담당한다. 우뇌에서는 한자의 형태 지각을 담당하고 좌뇌에서는 한자의 의미 해석을 담당한다. 한자의 의미 해석을 담당하는 좌뇌를 덜 사용하게 되면서 한국인은 '어려운 난국', '끔찍한 참사', '아름다운 미녀'와 같은 말은 쓰는 빈도가 높아진 것 같다.

이상과 같이 모음이 발달되고 자음이 상대적으로 경시되는 한국어를 쓰는 한국인은 한자 폐지의 영향도 있어 좌뇌에 비하여 우뇌가 활성화되어 있는 것이다. 한편 모음이 덜 발달되고 자음이 상대적으로 중시되는 일본어를 쓰는 일본인은 한자 사용의 영향도 있어 우뇌에 비하여 좌뇌가 활성화되어 있는 것이다.[225]

## 마음의 연료

——— 고추 섭취량은 실제로 주체성과 관련이 있는가?

심적 에너지의 차이를 설명하는 원인에는 여러 가지가 있겠지만, 한국인과 일본인의 에너지 섭취량의 차이 때문에 심적 에너지의 차이가 초래되는 것이 아니냐고 생각하는 사람도 있을 것이다. 그러나 그것은 아닌 것 같다. 일부 한국 사람은 일본 사람들이 소식小食한다는 이미지를 가지고 있지만, 실제로는 한국인과 일본인의 1일 에너지 섭취량에는 거의 차이가 없다. 질병관리본부에 따르면 2008년 한국인 1명의 1일 에너지 섭취량은 1838㎉이다. 참고로 말하면 1998년의 1934㎉보다 4.9% 감소했다. 성인 남녀의 필요량 대비 에너지 섭취율은 남성 93%, 여성 84.5% 수준에 그치고 있다. 한편, (일본)후생노동성의 국민건강 영양조사에 따르면, 2009년 일본인 1명의 하루 에너지 섭취량은 1861㎉이다. 한때는 2200㎉를 초과하기도 했지만, 그 후 계속 감소하여 현재는 종전 직후였던 1946년의 1903㎉를 밑돌고 있다. 특히 50대 이하의 세대에서 현저하게 감소하였다. 이와 같이 한국도 일본도 최근에는 에너지 섭취량이 감소하는 추세이며, 한국인이 일본인보다 에너지 섭취량이 특별히 많다고 보기는 어렵다. 따라서 일본인이 심적 에너지가 적은 것은 소식하는 습관 때문이라는 이론은 성립이 안 된다.

## 생리심리학적 요인: 매운 음식의 선호

나는 심적 에너지의 차이를 설명하는 생리심리학적 원인으로서 한일 간에 존재하는 고추 섭취량의 큰 차이가 한 몫 하고 있다고 본다. 한국은 세계에서 고추를 가장 많이 소비하는 국가 중 하나다. 일본과 비교하면 소비량에 큰 차이가 있다. 한국인은 고춧가루와 고추장을 사용하는 음식을 많이 먹는다. 김치와 김치찌개, 떡볶이, 육개장이나 매운탕, 낙지볶음과 아구찜, 매운 닭갈비, 매운 닭발, 그리고 짬뽕. 생 고추를 즐겨먹는 사람도 많다. 내가 매워서 도저히 못 먹는 청양고추를 아무렇지도 않게 먹는 사람들도 흔히 볼 수 있다.

한국인은 매운맛을 좋아하기 때문에 한국에 유입된 에스닉푸드는 토착화 과정에서 매워지는 경우가 많다. 일본에서 개발된 즉석라면도 한국에서는 '신辛라면'이 되고, 일본의 나가사키에 있는 사해루四海樓라는 중국식당에서 유래한 '짬뽕'도 원래는 맵지 않았으나 한국의 중국식당에서는 매운 음식의 대표선수가 되었다. 어떤 일식집에서 색깔이 빨갛지 않은 '나가사키 짬뽕'이 있어서 시켰더니 역시 매웠다. 그런데 고추의 매운맛을 내는 성분인 캡사이신은 체내 에너지 대사를 촉진하는 작용을 한다. 따라서 고추 섭취량이 많을수록 심적 에너지도 많아질 것이라고 생각하게 되었다.

물론 고추 섭취량만으로 한일 간의 심적 에너지의 차이를 충분히 설명할 수 있다고 생각하는 것은 아니다. 뒤에서 소개할 이번 조사에는 포함되지 않았지만, 한일 간에 존재하는 친밀하고 심정적인 대인교류의 차이가 아마 심적 에너지의 차이에 대한 가장 설명력이 큰 변인일 거라는 생각도 가지고 있다. 한국인은 일본인보다 친밀하고 심정적인 대인교류를 많이 하고 있기 때문에 심적 에너지가 많은 것이다. 이 이외에도 올바른 식생활, 적절한 운동, 휴식과 수면, 부정적 감정관리, 긍정적 사고, 행동관리(절제) 등의 개인적 습관이 심적 에너지의 양을 규정할 것이기 때문에, 이러한 측면에서 한일 간에 분명한 차이가 있는지도 검토할 필요가 있을 것이다. 하지만, 심적 에너지의 적어도 일부는 한일 간에 확실한 차이가 있는 고추 섭취량으로 설명할 수 있을 것이다.

이상의 가설을 요약하면 다음과 같다. 고추 섭취량이 많을수록 심적 에너지가 많고, 우뇌와 좌뇌의 활성도도 높을 것이며, 주체성 자기도 강할 것이다. 그리고 좌뇌 기능에 비해 우뇌 기능은 심적 에너지 및 주체성 자기와 더 밀접한 관계가 있을 것이다.

위의 가설을 검증하기 위한 연구의 조사 대상자들은 1차 조사 집단과 2차 조사 집단으로 구성되었다.[226] 1차 조사와 2차 조사에서는 기본적으로 동일한 변인들을 측정하였으나, 2차 조사에서는 고추 섭취량의 측정방법을 변경하고 식습관에 관한 문항도 추가하였다. 그 이유에 대해서는 결과 부분에서 언급할 것이다. 측정한 변인은 심적 에너지,[227] 뇌 활용성향,[228] 주체성-대상성-자율성 자기,[229] 고추 선호도(1차 조사),[230] 고추 섭취빈도(2차 조사),[231] 식사제한의 유무였다.[232] 설문 조사는 다섯 개의 교양외국어 관련 과목의 수업 장면에서 단체로 실시하였다.[233]

## 의외의 결과가 나온 여학생 집단

1차 조사 자료에 대한 상관분석의 결과, 고추 선호도가 높을수록 심적 에너지가 많고, 심적 에너지가 많을수록 우뇌와 좌뇌의 활성도도 높았으며, 우뇌와 좌뇌의 활성도가 높을수록 주체성 자기가 강한 것으로 나타났다(표 8. 참조).

**〈표 7〉 고추 선호도, 심적 에너지, 뇌 활용성향, 주체성-대상성-자율성 자기 간의 상관**

| | 1 | 2 | 3 | 4 | 5 | 6 |
|---|---|---|---|---|---|---|
| 1. 고추 선호도 | | | | | | |
| 2. 심적 에너지 | .27** | | | | | |
| 3. 우뇌 활용성향 | .13 | .50*** | | | | |
| 4. 좌뇌 활용성향 | .16 | .36*** | .62*** | | | |
| 5. 주체성 자기 | .06 | .42*** | .57*** | .49*** | | |
| 6. 대상성 자기 | -.04 | -.39*** | -.26** | -.19* | -.38*** | |
| 7. 자율성 자기 | .07 | .01 | .41*** | .33*** | .29** | -.06 |

* $p < .05$, ** $p < .01$, *** $p < .001$, N = 121

그러나 '고추 섭취량이 많을수록 심적 에너지가 많고, 우뇌와 좌뇌의 활성도도 높을 것이며, 주체성 자기도 강할 것이다'라는 연구가설이 완전히 지지된 것은 아니었다. 왜냐하면 고추 선호도의 주체성 자기에 대한 영향력은 극히 간접적인 것이었기 때문이다. 고추 선호도와 심적 에너지 간에는 정적 상관이 있었지만, 고추 선호도와 우뇌 및 좌뇌 활용성향 간에는 통계적으로 유의미한 상관이 없었으며, 고추 선호도와 주체성 자기 간에도 통계적으로 유의미한 상관이 없었다. 고추 선호도는 단지 심적 에너지에만 영향을 주는 것으로 나타난 것이다. 즉, 매운 음식을 선호하는 사람일수록 심적 에너지가 많다고는 할 수 있지만, 매운 음식을 선호하는 사람일수록 우뇌와 좌뇌의 활성도가 높다거나 주체성이 강하다고는 할 수 없다는 이야기다. 고추 선호도의 주체성 자기에 대한 영향력은 아주 제한적인 것밖에 없다고 봐야 한다는 결과였다. 따라서 연구가설 중, 고추 섭취량에 관한 부분을 제외하고, '심적 에너지가 많을수록 우뇌와 좌뇌의 활성도가 높을 것이며, 주체성 자기도 강할 것이다'라는 부분만이 지지되었다고 할 수 있다. 절반의 성공으로 봐야 하는가? 고추의 효과는 고작 그 정도인가?

**〈표 8〉 고추 선호도, 심적 에너지, 뇌 활용성향, 주체성-대상성-자율성 자기 간의 상관(남학생 집단)**

| | 1 | 2 | 3 | 4 | 5 | 6 |
|---|---|---|---|---|---|---|
| 1. 고추 선호도 | | | | | | |
| 2. 심적 에너지 | .49** | | | | | |
| 3. 우뇌 활용성향 | .27+ | .29+ | | | | |
| 4. 좌뇌 활용성향 | .23 | .29+ | .78*** | | | |
| 5. 주체성 자기 | .26+ | .40** | .65*** | .53*** | | |
| 6. 대상성 자기 | -.29+ | -.41** | -.12 | -.10 | -.34* | |
| 7. 자율성 자기 | .07 | -.21 | .44** | .38* | .33* | .04 |

+p 〈 .10, * p 〈 .05, ** p 〈 .01, *** p 〈 .001, n = 43

**〈표 9〉 고추 선호도, 심적 에너지, 뇌 활용성향, 주체성-대상성-자율성 자기 간의 상관(여학생 집단)**

| | 1 | 2 | 3 | 4 | 5 | 6 |
|---|---|---|---|---|---|---|
| 1. 고추 선호도 | | | | | | |
| 2. 심적 에너지 | .09 | | | | | |
| 3. 우뇌 활용성향 | .02 | .59*** | | | | |
| 4. 좌뇌 활용성향 | .09 | .36** | .50*** | | | |
| 5. 주체성 자기 | -.12 | .41*** | .51*** | .43*** | | |
| 6. 대상성 자기 | .11 | -.42*** | -.37** | -.28* | -.44*** | |
| 7. 자율성 자기 | .07 | .13 | .40*** | .30** | .26* | -.12 |

* p 〈 .05, ** p 〈 .01, *** p 〈 .001, n = 78

다음으로 남녀별로 분석해본 결과, 변인 간의 관계가 다르다는 사실이 발견되었다. 남학생의 경우 고추 선호도와 기타 변인 간의 상관이 어느 정도 있었으나, 여학생의 경우 고추 선호도와 기타 변인 간의 상관이 전혀 없는 것으로 드러났다(표 9, 10. 참조). 즉, 남학생의 경우는 매운 음식을 선호하는 사람일수록 심적 에너지가 많고, 우뇌의 활성도도 높고, 주체성 자기도 강한 것으로 나타났다. 그러나 여학생의 경우는 매운 음식을 선호하는 사람과 그렇지 않는 사람 간에 심적 에너지, 뇌의 활성도, 주체성 자기의 차이가 전혀 없었던 것이다. 왜 이런 결과가 나온 것일까? 고추의 효과는 왜 남자에게만 나타나는가?

처음에는 남자에 비해 여자는 고추 섭취량이 별로 많지 않기 때문에 그 효과가 미미한 것이 아닐까라고 생각했다. 그러나 이것은 틀린 생각이었다. 남녀 간에 고추 선호도의 차이는 없었다. 비빔밥을 먹을 때 고추장을 많이 넣어서 먹는 정도는 남학생이 더 강했고, 남학생과 달리 여학생은 어묵(오뎅)보다 떡볶이를 더 좋아했지만, 매운 음식을 선호하는 전반적인 정도에는 차이가 없었다. 따라서 고추 섭취량의 성차 때문에 나타난 차이로 보기는 어려울 것 같다.

그러나 1차 조사에서 측정한 고추 선호도 문항들이 고추 섭취량을 정확하게 반영하고 있지 않을 수도 있다. 어떤 매운 음식을 좋아하는 것과 자주 먹는 것 사이에는 괴리가 있을 수도 있다. 자주 먹지는 않지만 한 번 먹었을 때의 좋은 기억 때문에 그 음식을 아주 좋아한다고 대답했을지도 모른다. 그래서 2차 조사 시에는 얼마나 좋아하는지가 아니라 각종 매운 음식을 먹는 구체적인 빈도를 측정하기로 했다.

다음으로 고추 선호도의 영향력에 관한 성차를 설명할 수 있는 또 다른 가능성으로서 다이어트의 조절효과가 있을지도 모르겠다는 생각이 들었다. 기본적으로 매운 음식을 선호할수록 심적 에너지가 많아지고, 우뇌와 좌뇌의 활성도도 높아지고, 따라서 주체성 자기도 강해지지만, 다이어트를 하게 되면 고추 섭취의 이러한 효과가 약해지거나 없어지는 것이 아닌가? 그래서 여학생의 경우는 다이어트를 하고 있는 사람이 많아서 매운 음식을 선호하는 사람과 그렇지 않는 사람 간에 심적 에너지, 뇌의 활성도, 주체성 자기의 차이가 없었던 것이 아닌가? 이러한 가설을 검증하기 위해 2차 조사에서는 다이어트(체중감량)를 위해 식사제한을 하고 있는지도 추가로 물어보기로 했다.

## 다이어트로 인해 사라지는 고추의 효과

2차 조사 자료에 대한 상관분석 결과, 매운 음식 섭취 빈도가 높을수록 심적 에너지가 많고, 심적 에너지가 많을수록 우뇌와 좌뇌의 활성도도 높았으며, 우뇌와 좌뇌의 활성도가 높을수록 주체성 자기가 강한 것으로 나타났다. 그리고 이번 조사에서는 매운 음식을 자주 먹는 사람일수록 심적 에너지가 많다고 할 수 있을 뿐만 아니라, 매운 음식을 자주 먹는 사람일수록 우뇌와 좌뇌의 활성도도 높고, 주체성도 강한 것으로 나타났다(표 11. 참조). 즉, '고추 섭취량이 많을수록 심적 에너지가 많고, 우뇌와 좌뇌의 활성도도 높을 것이며, 주체성 자기도 강할 것이다'라는 연구가설은 1차 조사 때와 달리 이번에는 기본적으로 지지되었다. 고추 섭취가 심적 에너지와 우뇌 및 좌뇌의 활성도의 매개를 거쳐 주체성에 영향을 준다고 해석할 수 있는 결과이다. 매운 음식의 선호도보다 섭취 빈도가 고추 섭취량을 더 정확하게 반영하는 측정 도구였기 때문에 이러한 결과가 나온 것으로 생각된다.

**〈표 10〉 고추 섭취빈도, 심적 에너지, 뇌 활용성향, 주체성-대상성-자율성 자기 간의 상관**

| | 1 | 2 | 3 | 4 | 5 | 6 |
|---|---|---|---|---|---|---|
| 1. 고추 섭취빈도 | | | | | | |
| 2. 심적 에너지 | .24** | | | | | |
| 3. 우뇌 활용성향 | .29*** | .41*** | | | | |
| 4. 좌뇌 활용성향 | .22** | .41*** | .61*** | | | |
| 5. 주체성 자기 | .17* | .40*** | .48*** | .54*** | | |
| 6. 대상성 자기 | -.08 | -.50*** | -.26** | -.21* | -.38*** | |
| 7. 자율성 자기 | -.00 | .12 | .48*** | .40*** | .38*** | .01 |

* p 〈 .05, ** p 〈 .01, *** p 〈 .001, N = 144

남녀별로 분석한 결과, 1차 조사 때와 마찬가지로 변인 간의 관계가 역시 다르게 나타났다. 남학생의 경우 매운 음식의 섭취 빈도와 기타 변인 간에 상관이 있었으나, 여학생의 경우 매운 음식의 섭취 빈도와 기타 변인 간에 상관이 거의 없는 것으로 드러났다(표 12, 13 참조). 즉, 남학생의 경우는 매운 음식을 자주 섭취하는 사람일수록 심적 에너지가 많고, 우뇌와 좌뇌의 활성도도 높고, 주체성 자기도 강한 것으로 나타났다. 그러나 여학생의 경우는 매운 음식을 자주 섭취하는 사람일수록 심적 에너지는 많았지만, 매운 음식의 섭취 빈도와 우뇌 및 좌뇌 활용성향 간에는 통계적으로 유의미한 상관이 없었고, 매운 음식의 섭취 빈도와 주체성 자기 간에도 통계적으로 유의미한 상관이 없었다. 1차 조사 때와 유사한 결과다.

### 〈표 11〉 고추 섭취빈도, 심적 에너지, 뇌 활용성향, 주체성-대상성-자율성 자기 간의 상관(남학생 집단)

| | 1 | 2 | 3 | 4 | 5 | 6 |
|---|---|---|---|---|---|---|
| 1. 고추 섭취빈도 | | | | | | |
| 2. 심적 에너지 | .22$^{+}$ | | | | | |
| 3. 우뇌 활용성향 | .39$^{**}$ | .50$^{***}$ | | | | |
| 4. 좌뇌 활용성향 | .40$^{**}$ | .64$^{***}$ | .67$^{***}$ | | | |
| 5. 주체성 자기 | .27$^{*}$ | .45$^{**}$ | .64$^{***}$ | .50$^{***}$ | | |
| 6. 대상성 자기 | -.05 | -.59$^{***}$ | -.30$^{*}$ | -.26$^{+}$ | -.36$^{**}$ | |
| 7. 자율성 자기 | .09 | .15 | .46$^{***}$ | .37$^{**}$ | .53$^{***}$ | .07 |

+p 〈 .10, * p 〈 .05, ** p 〈 .01, *** p 〈 .001, n = 56

### 〈표 12〉 고추 섭취빈도, 심적 에너지, 뇌 활용성향, 주체성-대상성-자율성 자기 간의 상관(여학생 집단)

| | 1 | 2 | 3 | 4 | 5 | 6 |
|---|---|---|---|---|---|---|
| 1. 고추 섭취빈도 | | | | | | |
| 2. 심적 에너지 | .24$^{*}$ | | | | | |
| 3. 우뇌 활용성향 | .20 | .34$^{**}$ | | | | |
| 4. 좌뇌 활용성향 | .08 | .21$^{*}$ | .57$^{***}$ | | | |
| 5. 주체성 자기 | .06 | .32$^{**}$ | .36$^{**}$ | .53$^{***}$ | | |
| 6. 대상성 자기 | -.10 | -.41$^{***}$ | -.23$^{*}$ | -.19 | -.42$^{***}$ | |
| 7. 자율성 자기 | -.09 | .08 | .49$^{***}$ | .40$^{***}$ | .24$^{*}$ | -.04 |

* p 〈 .05, ** p 〈 .01, *** p 〈 .001, n = 88

다음으로 다이어트 집단과 비非 다이어트 집단으로 분리하여 분석하였다. 다이어트 집단은 남자 15명과 여자 43명으로 구성되어 있었으며, 비 다이어트 집단은 남자 41명과 여자 45명으로 구성되어 있었다. 전체 남학생 중 다이어트(체중감량)를 위해 식사제한을 하고 있는 남학생은 26.8%이고,

여학생의 경우 48.9%가 다이어트 중인 셈이다. 분석 결과, 다이어트의 조절 효과를 지지하는 결과가 나타났다.

즉, 비 다이어트 집단에서는, 남학생의 경우와 유사하게, 매운 음식을 자주 섭취하는 사람일수록 심적 에너지가 많고, 우뇌와 좌뇌의 활성도도 높고, 주체성 자기도 강한 것으로 나타났다. 한편, 다이어트 집단에서는, 여학생의 경우와 유사하게, 매운 음식의 섭취 빈도는 심적 에너지, 우뇌 및 좌뇌 활용성향 및 주체성 자기와의 통계적으로 유의미한 상관이 없었다. 즉, 매운 음식을 자주 섭취할수록 심적 에너지가 많아지고, 우뇌와 좌뇌의 활성도도 높아지고, 따라서 주체성 자기도 강해지지만, 다이어트를 하게 되면 고추 섭취의 이러한 효과가 없어지는 것으로 나타났다. 고추의 이러한 효과를 보려면 다이어트를 하지 말아야 한다는 이야기다.

### 〈표 13〉 고추 섭취빈도, 심적 에너지, 뇌 활용성향, 주체성-대상성-자율성 자기 간의 상관(비 다이어트 집단)

| | 1 | 2 | 3 | 4 | 5 | 6 |
|---|---|---|---|---|---|---|
| 1. 고추 섭취빈도 | | | | | | |
| 2. 심적 에너지 | .31** | | | | | |
| 3. 우뇌 활용성향 | .43*** | .39*** | | | | |
| 4. 좌뇌 활용성향 | .37*** | .40*** | .59*** | | | |
| 5. 주체성 자기 | .29** | .43*** | .57*** | .60*** | | |
| 6. 대상성 자기 | -.04 | -.47*** | -.24* | -.08 | -.29** | |
| 7. 자율성 자기 | .10 | .18 | .48*** | .42*** | .44*** | -.04 |

+p 〈 .10, * p 〈 .05, ** p 〈 .01, *** p 〈 .001, n = 86

〈표 14〉 고추 섭취빈도, 심적 에너지, 뇌 활용성향, 주체성-대상성-자율성 자기 간의 상관(다이어트 집단)

| | 1 | 2 | 3 | 4 | 5 | 6 |
|---|---|---|---|---|---|---|
| 1. 고추 섭취빈도 | | | | | | |
| 2. 심적 에너지 | .14 | | | | | |
| 3. 우뇌 활용성향 | .09 | .46*** | | | | |
| 4. 좌뇌 활용성향 | .03 | .43** | .65*** | | | |
| 5. 주체성 자기 | .02 | .35** | .37** | .48*** | | |
| 6. 대상성 자기 | -.12 | -.55*** | -.28* | -.35** | -.48*** | |
| 7. 자율성 자기 | -.14 | .05 | .49*** | .37** | .30* | .06 |

* $p < .05$, ** $p < .01$, *** $p < .001$, $n = 58$

그런데 왜 다이어트를 하게 되면 고추 섭취의 이러한 효과가 없어지는 것일까? 참고로 말하면 다이어트 집단과 비 다이어트 집단 간에는 매운 음식 섭취 빈도에 차이는 없었다. 개별 품목의 섭취 빈도에도 차이는 없었다. 따라서 고추 섭취량의 차이 때문이라고 보기는 어려울 것 같다. 고추에 함유된 캡사이신의 체내 에너지 대사 촉진 작용은 전반적 에너지 수준까지 상승시키는 경우와 체중감량에만 도움을 주는 경우로 나뉘는지도 모르겠다. 매운 음식 섭취 동기의 차이도 관련이 있는 것일까? 더 자세한 기제를 밝혀내려면 추가적인 연구가 필요할 것 같다.

## 우세한 우뇌 활용성향

다음으로 1, 2차 조사 자료를 통합하여 우뇌-좌뇌 활용성향과 심적 에너지 및 주체성 자기의 관계에 관해 자세히 분석하기로 하였다. 조사대상자의 합계는 265명(남자: 99명, 여자: 166명), 평균연령은 19.3세(남자: 19.7세, 여자: 19.1세)였다.

먼저 우뇌 활용성향과 좌뇌 활용성향 중 어느 쪽이 우세한지를 비교하기 위해 짝진 t 검정을 실시한 결과, 한국대학생은 좌뇌 활용성향(M = 4.28)보다 우뇌 활용성향(M = 4.51)이 강한 것으로 드러났다.

**〈표 15〉 뇌 활용성향과 심적 에너지 및 주체성-대상성-자율성 자기 간의 상관(전체)**

| | 전체 (N = 265) | | | |
|---|---|---|---|---|
| | 심적 에너지 | 주체성 자기 | 대상성 자기 | 자율성 자기 |
| 우뇌 전체 | .46*** | .52*** | -.25*** | .45*** |
| 상상 | .31*** | .39*** | -.20** | .30*** |
| 통합 | .35*** | .33*** | -.12* | .33*** |
| 변화 | .35*** | .39*** | -.23*** | .40*** |
| 호기심 | .39*** | .44*** | -.23*** | .50*** |
| 즉흥 | .21** | .35*** | -.12* | .32*** |
| 심상 | .34*** | .34*** | -.18** | .20** |
| 직관 | .39*** | .42*** | -.20** | .28*** |
| 좌뇌 전체 | .38*** | .52*** | -.20** | .37*** |
| 논리 | .35*** | .49*** | -.26*** | .34*** |
| 언어 | .39*** | .47*** | -.33*** | .28*** |
| 계열 | .21** | .27*** | -.03 | .22*** |
| 계획 | .25*** | .31*** | -.07 | .27*** |
| 규칙 | .07 | .21*** | -.10 | .09 |
| 완벽 | .26*** | .44*** | -.17** | .42*** |
| 수리 | .27*** | .28*** | -.17** | .13* |

* $p < .05$, ** $p < .01$, *** $p < .001$

심적 에너지와 뇌 활용성향: 심적 에너지와 뇌 활용성향의 하위척도들과의 상관을 분석한 결과, '좌뇌 기능에 비해 우뇌 기능은 심적 에너지와 더 밀접한 관계가 있을 것'이라는 가설은 전체적으로 지지되었고, 특히 여학생의 경우 현저하게 그러한 경향을 보였다. 즉, 전반적으로 우뇌 활용성향은 좌뇌 활용성향보다 심적 에너지의 영향을 더 받는 것으로 나타났으나, 남학생의 좌뇌 활용성향은 여학생의 경우보다 심적 에너지의 영향을 더 많이 받는 것으로 드러났다. 반대로 말하면, 여학생의 좌뇌 활용성향은 남학생의 경우보다 심적 에너지의 영향을 덜 받는 것이다. 특히 여학생의 계열성, 계획성, 규칙성(좌뇌 활용성향)은 심적 에너지의 영향을 안 받는 것으로 드러났다.

또한 여학생의 즉흥성(우뇌 활용성향)은 심적 에너지의 영향을 받지만, 남학생의 즉흥성은 심적 에너지의 영향을 안 받는다는 사실도 발견되었다.

### 〈표 16〉 뇌 활용성향과 심적 에너지 및 주체성-대상성-자율성 자기 간의 상관(남녀별)

| | 남학생 (n = 99) | | | | 여학생 (n = 166) | | | |
|---|---|---|---|---|---|---|---|---|
| | 심적 에너지 | 주체성 자기 | 대상성 자기 | 자율성 자기 | 심적 에너지 | 주체성 자기 | 대상성 자기 | 자율성 자기 |
| 우뇌 전체 | .40*** | .64*** | -.22* | .45*** | .47*** | .42*** | -.28*** | .45*** |
| 상상 | .30** | .35*** | -.01 | .28** | .30*** | .39*** | -.32*** | .30*** |
| 통합 | .29** | .22* | -.04 | .26** | .34*** | .34*** | -.21** | .37*** |
| 변화 | .34** | .55*** | -.27** | .44*** | .32*** | .23** | -.23** | .37*** |
| 호기심 | .32** | .62*** | -.20* | .56*** | .45*** | .31*** | -.25** | .46*** |
| 즉흥 | .06 | .50*** | -.12 | .27** | .31*** | .24** | -.12 | .35*** |
| 심상 | .33** | .46*** | -.26* | .14 | .34*** | .26** | -.13 | .24** |
| 직관 | .33** | .41*** | -.19 | .26** | .44*** | .42*** | -.21** | .28*** |
| 좌뇌 전체 | .48*** | .51*** | -.19 | .38*** | .27*** | .49*** | -.23** | .36*** |
| 논리 | .32** | .45*** | -.13 | .37*** | .33*** | .48*** | -.37*** | .32*** |
| 언어 | .33** | .55*** | -.27** | .38*** | .40*** | .38*** | -.39*** | .20* |
| 계열 | .33** | .27** | -.08 | .21* | .10 | .26** | -.01 | .23** |
| 계획 | .39*** | .31** | -.13 | .23* | .12 | .28*** | -.04 | .29*** |
| 규칙 | .23* | .13 | .09 | -.03 | -.07 | .25** | .10 | .16* |
| 완벽 | .31** | .49*** | -.24* | .42*** | .20** | .37*** | -.13 | .42*** |
| 수리 | .35*** | .23* | -.12 | .19 | .17* | .26** | -.21** | .08 |

* p 〈 .05, ** p 〈 .01, *** p 〈 .001

뇌 활용성향과 주체성 자기: 우뇌 활용성향의 7개 하위요소 중, 주체성 자기를 10%이상 설명하는 하위요소 7개였으나, 좌뇌 활용성향의 경우 그러한 하위요소는 논리성, 언어성, 완벽성의 3개뿐이었다.

남녀별로 분석한 결과, 남학생의 주체성 자기는 여학생의 경우보다 우뇌 활용성향의 영향을 더 받는 것으로 드러났다. 남학생은 여학생보다 특히 변화성, 호기심, 즉흥성, 심상성의 영향을 강하게 받아 주체성이 규정되는 것으로 나타났다. 따라서 '좌뇌 기능에 비해 우뇌 기능은 주체성 자기와 더 밀접한 관계가 있을 것'이라는 가설은 전체적으로 지지되었고, 특히 남학생의 경우 현저하게 그러한 경향을 보였다.

뇌 활용성향과 대상성 자기: 대상성 자기는 뇌 활용성향의 영향을 받기는 하지만, 주체성 자기에 비하면 그 영향은 약한 것으로 나타났다. 특히 즉흥성(우뇌 활용성향), 계열성, 계획성, 규칙성(좌뇌 활용성향)은 대상성 자기와 상관이 없었다. 나머지 하위요소들은 대상성 자기에 약하지만 부적 영향을 주는 것으로 보인다. 계열성, 계획성, 규칙성(좌뇌 활용성향)이 대상성 자기와 상관이 없었다는 결과는 계열성, 계획성, 규칙성이 높은 사람과 낮은 사람 사이에 대상성 자기의 차이가 없다는 뜻이다. 이번 연구는 한국인을 대상으로 한 것이지만, 신중함, 세심함, 지속력과 같은 일본인의 행동양식과 잘 맞는 정보처리 스타일인 계열성, 계획성, 규칙성은 대상성 발달을 억제하지는 않다는 것을 시사한다. 하지만 기대와는 달리 대상성 자기를 촉진하는 좌뇌 활용성향은 발견되지 않았다. 물론 이상의 결과가 일본인을 대상으로 한 연구에서도 동일하게 나타난다고 가정할 수는 없고 심적 에너지, 우뇌–좌뇌 활용성향, 주체성–대상성 자기의 관계가 일부 다를 가능성도 있다. 이를 밝히는 것은 후속 연구의 과제다.

제5장

# 주체성 – 대상성 자기 형성의 배경

**둥지에서**_ *가정적 배경*

이상적인 자녀상 | 자녀의 장래에 대한 기대 |
자기존중감과 회상된 부모의 양육행동

**전쟁터에서 살아남기**_ *갈등 외재화 사회*

빙산의 일각 | 생존전략으로서의 주체성 | 인구이동성과 공동체

**우리가 믿는 것들**_ *집단 정체성*

혈연·지연·학연 의식 | 공동체의식 | 관계주의와 집단주의 |
민족적(문화적) 정체성

# 둥지에서

——— 가정적 배경

많은 사람은 한 가족의 일원으로 태어남으로써, 가족에 의해 양육되는 대상으로서 인생을 시작한다. 인생 초기에는 주로 대상성을 발달시키지만, 성장해 가면서 서서히 주체성도 발휘하기 시작한다. 그러나 얼마만큼 대상성을 남길지, 그리고 얼마만큼 주체성을 발달시킬지는 사람에 따라 다르고 문화에 따라 다르다. 우리는 모두 다 양육의 대상이었지만, 심리적 기능 중 대상성의 많은 요소를 억압하고 주체성의 많은 요소를 개발하게 된 사람은 주체성 자기가 강한 사람이 되는 것이다.

우리는 누구나 다 자신을 양육해주는 어른들에 의존한 상태로 인생을 시작한다. 음식과 안전과 사랑을 제공해주는 사람들을 우리는 대부분 존중하고 따르게 된다. 그러나 주체성 문화에서는 아이들은 주체성을 발휘하는 주변 사람의 모습을 일상적으로 보면서 그러한 행동을 학습하게 된다. 또한 주체성 문화의 아이들은 자신을 잘 돌봐 주는 사람으로부터 지지를 받으면서 주체성을 발달시켜가도록 격려된다. 그들은 성장해가면서 자기 자신의 우월감 추구 욕구에 의거해서 행동하는 것에 대해 보상이 주어지는 것을 경험하게 된다. 그리고 주체성 발달이 가속화된다. 많은 경우 자신이

하고 싶은 것을 하는 것과 주변 사람들이 요구하는 대로 행동하는 것은 충돌된다. 그러자 그들은 자기 안의 대상성을 억압한다. 그래서 주체성 문화에서 성장한 사람은 대상성의 요소가 축소되고 주체성의 요소가 팽창한 심리적 경향성의 레퍼토리를 가지게 된다.

반대로 대상성 문화에서는 많은 경우 자기가 하고 싶은 대로 행동하는 아이들은 혼난다. 그들은 주변 사람들이 기대하는 것을 안 했을 때 야단맞는다. 그래서 그들은 자신의 주체성을 억압하는 것을 배운다. 또한 대상성 문화의 아이들은 상대의 지향성을 존중하고 규범, 의무, 기대 등에 맞게 행동하는 대상성이 강한 주변 사람들의 모습을 일상적으로 접하면서 그러한 행동을 배우게 된다. 그래서 대상성 문화에서 성장한 사람은 대상성의 요소가 팽창하고 주체성의 요소가 위축된 심리적 경향성의 레퍼토리를 가지게 된다. 한국인이 문화적 자기관으로 주체성 자기를 내면화하고 일본인이 대상성 자기를 내면화하게 된 하나의 요인으로 한국과 일본의 가정적 배경의 차이를 들 수가 있다. 즉, 양육태도의 차이 때문에 상이한 문화적 자기관이 형성된 것이라고 가정할 수 있다. 한국부모와 일본부모의 자녀양육태도를 비교한 연구들에 의하면 이상적인 자녀상, 자녀의 장래에 대한 기대, 기대되는 자녀의 학력學歷 및 칭찬과 처벌 측면에서 주체성 자기와 대상성 자기 형성과 관련이 있어 보이는 차이가 존재한다.

## 이상적인 자녀상

한국과 일본에서 취학 전 아동의 어머니들에게 "귀하는 자녀를 어떤 아동으로 키우고 싶으십니까?"라고 묻고 여러 항목 중에서 가장 가까운 항목을 하나만 선택하게 하였다.[234] 그 결과를 보면, 한국의 어머니들(1598명)이 갖는 이상적인 자녀상은, 1위 책임감이 강한 어린이(25.3%), 2위 적극적인 어린이(21.4%), 3위 예의바른 어린이(13.2%), 4위 친구가 많은 어린이(9.6%), 5위 자립하는 어린이(9.2%)의 순이었다. 한편, 일본의 어머니들(1019명)이 갖는 이상적인 자녀상은, 1위 동정심이 강한 어린이(56.8%), 2위 자립하는 어린이(10.2%), 3위 친구가 많은 어린이(10.1%), 4위 끈기 있는 어린이(3.6%), 5위 협조성이 강한 어린이(3.0%)의 순이었다.

양국에 공통적인 것은 자립하면서 친구가 많은 어린이의 모습이지만, 인간관계에서의 바람직한 모습에 있어서는 차이가 확연하게 드러났다. 약 50%의 한국 어머니들은 책임감이 강하거나 적극적인 어린이가 이상적이라고 생각하고 있는 데 반해, 과반수의 일본 어머니들은 동정심이 강한 어린이가 이상적이라고 생각하고 있는 것이다. 반대로 책임감이 강한 어린이와 적극적인 어린이를 선택한 일본 어머니는 각각 2.1%와 2.5% 밖에 없었고, 동정심이 강한 어린이를 선택한 한국 어머니도 0.1% 밖에 없었다.

한국인의 문화적 자기관은 자신을 사회적 영향력을 발휘하는 중심적 존재로 보며 자신의 지향성을 중시하는 주체성 자기subjective self이고, 일본인의 문화적 자기관은 스스로를 사회적 영향력을 수용하는 주변적 존재로 보며 상대의 지향성을 존중하는 대상성 자기objective self이다. 한국 어머니들이 이상적이라고 생각하고 있는 책임감이 강하고 적극적인 어린이는 한국인의 주체성 자기가 반영된 어린이의 모습인 데 반해, 일본 어머니들이 이상적이라고 생각하고 있는 동정심이 강한 어린이는 일본인의 대상성 자기를 투영한 어린이의 모습이다.

그런데 "동정심이 강한"에 해당되는 일본어는 "오모이야리노 아루思いやりのある"였다. 이 연구에서 사용된 설문지의 한국어판과 일본어판을 각각 확인하였다. 여기에는 약간의 문제가 있어 보인다. 한국어의 "동정심"이라는 말은 불쌍하거나 가엾은 상대에 대해 주로 쓰는 말이지만, 일본어의 "오모이야리思いやり"는 반드시 그렇지만은 않다. 좀 더 폭 넓은 상대에 대해 쓰는 말이다. "오모이야리思いやり"는 남을 헤아리는 마음 또는 배려심에 더 가깝다. 이는 상대의 지향성을 존중하는 대상성 자기와 밀접한 관련이 있는 특성이다. 만약 "동정심이 강한 어린이" 대신에 "배려심이 많은 어린이" 또는 "남을 헤아릴 줄 아는 어린이"라는 말을 썼더라면 이 항목을 선택하는 한국의 어머니들이 조금 더 있지 않았을까 하는 생각도 든다. 그러나 한국 어머니들이 "책임감이 강하고 적극적인 어린이"보다 "배려심이 많은 어린이"를 더 선호하지는 않을 것이다. 역시 "책임감이 강하고 적극적인 어린이"가 한국의 전형적인 이상적 자녀상임은 변하지 않을 것으로 생각된다.

1980년대에 행해진 조사에서도 유사한 자료가 있었다.[235] 한국의 어머니들(230명)과 일본의 어머니들(279명)이 갖는 이상적인 자녀상에 관하여 한일 간에 차이가 나는 항목들이 있었는데, 한국에서는 독립심과 자주성이 강한 어린이, 창의성이 풍부한 어린이를 드는 어머니가 일본보다 많았고, 반면 일본에서는 약속이나 정한 일은 확실히 지키는 어린이, 정조情操가 풍부한 어린이, 확실히 자기의견을 말하는 어린이를 선택한 어머니가 한국보다 많았다. 독립심, 자주성, 창의성, 자기주장성은 주체성 자기와 관련 깊은 특성들인데, 한국에서 이들 특성을 갖는 어린이상의 비율을 합하면 70.9%나 됐었지만 일본에서는 40.2% 밖에 되지 않았다. 한편, 신뢰성, 정조情操, 예의는 상대를 존중하고 공감하고 외부기원의 준거를 중시한다는 점에서 대상성 자기와 관련 깊은 특성들인데, 일본에서 이들 특성을 갖는 어린이상의 비율을 합하면 37.9%나 됐었지만 한국에서는 11.8% 밖에 되지 않았다. 당시 이 조사에서 각기 다른 이상적 자녀상을 가진 양국의 어머니들의 아이들은 초등학교 고학년이었다. 학생들은 현재 40대 중반의 성인 한국인과 일본인이 되었다.

## 자녀의 장래에 대한 기대

자녀양육에 있어 그 방향성을 의미하는 것이 이상적인 자녀상이라면 양육의 추진력을 나타내는 하나의 중요한 지표는 자녀의 장래에 대한 기대일 것이다. 이 점에서도 한일 간에 상당한 차이가 있다. 즉, 한국의 어머니들은 일본의 어머니들보다 자녀에 대한 기대가 한층 더 컸었다.[236] 한국 어머니들은 자녀가 부모 이상의 인물이 돼 주었으면 하는 사람들이 대다수였지만(68.7%), 일본의 어머니들은 자녀가 부모 이상의 인물이 돼 주었으면 좋겠다고 기대를 하는 사람들은 과반수가 되지 않았다(41.6%). 반대로 자녀가 능력에 맞는 인물만 되면 된다는 일본 어머니들은 꽤 많았지만(40.9%), 자녀가 능력에 맞는 인물만 되면 된다는 한국 어머니들은 그것보다 적었다(28.3%). 다시 말하면 한국 어머니들은 자녀가 능력에 맞는 인물만 되면 된다는 사람들(28.3%)보다 부모 이상의 인물이 돼줬으면 하는 사람들(68.7%)이 2배 이상 많았다. 그러나 일본의 어머니들은 자녀가 부모 이상의 인물이 돼줬으면 좋겠다고 크게 기대를 거는 사람들(41.6%)과 능력에 맞는 인물만 되면 된다는 사람들(40.9%)의 비율이 비슷했던 것이다.

그렇다면 한국 어머니들이 생각하는 "부모 이상의 인물"이 되기 위해서 필요한 조건은 무엇인가? 그것은 바로 학력學歷이다. 자녀의 학력에 대한 부모의 기대에 있어서도 한국 어머니들의 기대가 일본 어머니들의 기대보다 훨씬 더 컸다.[237] 즉, 1980년대에 행해진 조사에 의하면, 초등학교 고학년 아동을 가진 일본 어머니들의 경우 4년제 대학 이상의 학력을 원하는 사람은 21.4%였으나 한국 어머니들의 경우는 84.4%가 4년제 대학 이상의 학력을 원하고 있었다. 이것은 상당히 큰 차이이다. 이들 중 자녀가 대학원에까지 진학하는 것을 희망하는 일본 어머니는 0.3%에 불과했지만, 한국 어머니 중에는 그러한 사람이 29.6%나 됐었다.

그리고 자녀의 성별에 따른 차이를 살펴보면, 일본에서는 아들에게 원하는 학력 수준과 딸에게 원하는 수준에는 꽤 차이가 있었지만 한국에서는 거의 없었다. 일본 어머니들은 아들에게는 4년제 대학 이상의 학력을 원하는 사람이 상당수가 되었지만(37.2%) 딸에게 그러한 기대를 품는 사람은 거의 없었다(5.5%). 그러나 한국 어머니들은 아들에게 뿐만 아니라(87.0%) 딸에게도 4년제 대학 이상의 학력을 원하는 사람이 아주 많았다(81.3%).

1990년대에 행해진 조사에서는 4년제 대학 이상의 학력을 원하는 일본 어머니들이 좀 더 많았지만(아들: 83.9%, 딸: 42.0%), 한국 어머니의 경우는 이전과 유사한 높은 기대를 나타냈다(아들: 87.6%, 딸: 79.3%).[238]

2005년에 실시된 조사에서도 일본에 비해 한국에서 부모가 바라는 자녀의 교육의 희망 지속 기간이 더 높게 나타났다. 일본 부모는 대학 이상의 학력을 바라는 응답자는 절반 이하였다(대학까지: 45%, 대학원까지 2.1%). 하지만, 한국에서는 대학 이상 희망자의 비율은 83.5%로 일본에 비해 훨씬 높게 나타났다(대학까지: 56.2%, 대학원까지: 27.3%).

또한 일본의 부모들은 자녀교육에 있어서 아들과 딸에 차등을 두고 있었으나 한국의 부모들은 성별에 관계없이 자녀들이 높은 수준의 교육을 받기를 원했다. 즉, 일본 부모들은 아들이 4년제 대학을 진학하기를 바라는 비율은 66%이었으나 딸은 단지 38%에 그쳤다. 반면 딸이 2년제 단기대학에 가기를 원하는 부모는 20%였으나, 아들의 경우는 0%였다. 한국에서는 자녀의 성별에 별로 영향을 받지 않아서 대학까지의 경우 아들은 56.4%, 딸은 56.0%로 거의 비슷했다. 대학원 진학의 희망도 아들은 26.7%, 딸은 27.9%로 유사했다.[239)]

이상과 같은 부모의 기대는 자녀의 지각에 반영되어 있다. "부모가 나의 사회적 성공을 기대하고 있다"고 응답한 한국 고등학생이 92.8%로 높은 반면, 일본 학생들은 50.7%에 불과했다.[240)]

## 자기존중감과 회상된 부모의 양육행동

자녀양육에 관하여 이상적인 자녀상이라는 방향성과 자녀의 장래에 대한 기대로 대표되는 추진력에 있어 한일 간에 차이가 있을 뿐만 아니라 양육의 방식에도 차이가 있었다. 대학생을 대상으로 한 연구에 의하면 한국 대학생은 일본 대학생보다 칭찬받은 경험이 많았고, 야단맞은 경험보다 칭찬받은 경험이 더 많았다.[241)] 한국인의 경우는 칭찬받은 경험이 많은 사람일수록 자기존중감이 강한 것으로 나타났으나, 일본인의 경우는 칭찬받은 경험이 자기존중감에 영향을 주지 않는 것으로 드러났다.[242)] 여러 연구들을 통해 한국 대학생은 일본 대학생에 비해 자기존중감이 강한 것으로 나타났는데[243] 높은 자기존중감은 주체성 자기의 중요한 요소다.

이상과 같이 한국부모와 일본부모는 자녀양육태도에 있어 차이가 있다. 한국의 부모 중에는 자기 자녀를 책임감이 강하고 적극적이며 독립심, 자주성, 창의성이 풍부한 어린이로 키우고 싶어 하고 학력學歷이나 사회적 성공 측면에서 큰 기대를 걸고 자녀를 칭찬하는 사람이 많았다. 한편 일본의 부모 중에는 자기 자녀를 배려심이나 동정심이 많으며 약속이나 정한 일은 확실히 지키고 정조情操가 풍부한 어린이로 키우고 싶어 하고 학력學歷이나 사회적 성공 측면에서 적당한 기대를 걸고 자녀를 야단치는 사람이 많았다. 이러한 자녀양육태도의 차이는 한국과 일본의 문화적 자기관을 반영한 것일 수 있다. 물론 부모들은 주체성 자기나 대상성 자기라는 개념은 모른다. 하지만 한국문화에서 수십 년 동안 살아온 한국부모들은 한국의 문화적 자기관이 주체성 자기임을 암묵적으로 지각하고 이 자기관에 맞는 사람으로 자녀를 양육하는 것이 자녀를 위한 일이라는 심정으로 자녀양육에 임하는 지도 모른다. 일본부모들 역시 일본의 문화적 자기관이 대상성 자기임을 무의식적으로 감지하고 이 자기관에 맞는 사람으로 자녀를 키우는 것이 자녀를 위한 일이라는 마음으로 자녀양육에 임하는 지도 모른다.

다음으로 한국인의 주체성 자기와 일본인의 대상성 자기 형성의 사회문화적 배경에 대해 살펴보고자 한다.

# 전쟁터에서 살아남기

——— 갈등 외재화 사회

## 빙산의 일각

한국은 일본보다 많은 민사사건이 발생하고 있는 사회다. 최근 한국의 민사사건 건수는 증가 추세에 있으며, 2013년에는 463만 여건이 발생했다. 한편 일본의 민사사건 건수는 감소 추세에 있다. 2000년대에 들어와 절정에 달했던 2003년(351만여 건)을 거쳐 2004년까지는 300만 건대였다가 2005년에서 2010년까지는 200만 건대로 감소하였으며 2011년부터 2014년(144만여 건)까지는 다시 100만 건대로 감소하였다. 10년 만에 반감한 셈이다.

2009년의 자료를 예로 들어 좀 더 자세하게 비교하면 다음과 같다. 2009년의 민사사건은 한국 413만여 건, 일본 240만여 건으로 한국의 민사사건 건수는 일본의 약 1.7배이지만 인구 대비로 계산하면 한국의 인구 1인당 민사사건 건수(0.083)는 일본(0.019)의 약 4.3배이다.[244)]

2009년의 형사사건도 한국 197만여 건, 일본 121만여 건으로 한국의 형사사건 건수는 일본의 약 1.6배이며 인구 대비로 계산하면 한국의 인구 1인당 형사사건 건수(0.039)는 일본(0.009)의 약 4.1배다.

한국에서 일본보다 많은 형사사건이 발생하고 있는 이유 중 하나가 한국에서 나타나는 특이한 현상인 이른바 '민사사건의 형사화' 때문이다. "민사 채권자들이 채무자로부터 받을 돈을 민사소송을 통하여 받는 것은 번잡하고 별로 효과적이 아니라고 생각하여 채무자를 사기죄詐欺罪나 횡령죄橫領罪를 범했다고 고소하여 우선 구속시키려고 시도한다는 점이다. 그렇게 되면 채무자나 그 가족이 무슨 수단을 써서라도 채권자에게 변제辨濟를 하기 때문이다."[245] 많은 채권자들이 이러한 시도를 하고 있다.

이러한 사정이 있기 때문에 "한국은 고소·고발이 유달리 많은 국가로 잘 알려져 있다. 2013년 기준으로 검찰과 경찰을 합한 고소·고발 건수는 69만 9865건에 달한다. 인구 1만 명당 약 73.2건 꼴이다. 법체계가 우리와 비슷한 일본(1만 명당 약 1.3건)에 비해 60배 가까이 차이가 난다."[246]

'민사사건의 형사화' 경향이 강하다는 것은 반대로 말하면 한국 사람들이 조정과 타협에 인색하다는 것을 의미한다. "일본에서는 2008년 전체 민사 분쟁의 35% 가량이 법원 판결이 아닌 조정·화해로 처리됐지만, 한국은 전체 민사 사건의 6.5%만이 조정·화해로 종결됐다. 이 또한 대부분 재판부의 강제에 가까운 권유로 이뤄진 것으로, 처음부터 조정을 신청한 건수는 0.7%(9216건)에 불과하다."[247]

일본에 비해 한국은 경제 관련 형사사건 이외의 심각한 사건·사고도 많은 사회다. UN의 범죄조사통계Crime Trends and Operations of Criminal Justice Systems에 의하면 인구 10만 명당 살인발생건수는 한국(2012년)이 0.84명이고 일본(2013년)은 0.28명으로 한국은 일본의 약 3배다.

경찰청 통계에 의하면 2012년의 인구 10만 명당 교통사고 사망자 수는 한국은 10.8명이고 일본은 4.1명으로 한국은 일본의 약 2.5배였다. 또한

2012년의 자동차 1만 대당 교통사고 사망자 수는 한국은 2.4명이고 일본은 0.6명으로 한국은 일본의 4배였다.

## 생존전략으로서의 주체성

재산관련 분쟁으로부터 이러한 극단적인 범죄와 사고에 이르기까지 일본에 비하면 심각한 갈등에 휘말리는 가능성이 상대적으로 높은 것이 한국사회의 특징이다. 한국과 일본 간에 이러한 민형사 사건 건수에 차이가 있다면 거기까지 발전하지 않았던 크고 작은 싸움의 발생 건수에는 더 큰 차이가 있을 것이다. 수면 위로 드러난 빙산의 일각에 큰 차이가 있다면 수면 아래에 숨어있는 부분에도 더 큰 차이가 있는 법이다. 이러한 갈등이 많은 사회에서 살아가려면 강한 주체성이 요구된다. 갈등이 많은 사회에서는 강한 주체성이 매우 적응적이며 생존을 위한 필수조건이라고 해도 과언이 아니다. 상대방의 주장을 존중하고 타협점을 찾는 것도 중요하지만 심한 갈등 상황에서는 그러한 태도나 전략만으로는 효과적으로 대처하기 어려울 것이며 일방적으로 큰 손해를 볼 경우가 많을 것이다. 억울하게 당하지 않기 위해 자신의 입장을 관철시킬 수 있는 강한 주체성을 발휘해야만 하는 일이 상대적으로 많이 발생하는 곳이 한국사회다.

한국은 일본보다 갈등이 많은 사회이기 때문에 강한 주체성 자기를 형성하는 것이 문화적 과제가 된 것이다. 한편 일본은 한국보다 갈등이 적은 사회이기 때문에 강한 대상성 자기를 형성하는 것이 문화적 과제가 된 것이다. 즉, 한국인이 주체성 자기가 강한 것은 외재화된 대인적 갈등이 많은 사회에서 살고 있기 때문이며 일본인이 대상성 자기가 강한 것은 그러한 갈등이 상대적으로 적은 사회에서 살고 있기 때문이다.

## 인구이동성과 공동체

한국사회는 일본사회보다 상대적으로 공동체 기반이 약한 사회다. 전통사회를 비교해도 그렇고 현대사회도 마찬가지다. 한국에서의 갈등이 그렇게 많은 원인 중의 하나는 여기에 있다. 갈등을 방지하거나 조정하는 공동체의 기능이 약한 것이다. 상대적으로 높은 인구 이동성으로 인해 단단한 공동체가 성립하기 어렵기 때문에 일본사회에 비해 한국사회의 갈등 억제력이 약한 것이다. 공동체 기반이 보다 강한 사회에서는 갈등을 외재화시키려면 평판의 하락 등 큰 비용을 감수해야 하지만, 공동체 기반이 약한 사회에서는 갈등을 일으켜도 큰 비용을 지불하지 않고 오히려 득을 볼 수 있기 때문에 갈등 외재화의 동기는 강해진다.

우선 한국의 전통사회는 공동체 기반이 일본보다 약한 사회였다. 에도江戸 시대의 일본 농촌사회의 경우 어느 촌락에 속한 농민은 대대로 그 촌락에 붙박이로 살아가는 것이 일반적이었다. 다른 촌락으로 옮기는 일은 하층민에 한하는 예외적인 일이었다. 그렇게 사람들이 오랫동안 붙박이로 살아가니까 강한 공동체가 생겨난 것이다. 그에 비하면 한국 전통사회는 인구의 지역 간 이동성이 높은 것이 특징이었다. 흉년을 당하면 먹을 것을 찾아 처가나 친척을 찾아가는 일이 자주 있었다. 경상도에 있는 한 고을의 조선시대(18-19세기) 호적을 분석한 경제학자 이영훈 교수에 의하면, 그 고

을은 대략 400호 되는 면인데, 18세기는 농가의 평균 존속기간이 40년, 19세기가 되면 20년 정도였다고 한다. 400호 가운데 18세기 초부터 19세기 말까지 가계를 이어오는 집안은 양반마을의 종가 등 10여 호에 불과했다. 보통 농가의 경우 18세기에는 적어도 2세대가 지나면 한 번, 19세기는 자기 당대에 한 번, 다른 지방으로 이사하는 것이 보통이었던 것이다.[248]

현대 한국사회의 공동체 기반 역시 일본보다 약하다. 한국은 일 년에 전체 인구의 20%가 이동한다. 일본의 인구이동은 한국의 1/4밖에 안 된다. 급격하고 지속적인 인구이동은 공동체 기반을 약화시킨다. 인구이동성의 차이는 산업화 속도의 차이로 인한 지역 격차의 차이에 기인한다. 일본은 오랜 세월에 걸쳐 산업화가 진행되었기 때문에 격차가 벌어지긴 해도 급격하게 벌어지진 않았다. 한편 한국의 경우는 짧은 기간 동안의 압축 성장으로 인해 지역 격차가 더 심해졌던 것이다. 60년대 이후에 산업화가 본격화되면서 도시와 농촌의 격차가 벌어지는 동시에, 도시 간, 농촌 간의 지역 격차도 굉장히 벌어지게 되어 많은 사람들이 지역이동을 하게 되었다. 단적인 예로, 해방될 때는 경상도 인구와 전라도 인구가 비슷했지만 70년대를 넘어 80년대에 가면 전라도 인구가 경상도 인구의 1/3 수준밖에 안 될 만큼 줄어들었다. 많은 전라도 사람이 다른 데로 이동한 것이다.[249] 공동체 기반이 약해지면 상호감시 기능이 저하되어 갈등 억제력이 떨어질 수밖에 없다.

# 우리가 믿는 것들

——— 집단 정체성

"한국의 일반인의 머릿속에는 '자기', '내집단(지연, 혈연, 학벌 기타)'이 있고, '연장자(어른이)'가 있으며, '사회', '공공公共'이 없고, '국가'가 있으며, '협력국', '우호국'이 없고 '세계'가 있는지도 모른다."[250)]

위의 말은 한 외교관이 한국인의 사회적 표상에 대해 요약한 내용이다. 이는 한국인의 집단 정체성을 이해하기 위한 좋은 단서가 되는 견해라고 생각하는데, 이를 집단 정체성이라는 관점으로 바꾸려면 다음과 같이 세 개의 영역에 주목할 필요가 있다. 우선, 한국인의 집단 정체성은, 대인관계 특성인 강한 수직성과 심정성이 결합하여 유지되는 〈강한 혈연, 지연, 학연 의식〉을 중심으로 한 우리의식으로서 작동한다. 그 영역 내에서는 강한 수직성과 친밀한 심정성에 의거한 일정한 규범의식이 존재하지만 그 영역 밖에서는 〈낮은 공동체의식〉이 반영된 행동양식을 보인다. 하지만 이러한 우리의식은 종종 〈강한 민족적(문화적) 정체성〉으로 확대되어 나타난다. 이 영역에서는 강한 규범의식이 작동한다. 이와 대조적인 패턴을 보이는 것이 일본인의 집단 정체성이다. 일본인이 가지고 있는 집단 정체성의 특징은,

한국인에 비해 상대적으로 〈약한 혈연, 지연, 학연 의식〉, 〈높은 공동체의식〉, 〈약한 민족적(문화적) 정체성〉이다. 동양철학자 오구라도 이와 일맥상통하는 견해를 제시한 바 있다.

"한국은 큰 〈이理〉가 지배하고 있지만, 이 〈이理〉의 범위를 벗어나면, 거기에는 광대한 〈기氣〉의 필드가 방치되어 있는 사회이다. 이와 대조적으로 일본은 〈이理〉가 한없이 세분화되어 있으며, 사회의 어디에 가더라도 그 장場의 〈이理〉라는 것이 지배하고 있어서 지극히 불편하게 느껴진다."[251]

"한국에서는 〈국가리國家理〉, 〈민족리民族理〉라는 거대한 〈이理〉가 있어서 그 틀에서 벗어날 수는 없지만, 최소한 그것만을 지키면, 나머지는 풍요로운 방치된 〈기氣〉의 옥야沃野가 광활하게 펼쳐져 있다. 이와 대조적으로 일본의 경우는 국가나 민족이라는 수준의 거대한 〈이理〉라는 것은 지극히 희박해져 있지만, 그렇다고 해서 한 사람 한 사람이 자유롭다는 것은 아니다. 왜냐하면 작게 세분화된 〈이理〉가 일상의 구석구석까지 지배하고 있기 때문이다."[252]

'한국의 큰 〈이理〉' 또는 '한국의 〈국가리國家理〉〈민족리民族理〉'에 의한 지배라는 개념은 한국인의 〈강한 민족적(문화적) 정체성〉과 그 영역에서의 강한 규범의식에 해당된다. 일본의 '희박해진 거대한 〈이理〉'는 일본인의 〈약한 민족적(문화적) 정체성〉을 의미한다. 또한 한국의 〈낮은 공동체의식〉은 '광활하게 펼쳐져 있는 방치된 〈기氣〉의 옥야沃野'에 포함되며, 일본의 〈높은 공동체의식〉은 '일상의 구석구석까지 지배하는 세분화된 〈이理〉'에 포함되는 개념이다. 다음으로 집단 정체성의 세 개 영역 각각에 대해 살펴보기로 한다.

## 혈연, 지연, 학연 의식

한국인은 나와 지인 사이의 심리적 거리는 가깝지만 나와 낯선 사람 사이의 심리적 거리는 멀다. 지인과의 심리적 거리와 낯선 사람과의 심리적 거리 사이에는 큰 격차가 존재한다. 한편 일본인은 지인과의 심리적 거리와 낯선 사람과의 심리적 거리 사이에 별로 큰 차이가 없다. 한국인의 경우 나와 지인 사이에는 낮은 벽밖에 없고 나와 낯선 사람 사이에는 높은 벽이 있는 것이다. 일본인의 경우는 나와 지인 사이에도 중간 정도의 벽이 있고 나와 낯선 사람 사이에도 비슷한 정도의 아주 높지는 않은 벽이 있는 것이다.

한국인과 일본인의 신뢰 특징을 비교한 연구에서 다음과 같은 결과들이 드러났다.[253] 첫째, 한국인의 신뢰구조는 연고관계를 바탕으로 한 사적 신뢰(가족신뢰, M = 8.75; 지인신뢰, M = 6.61)와 연고단체신뢰(M = 6.84) 위주로 형성되어 있다. 한국인의 일반신뢰(일반인신뢰, M = 4.69; 낯선 사람신뢰, M = 3.75)는 이들보다 확연히 낮은 수준이다. 한편, 일본인의 신뢰구조는 기본적으로 사적신뢰(가족신뢰, M = 8.72; 지인신뢰 M = 6.01)가 일반신뢰(일반인신뢰, M = 5.97; 낯선 사람신뢰, M = 4.86)보다 높다는 점은 한국과 유사하지만, 그 차이가 한국만큼 크지 않다. 일본인의 연고단체신뢰(M = 5.86)는 한국과 달리 일반인신뢰와 유사한 수준이다.

가족신뢰는 한국과 일본 모두에서 가장 높다. 부모(한국, M = 9.02; 일

〈그림 6〉 한국인과 일본인의 신뢰 비교

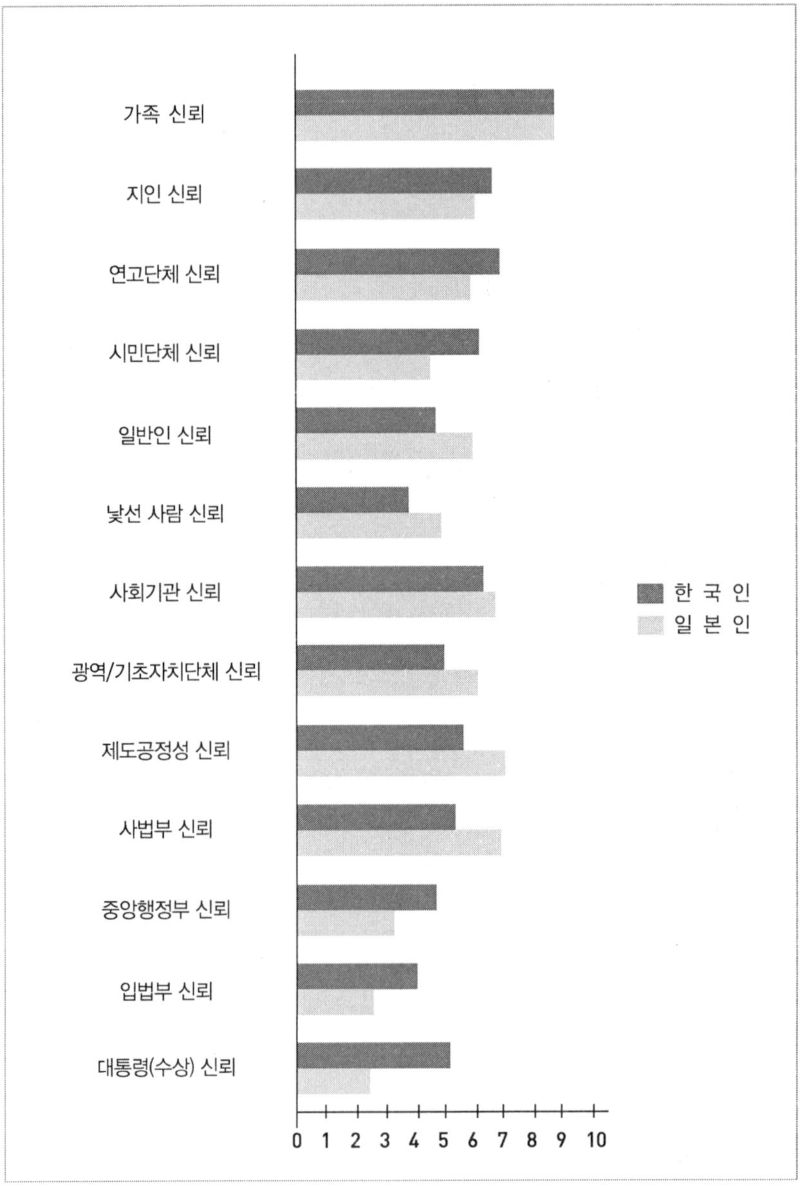

본, M = 8.91)와 자녀(한국, M = 8.90; 일본, M = 8.96)에 대한 신뢰는 한일 간에 차이가 없다. 한국은 일본보다 배우자에 대한 신뢰는 높지만 형제에 대한 신뢰는 일본보다 낮다. 한국은 배우자에 대한 신뢰(M = 8.72)가 형제에 대한 신뢰(M = 8.39)보다 높지만, 일본은 배우자에 대한 신뢰(M = 8.35)보다 형제에 대한 신뢰(M = 8.61)가 높다.

한국인은 가족을 제외한 지인(학교동창, M = 6.67; 고향동료/선후배, M = 6.32; 직장동료, M = 6.80)을 일반인보다 훨씬 더 신뢰한다. 일본인은 가족을 제외한 지인(학교동창, M = 6.97; 고향동료/선후배, M = 5.28; 직장동료, M = 6.05)에 대해 일반인과 같은 수준의 신뢰를 보인다. 아는 사람(지인)과 모르는 사람(일반인, 낯선 사람) 사이에 극단적인 신뢰 차이를 보이는 한국인과는 달리 일본인은 아는 사람(지인)과 모르는 사람(일반인, 낯선 사람) 사이에 신뢰 차이가 별반 없다.

한국인이 지인을 일반인보다 훨씬 더 신뢰하는 것은 강한 내집단 편애 경향이 존재하기 때문이다. 한국인은 보통 혈연, 지연, 학연으로 매개된 강한 우리의식을 공유하는 내집단 성원을 대할 때와 남으로 인식되는 외집단 성원을 대할 때의 태도가 확연히 다르다. 내집단 성원에게는 외집단 성원에게보다 여러모로 훨씬 더 잘 해준다. 그래서 지인을 더 믿게 되고 일반인을 덜 믿게 되는 것이다. 이러한 믿음은 살아가는 데 도움이 된다. 만약 이러한 신념이 없으면 남들에게서 피해를 볼 가능성이 크다. 일본인도 물론 내집단 편애 경향이 존재하지만 한국인보다는 약하다. 일본인은 내집단 성원을 대할 때와 외집단 성원을 대할 때의 태도가 한국인만큼 다르지 않다. 그래서 일반인도 지인만큼 신뢰한다.

한국인은 일본인에 비해 지인신뢰(특히 고향동료/선후배신뢰, 직장동료

신뢰)와 연고단체신뢰가 높다. (다만 일본인은 지인신뢰 중에서 학교동창신뢰는 한국인보다 높았다.) 한편, 일본인은 한국인보다 일반신뢰(일반인신뢰, 낯선 사람신뢰) 수준이 더 높다.

둘째, 사회제도에 대한 신뢰는 전반적으로 일본인이 한국인보다 높다. 사회기관신뢰에 있어서는 한국인(M = 6.30)은 일본인(M = 6.68)보다 낮게 나타났다(특히 기업과 학교에 대한 신뢰가 낮음; 단, 언론에 대한 신뢰는 차이 없음).

제도공정성 신뢰(경제적 성공기회, 법 집행, 교육기회, 양성평등)에 있어서도 한국인(M = 5.62)은 일본인(M = 7.02)보다 확연히 낮은 수준이었다. 한국인의 제도공정성 신뢰는 지인신뢰, 연고단체신뢰보다 낮지만, 일본인의 제도공정성 신뢰는 지인신뢰, 연고단체신뢰보다 높다. 한국이 고 신뢰사회로 분류되지 못하는 주된 이유가 여기에 있다.

한국과 일본 모두 정부신뢰가 낮은 가운데, 특히 한국은 일본보다 지방행정부(광역자치단체, 한국, M = 4.91; 일본, M = 5.84, 기초 자치단체, 한국, M = 4.92; 일본, M = 6.25)와 사법부(한국, M = 5.36; 일본, M = 6.88)에 대한 신뢰가 일본보다 낮다.

셋째, 한국인(M = 6.11)은 일본인(M = 4.49)보다 시민단체(환경단체, 여성단체, 문화, 예술단체)에 대한 신뢰는 높다.

넷째, 대통령(수상) 신뢰(한국, M = 5.16; 일본, M = 2.43)와 의회(입법부) 신뢰(한국, M = 4.05; 일본, M = 2.47) 그리고 중앙행정기관 신뢰(한국, M = 4.71; 일본, M = 3.24)는 일본인이 한국인보다 낮다.

한국인과 일본인의 신뢰구조 차이를 요약하면, 한국인은 지인신뢰(특히 고향동료/선후배신뢰, 직장동료신뢰)와 연고단체신뢰는 일본인보다 높은 반면 일반신뢰(일반인신뢰, 낯선 사람신뢰)와 대부분의 제도신뢰(사회기관신뢰, 제도공정성신뢰, 지방행정부신뢰, 사법부신뢰)는 일본인보다 낮았다. 다만, 제도신뢰 중에서 의회(입법부), 중앙행정기관신뢰, 대통령(수상)에 대한 신뢰 그리고 시민단체신뢰는 일본인보다는 높다고 할 수 있다.

## 공동체의식

사회적 규범을 비교한 연구에 의하면, '환경 미화에 관한 규범'과 '공공질서에 관한 규범'은 일본에서만 중요한 사회적 규범이었다. 구체적으로는 '타인의 얼굴을 빤히 쳐다보지 말아야 한다.', '만취해서 실태를 부리지 말아야 한다.', '공공장소에서 잡된 말을 하지 말아야 한다.', '혼잡한 버스나 지하철 안에서 다리를 쩍 벌리고 앉거나 좌석에 짐을 놓고 넓은 공간을 점유하지 말아야 한다.'등의 '공공질서에 관한 규범'과 '담배꽁초나 쓰레기를 아무데나 버리면 안 된다.', '빈 캔이나 빈 병을 아무 데나 버리면 안 된다.' 등의 '환경 미화에 관한 규범' 그리고 '약속한 시간은 지켜야 한다.'는 규범은 일본에서만 중요한 사회적 규범이었다.[254)]

사회적 규범의식은 어린 시절부터 차이가 나는 듯하다. 만 5, 6세 어린이와 그 부모를 대상으로 부모의 양육태도와 유아의 사회도덕성을 비교한 연구에 의하면, 한국 어린이는 일본 어린이에 비해 난폭한 행동은 적었으나 정직한 행동과 분여(分與)/협동 행동도 적었으며, 질서와 규칙을 덜 지키며, 덜 예의 바르며, 덜 절약하는 것으로 나타났다(담임교사의 평가).[255)]

일본인에 비해 낮은 한국인의 공중도덕의식은 한국을 좋아하는 일본인

조차도 지적하지 않을 수 없는 사항이다.

> “한국인의 낮은 공중도덕의식은 도저히 선진국의 의식이라고는 할 수 없다는 것도 사실이었다.”[256]

> “이 나라는 룰보다도 핑계가 우선한다. 그 나름대로의 이유가 있고, 그 이유를 모두가 납득하면, 룰이 있는 것조차 잊어버리는 것이다.”[257]

한국인의 낮은 공중도덕의식은, 일반인과 낯선 사람에 대한 신뢰 그리고 법집행의 공정성과 사법부에 대한 신뢰가 일본인보다 낮은 것과 관련이 있다. 우리의식을 공유하는 사람들이 없는 공간에서는 사회적 규범을 지킬 필요를 덜 느끼는 것이다. 믿을 수 없는 사람들이 많은 ‘무법지대’와 같은 곳에서 도덕을 논하는 것은 웃기는 일이라고 생각하는 사람이 한국에는 많을 것이다. 한편, 일본인은, 같은 공간을, 잘 아는 사람들만큼 믿을 수 있는 일반 사람들과 같이 살아가는 곳이고 상대적으로 더 신뢰하는 사법부가 법집행의 공정성을 유지하고 있는 공간이라고 인식하기 때문에 내집단 영역 밖에서도 공중도덕을 준수하는 것이 중요하다고 생각한다. 그곳은 시선을 의식할 필요가 없는, 전혀 관계가 없는 ‘남들’이 제멋대로 살고 있는 ‘무법지대’가 아니라 앞으로 관계를 맺게 될 수도 있는, 지인만큼 믿을 만한 사람들이 지켜보는 ‘세켄(世間; 사람들이 서로 관계를 맺으면서 생활하고 있는 공간)’인 것이다. 관계가 없는 남들이 사는 ‘무법지대’에서는 도덕에 다소 위배되더라도 자유롭게 주체성을 발휘하는 것이 생존에 유리하다. 하지만, 잠재적인 지인들이 사는 ‘세켄世間’에서는 사회적 규범을 준수하여 대상성을 발휘하는 것이 적응적인 행동이다.

## 관계주의와 집단주의

제도신뢰와 일반신뢰가 상대적으로 낮은 한국은 사람들이 혈연, 지연, 학연과 같은 자신의 사적인 관계망을 유지하고 확대하기 위해 노력하는 관계주의 문화다. 가족주의에 바탕을 두고 있는 이러한 연고주의는 사회적 역할관계를 정情의 관계로 전환시킨다. 한편 제도신뢰와 일반신뢰가 상대적으로 높은 일본에서는 공적이고 직업적인 역할관계를 중요시하며 사적이고 심정적인 인간관계의 침범을 경계한다. 따라서 사적이고 심정적인 인간관계를 지향하는 관계주의성향 문화와 주체성 자기는 일정한 관련성이 있고 공적이고 직업적인 인간관계를 지향하는 집단주의성향 문화와 대상성 자기도 어느 정도 연관이 있다.

사적이고 심정적인 인간관계 상황에서는 주체성 자기가 활성화되기 쉽다. 심정적 관계는 보다 큰 사회적 체계에서 상대적으로 독립되어 있기 때문에 각 개인이 비교적 쉽게 주체성을 발휘할 수가 있다. 고향선배, 학교선배, 친척오빠와 같은 역할로 주체성을 발휘하는 기회가 많다. 심지어 사회적 이익을 추구하는 사회적 역할관계에서는 도저히 주체가 될 수 없는 어린 아이도 때때로 또는 자주 주체가 될 수 있는 것이 친밀감을 추구하는 심정적 관계라고 할 수 있다. 상대적으로 폐쇄성이 높은 심정적 관계에서는 서로가 상대방에 대해 주체의 위치를 취하여 상당한 영향력을 자유롭게 행사할 수 있다.

한편 공적이고 직업적인 인간관계 상황에서 주로 활성화되는 것은 대상성 자기다. 상사 앞에서는 부하로서, 고객들 앞에서는 종업원으로서 대상성을 발휘하는 경우가 많다. 사회적 역할관계는 보다 큰 사회적 체계와 밀접하게 연결되어 있기 때문에 각 개인은 기본적으로 그 체계 앞에서는 대상의 위치에 있게 되며 자유로운 행동은 크게 제한되고 규정된 행동을 하게 된다. 이 상황에서는 주체성을 발휘하기가 비교적 어려워진다. 가정에서는 큰 영향력을 행사하는 중년의 여성도 많은 경우 사회적 체계에 포섭되어 있는 사회적 역할관계에서는 보다 큰 사회적 체계의 대상으로서 사회적 규범과 기대되는 역할 등에 의해 자유로운 주체성의 발휘는 상당히 제한된다.

일본인에 비해 상대적으로 〈강한 혈연, 지연, 학연 의식〉과 상대적으로 낮은 제도신뢰와 일반신뢰 및 낮은 공중도덕의식과 공적 직업의식을 포함하는 〈낮은 공동체의식〉이라는 한국인이 가지고 있는 집단 정체성의 패턴은 주체성 자기 형성을 촉진하고 대상성 자기 형성을 억제하는 요인인 것으로 생각된다. 한편 한국인에 비해 상대적으로 〈약한 혈연, 지연, 학연 의식〉과 〈높은 공동체의식〉이라는 일본인이 가지고 있는 집단 정체성의 패턴은 주체성 자기 형성을 억제하고 대상성 자기 형성을 촉진하는 요인인 것으로 보인다.

## 민족적(문화적) 정체성

일본인의 눈으로 봤을 때 한국인은 강한 민족적 정체성과 애국심을 가지고 있는 것처럼 보인다. 이는 일본인의 민족적 정체성과 애국심이 약하다고 생각하고 있기 때문에 그렇게 느끼는 것이다.

"애국심을 가지는 데 있어서도 한국이 더 뛰어나다."[258)]

"국가라는 이름 아래에서는 한국인은 결속력을 발휘한다."[259)]

"단일민족신앙은 일본보다 훨씬 더 강하다.", "문화야 말로 〈이理〉의 중핵이다.", "문화야 말로 한국인의 자존심의 원천이며, 민족정체성의 핵심이 되는 것이다."[260]

그렇다면 한국사람 스스로는 자신의 나라 한국에 대해 어떻게 생각하고 있는가? '한국'에 대한 사회적 표상은 어떤 것인가?

'한국'에 대한 사회적 표상은 정치, 경제, 사회, 문화, 사람의 다섯 가지 측면으로 나눠서 접근할 수 있다. 이들 중에서도 한국 '사회'라는 범주가 '한국'이라는 사회적 표상을 가장 잘 대표한다고 가정하고 우선 이 측면을 중심으로 살펴보겠다.

토착심리학적 시각에서 한국 학생(초, 중, 고, 대학생)과 학부모 및 교사들의 자료(조사대상은 총 1,064명과 총 1,107명)를 분석한 두 편의 연구에 의하면, 한국 사람들은 한국 사회에 대해 78.2%가 부정적인 지각을 가지고 있었다.[261][262] 한국은 보수적이고 불평등하며 빈부격차가 심한 사회, 연고주의가 강하고 이기주의가 팽배하며 부정부패가 많은 사회, 급격한 변화를 겪고 있는 불안한 사회라는 부정적인 인식이 사회 구성원들 사이에서 강하게 나타났다. 상당히 부정적인 표상이다.

그런데 한국 경제와 한국 정치에 대한 사회적 표상은 더욱 부정적이다. 한국 경제에 대해서는 응답자의 84.9%가 부정적인 지각을 가지고 있었다. 한국 경제에 대해 불안, 불경기, 구조적 문제, 불평등, 비관적이라는 이미지를 보고했다. 또한 한국 정치에 대해서는 94.5%가 부정적인 지각을 가지고 있었다. 한국 정치에 대해 정치인 자질부족, 부정부패, 파벌주의, 후진성, 불신, 변화필요성과 같은 표상들을 가지고 있었다.

## 〈표 17〉 사회문제들에 대한 중요성 인식의 변화

| | | '94 | '99 | '04 |
|---|---|---|---|---|
| 정치행정 | -정치인의 부정부패/부조리 | 66.9 | 75.3 | 67.6 |
| | -공무원 부정부패/부조리 | 44.4 | 65.3 | 49.9 |
| | -권력형 비리/부당한 관권개입 | 44.0 | 51.7 | 39.6 |
| | △국민의 정치불신 | 42.6 | 42.1 | 51.5 |
| | △정치적 무능 | 32.0 | 50.8 | 51.1 |
| | △정치불안 | 27.0 | 37.9 | 50.1 |
| 경제 | △높은 실업율 | 39.1 | 59.0 | 68.3 |
| | △취업난+ | | | 58.3 |
| | △서민생활고 | 36.3 | 44.2 | 51.3 |
| | △신용불량자+ | | | 50.5 |
| | ▼중소기업도산 | 50.4 | 38.9 | 32.8 |
| | ▼농수산물 수입개방 | 51.4 | 18.2 | 19.1 |
| 환경 | ▼환경오염 | 79.5 | 75.1 | 66.6 |
| | ▼식수오염 | 60.8 | 45.5 | 36.1 |
| | ▼산업폐기물/공장폐수처리 | 60.7 | 43.7 | 32.3 |
| | ▼대기오염 | 56.0 | 42.2 | 38.6 |
| 교육 | -입시위주교육 | 60.7 | 59.2 | 61.4 |
| | -지방대출신 취업난 | 49.7 | 49.8 | 50.3 |
| | -교육의 창의력/사고력 개선 | 49.7 | 45.6 | 47.2 |
| | -대학입시지옥 | 49.6 | 37.3 | 47.2 |
| 청소년 | ▼집단따돌림/왕따+ | | 56.9 | 35.0 |
| | ▼청소년 가치혼란 | 51.3 | 43.9 | 36.5 |
| 교통 | ▼교통체증/교통난/낮은 도로율 | 62.0 | 41.6 | 41.4 |
| 치안범죄 | ▼성범죄증가/여성치안부재 | 57.0 | 42.8 | 46.2 |
| | ▼강력범죄/흉악화 | 50.2 | 33.3 | 38.9 |
| 사치풍조 | ▼부유층과소비 | 52.6 | 46.8 | 34.1 |

+표시는 각 시점에서 새로 추가된 항목
△ 증가 추세, – 동수준 유지, ▼ 감소 추세

한국 정치와 경제에 대한 이러한 부정적 시각은 최근에 와서 더 악화된 것이다. 사회문제에 대한 한국인의 인식을 지난 10년 동안 세 시점(1994년, 1999년, 2004년)에서 비교한 연구에 의하면 사회문제에 대한 표상에 중요한 변화가 생긴 것을 알 수 있다.[263] 환경, 청소년, 교통, 치안, 사치풍조 영역에 속하는 항목들은 중요도 인식이 감소 추세를 보이고 있는 것과 대조적으로 정치행정과 경제 영역에 속하는 항목들은 중요도 인식이 증가 추세에 있다.

정치행정 영역에 속하는 항목 중 정치인과 공무원의 부정부패는 여전히 높은 수준을 유지하고 있으며, 국민의 정치불신, 정치적 무능, 정치불안과 경제 영역에 속하는 높은 실업률, 취업난, 서민생활고, 신용불량자가 사회문제로서 중요하다는 인식이 최근 10년 사이에 고조되었다.

한국 사람들이 가지고 있는 한국 사회, 경제, 정치에 대한 위와 같은 부정적 인식이 한국인의 낮은 제도신뢰와 일반신뢰를 초래한다. 한국인의 사회기관신뢰, 제도공정성신뢰, 지방행정부신뢰, 사법부신뢰, 일반인신뢰, 낯선 사람신뢰가 일본인보다 낮은 것은 한국인의 한국 사회, 경제, 정치에 대한 인식이 지극히 부정적이기 때문이다. 부정적 사회적 표상은 낮은 일반신뢰와 제도신뢰를 초래하여 낮은 공중도덕의식을 배태한다.

사회문제에 대한 부정적 인식은 사회불안에도 이어진다. 사회불안에 관한 연구에 의하면 한국 사회를 예측할 수 없고, 통제할 수 없으며, 상위계층으로 이동할 수 없고, 불공정하며, 불확실하고, 믿을 수 없고, 개혁의 성공가능성은 낮다고 지각하는 사람일수록 사회적 불안 수준이 높았다. 사람들은 한국 사회의 불안을 야기하는 여러 가지 사회적 사건 또는 현상 중

취업난(실업), 경제불황, 빈부격차의 확대 등의 경제적인 요인과 개인정보의 유출로 인한 범죄의 증가가 가장 많이 걱정된다고 응답하였다. 한국 사회에서 가장 시급히 해결해야 할 문제로 지적된 것은 경제적 불안이 가장 많았으며, 원하는 한국사회도 경제적으로 안정된 사회가 가장 많았다.[264]

사회적 불안은 개인의 심리적 적응에 영향을 미친다. 사회적 불안을 더 많이 느끼는 사람들이 적게 느끼는 사람들에 비해 걱정증상과 신경증 수준이 높았고 삶의 만족도와 심리적 안녕감 수준은 낮았다.[265]

어린애나 외국인이 아니면 이런 결과에 놀랄 사람은 별로 많지 않을 것이다. 대다수의 국민들이 거의 같은 생각을 가지고 있기 때문이다. 그러나 한국에 온 지 20년이 된 외국인인 나에겐 꽤 놀라운 결과였다. 나는 한국 사회와 경제, 정치에 대해 그렇게까지 부정적 이미지를 가지고 있지 않았기 때문이다. 내 인식이 왜곡되어 있던 것인가? 20년이나 한국에 있으면서 제대로 한국을 보지 못 했던 것인가?

그런데 더 놀라운 것은 한국 사람들이 한국 사회, 경제, 정치에 대해 그렇게 부정적 인식을 가지고 있으면서도 한국 사회가 발전가능성이 있다고 인식하고 있는 점이다.[266] 도대체 어디서 희망을 찾을 수 있단 말인가? 한국 사회나 정치, 경제에 대해서는 상당히 부정적이면서 동시에 어떻게 한국 '사람'에게서 희망을 찾을 수 있다는 것인가? 그런데 꼭 그렇게 생각하고 있는 것 같지는 않다. 한국 사람에 대해서도 부정적 인식이 상대적으로 많았다. 부정적 지각이 58.6%, 긍정적 지각이 41.4%였다. 한국 사람들은 체면을 중시하고, 권력지향적이며, 조급하고 감정적이며, 도덕성이 결여되어 있고 이기적일 뿐만 아니라, 배타적 우월주의가 강하다고 생각하고 있다. 그러나 동시에 한국 사람은 정이 많으며 착하고 협동심이 있으며 근면 성실하다는 점에서는 긍정적으로 평가하기도 하였다. 희망이 전혀 보이지 않는 것은 아니지만 한국 사회, 한국 경제, 한국 정치에 대한 부정적인 이미지를 만회하고 한국 사회가 발전가능성이 있다고 생각하는 근거로서는 좀 역부족으로 보인다.

그렇다면 한국 '문화'에 대한 표상은 어떠한가? 그렇다. 여기에 희망이 있었다! 한국 문화에 대해서는 긍정적 지각이 54.3%, 부정적 지각이 45.7%였다. 긍정적 지각이 부정적 지각보다 우세했다. 한국 문화는 보수주의, 문화사대주의, 주체성 상실, 자긍심 부족이라는 점에서는 부정적이지만 그것을 능가하는 아름다움, 오랜 전통, 자부심, 독창성이라는 긍정적인 특성들을 충분히 가지고 있다고 인식하고 있는 것이다.

20여 년 전 광화문 앞의 해태 상을 지나갈 때 어떤 대학원 선배가 한국의 독특하고 우수한 문화에 대해 설명해준 적이 있었다. 설명 중 한국은 '반 만 년의 역사'를 가지고 있다는 말을 들었을 때 처음에는 순간적으로 잘 알아듣지 못했던 기억이 난다. '반 만 년?' 오천 년이라고 하면 쉽게 이해했을 텐데 말이다. 일본 역사가 오천년보다 훨씬 짧지만 만약 오천년 역사가 있더라도 '반 만 년의 역사'라고는 표현하지 않았을 것이다. 아름답고 오랜 전통이 있는 독창적인 한국문화에 대한 강한 자부심, 그리고 정이 많고 협동심이 있으며 근면 성실한 한국사람. 그래서 한국은 문제가 많지만 발전가능성이 높은 나라라고 보는 게 아닐까.

한국사회, 한국정치, 한국경제 그리고 한국 사람에 대한 부정적 인식에도 불구하고 한국인이 강한 민족적(문화적) 정체성을 가지고 있다면, 그 배경에는 역사적 경험이 존재하며, 일상적인 교육과 종종 일어나는 국가주의적 행동을 통해 민족적(문화적) 정체성이 반복적으로 강화되어 있기 때문이라고 추론할 수 있다.

"망국의 민족으로서의 기억이 심적 외상으로 존재하기 때문이다."[267]

"물론 이러한 자국중심주의, 배타주의는, 역사적으로 이웃의 타국으로부터 침략당하고, 오랜 동안 복속의 예를 강요받기도 하고, 식민지 통치를 받아온 민족의 역사에 심리적으로 유래하는 것이라고 이해할 수 없는 것은 아니다."[268]

"일본에는 아이들에게 역사를 체계적으로 가르칠 수 있는 시설이 별로 없지만, 한국에는 독립기념관, 서대문 형무소 역사관, 전쟁기념관과 같은 국가의 역사를 체계적으로 체험하고, 가르칠 수 있는 시설이 있으며, 이는 '반일', '반공', '민족주의'와 같은 이념에 의거한 민족 또는 국민의 기억 장치이자 국가주의 형성의 장이 되어 있다."[269]

"모든 한국인이 하나가 되어 국가를 찬미할 수 있는 것에 대한 상쾌감이 틀림없이 있었다."[270]

그러나 이상과 같은 인상에도 불구하고 대학생을 대상으로 한 연구에서는 한국인과 일본인 간에 민족적 정체성 수준의 차이는 없는 것으로 나타났다.[271] 민족적 정체성 수준을 자기 평가한 이 결과가 타당하다고 가정한다면, 일본인에게 "한국인은 강한 민족적 정체성을 가지고 있다."는 인상을 심어준 한국인의 행동들은 어떻게 해석하면 되는 것일까?

첫 번째 가능성은 이렇다. 실제로는 민족적 정체성 수준에 차이가 없지만, 표현방식의 차이로 인해 겉으로 보기에 한국인이 더 강한 민족적 정체성을 가지고 있는 것처럼 보이는지도 모른다. 주체성을 발달시킨 한국인의 자기통제 양식은 보다 자기 현시적이고, 대상성을 발달시킨 일본인의 자기통제 양식은 보다 억제적이다. 대상에게 영향을 줄 수 있는 주체로서의 자각이 강하면 자신의 민족적 정체성도 솔직하게 표현할 수 있으나, 영향을 수용하는 대상으로서의 자각이 강하면 상대방의 지향성을 고려하여 민족적 정체성에 대해서도 신중한 자기표현을 하게 되는 것이다. 그래서 같은 정도의 민족적 정체성을 가지고 있음에도 불구하고 표현방식의 차이 때문에 한국인은 강한 민족적 자부심을 가지고 있는 것처럼 보이고 일본인은 민족적 자부심이 더 약한 것처럼 보이는지도 모른다.

두 번째는 민족적 정체성의 질적 차이 때문에 같은 수준의 민족적 정체성이 다른 행동으로 나타난다는 가능성도 있다. 한국인의 민족적 정체성은 국제관계 차원의 주체성을 반영한 문화적 정체성인데 반해, 일본인의 민족적 정체성은 국제관계 차원의 대상성을 반영한 문화적 정체성일 수가 있다.

일본인의 문화적 정체성에 대상성이 반영되어 있다는 말은 일본이라는 국명의 의미, 일본어 문자 체계의 구성, 일본의 국가國歌 등을 살펴보면 이해할 수 있을 것이다. 다음은 사상가 우치다가 지적한 일본문화의 변경邊境성[272)]에 관한 내용에 대해 대상성의 관점에서 해석해본 것이다. 지정학적 개념인 변경성과 심리학적 개념인 대상성은 밀접한 관련이 있다.

우선 일본이란 '일日의 본本', 즉 '해가 뜨는 곳'이라는 의미인데, 이것은 '어떤 곳에서 볼 때 동쪽에 위치하는 곳'을 뜻한다. 어떤 곳이란 물론 중국이다. 일본이라는 나라 이름을 정한 사람은 아마 일본의 위정자였을 테니 그들은 일본 내에서는 주체성이 강한 권력자(들)이었겠지만 국제관계에서는 화이華夷 질서의 세계관을 내면화하여 중국이 세계의 중심에 있고 자신들은 세계의 끄트머리에 있다는 문화적 정체성을 가지고 있었던 것으로 생각된다. 바꿔 말하면 주체인 중국의 입장에서 대상인 자신을 바라보고 국호를 정한 셈이다. '일본'이라는 나라 이름은 그 뜻을 잘 생각해보면, 에도막부 말기의 국수주의자 사토 다다미츠가 일본의 속국屬國성을 드러내는 국욕國辱의 호칭이니 버려야 한다고 주장했을 정도로 주체성이 없는 국명인 것이다.

다음으로 일본어 문자 체계에도 일본문화의 변경邊境성이 드러나 있다. 일본어 문자 체계는 한자와 가나(히라가나와 가타카나)로 구성되어 있는데, 토착적인 개념이나 감정을 표기할 때 사용하는 가나는 외래 문자인 한자를 변형시키거나(히라가나) 한자의 일부 획을 따서(가타카나) 만든 것이다. 그런데 토착의 언어를 표기하는 글자는 '가나假名'라고 불렀고 외래의 개념을 표기하는 한자는 '마나眞名'라고 불렀다. 외래의 문자가 들어왔을 때 그것이 '참됨', 즉 '정통'의 자리를 차지했고, 본래 있었던 음성언어는 '거짓', 즉 '잠정적' 자리에 놓였던 것이다. 일본인은 외래적인 것에 정통의 지위를 양보하고 토착적인 것이 예속적 지위를 감수하게 되는 이러한 태도를 되풀이 해왔다. 후발자의 입장에서 외래의 신지식을 귀하게 여기고 모방하고자 하는 태도는 대상성의 핵심적인 특징이다.

한편, 현재 한국에서는 한국어를 적을 때 한자를 쓰지 않고 한글만을 쓰는 것이 일반적이다. 외래 문자인 한자의 사용을 제한하고 독자적으로 개발한 고유문자 한글만을 사용한다는 태도는 강한 주체성을 반영한 한국인의 문화적 정체성에서 유래하는 태도로 보인다. 다른 언어를 쓰고 있는, 문자가 없는 소수민족들에게 한글을 표기 문자로서 수출하고자 하는 시도들도 있다. 선행자의 입장에서 다른 민족을 영도하고자 하는 발상은 주체성의 핵심적인 표현방식이다.

일본의 국가國歌 '기미가요君が代'는 19세기말에 외교의례 상의 필요성에 의해 제정된 것이다. 즉, 구미 각국에는 모두 국가가 있으며 외교의례 시에 군악대가 연주하는데, 일본만 없으면 모양새가 좋지 않으니 그러한 국제사회의 표준에 맞추기 위해 일본도 국가를 만든 것이다. 국가적 정체성을 표상하는 국가國歌가 외부의 시선을 강하게 의식함으로써 만들어진 것이다.

'기미가요君が代'의 가사는 10세기 초에 천황의 명령으로 편찬된 일본의 전통 시가집인 《고금와카집古今和歌集》에 수록되어 있던 시를 한 수 골랐다. 이것은 존경하고 사랑하는 사람의 장수와 평화를 기원한다는 내용의 시이며, 옛날부터 혼례 등의 축하연에서 서민들에 의해 널리 불려 왔던 것이다. 이 가사에 최초로 붙인 곡은 국가國歌의 필요성을 일본인에게 충고한 영국의 군악대장 존 윌리엄 펜튼이 작곡한 서양풍의 곡이었으나, 궁내성宮內省 아악부의 음악인이 선율을 일본 정서에 맞게끔 다시 작곡하고, 군악대 양성을 담당하던 독일인 프란츠 에케르트가 서양식 화음을 붙여 최종적인 형태로 만들었다.

'군주의 치세는 천 대에서 팔천 대까지 작은 조약돌이 큰 바위가 되어 이끼가 낄 때까지君が代は 千代に 八千代に さざれ石の 巖となりて 苔の生すまで'라는 일본의 국가를 부르면 가사의 내용과 곡의 선율로 인해 엄숙한 심정이 환기된다. 이 심정은 일본국 및 일본 국민 통합의 상징인 천황을 소중히 받들고자 하는 경건한 마음과 관련이 있다. '기미가요君が代'를 부르면 천황의 치세 또는 일본이라는 나라의 장구한 번영과 평화를 기원한다는 국가적 차원의

대상성만을 확인하게 된다. 왜냐하면 다른 많은 나라들의 국가와 달리 적대하는 세력과 맞서 주권이나 독립을 쟁취한 주체인 국민들의 모습이 가사에 등장하지 않기 때문이다.

한편, 한국의 국가國歌인 애국가는 하느님과 나라에 대한 대상성도 물론 표현되어 있지만, 일편단심으로 나라를 사랑하겠다는 국민의 높은 기백과 주체성이 느껴지는 가사와 선율이다. 가사에 적대 세력에 대한 명시적인 언급은 없지만 한국 사람들이 항일 독립운동 시절부터 애국가를 불러왔다는 것을 감안하면 분명히 국가적 차원의 주체성을 환기시키는 기능을 담당해 왔을 것이다. 한국 사람들에게 애국가는 위기에 처한 국가적 차원의 주체성을 회복하기 위한 애절한 마음과 힘의 원천이었을 것이다.

# 주석

1) 西野美佐子 (1994). 悪口ことばの発達的研究. *日本教育心理学会総会発表論文集,* 36, 242.
2) 이동민 (2012). 청소년 욕설 사용 실태와 개선 방안. 화법연구, 20, 171-204.
3) 소재희 (2011). 청소년의 욕설사용과 자아개념 및 충동성 분석. 청소년문화포럼, 26, 91-122.
4) メイナード・K・泉子 (1993). 会話分析. くろしお出版.
5) 濱元貴範，鈴木洋太，神田智子 (2011). 対話エージェントによるうなずきの日米文化間比較. 研究会報告 ヒューマンコンピュータ インタラクション(HCI), 2011-HCI-144 (10), 1-8.
6) 宮崎幸江 (2003).「聞き手の行動」をどう教えるか: サマーコース中級クラスでの指導例. ICU日本語教育研究センター紀要, 12, 45-62.
7) 任榮哲, 李先敏 (1995). あいづち行動における價値觀の韓日比較. 世界の日本語教育.日本語教育論集(国際交流基金日本語國際センター), 5, 239-251.
8) 姜昌妊 (2001). 日韓男女のあいづちの対照研究. 武庫川女子大学言語文化研究所年報, 13, 45-60.
9) 任榮哲, 李先敏 (1995). あいづち行動における價値觀の韓日比較. 世界の日本語教育. 日本語教育論集(国際交流基金日本語國際センター), 5, 239-251.
10) 李善雅 (2001). 議論の場におけるあいづち: 日本語母語話者と韓国人学習者の相違. 世界の日本語教育. 日本語教育論集(国際交流基金日本語國際センター), 11, 139-152.
11) 松崎千香子 (2005). 日本語母語話者と韓国語を母語とする学習者の日本語の同意を示すあいづち: ディスカッションにおけるあいづち使用の比較. 甲南女子大学研究紀要(文学・文化編), 41, 9-15.
12) 斉藤明美 (2005). ことばと文化の日韓比較ー相互理解をめざして. 世界思想社.
13) 宮崎幸江 (2003).「聞き手の行動」をどう教えるか: サマーコース中級クラスでの指導例. ICU日本語教育研究センター紀要, 12, 45-62.

14) 斉藤明美 (2005). ことばと文化の日韓比較─相互理解をめざして. 世界思想社

15) 예를 들어 문화심리학자인 마카스와 기타야마는 개인의 심리적 과정을 좌우하는 중심적 자원으로서 문화적으로 공유된 자기관에 주목했다. 문화적 자기관은 두 개의 전형적인 자기관, 즉 구미문화, 그 중에서도 특히 북미 중산 계층에서 우세한 '상호독립적 자기관(independent self-construal)'과 일본을 포함한 동양문화에서 우세한 '상호협조적 자기관(interdependent self-construal)'으로 구별된다. 서구, 특히 북미 중류 계급의 문화는, 자기란 타인으로부터 분리된 것이라는 신념(상호독립적 자기관)에 의거하고 있다. 이러한 문화에 적응하여 제 몫을 하는 '사람'이 되고 인정받기 위한 필수조건은 자기 자신 속에 자랑할 만한 속성을 발견하여 그것을 밖으로 표현함으로써 자기실현을 도모하고, 그러한 속성의 존재를 스스로 확증하는 것이다. 이에 비해 일본을 포함한 동양의 문화에서는, 자기는 타인과 근원적으로 결합되어 있다는 신념(상호협조적 자기관)을 전제로 하고 있다. 이러한 문화에 적응하여 제 몫을 하는 '사람'이 되고 인정받기 위한 필수조건은 의미 있는 사회적 관계에 소속하여 그 속에서 자기에게 알맞은 위치를 차지하고 타인과 상호의존적, 협조적 관계를 유지함으로써 자기의 사회적 존재를 확인하여, 타인과의 관계 속에서의 자기실현을 도모하는 것이다.

한국의 문화심리학자 최상진은 서구의 self에 해당되는 한국말은 없으며, 서구의 self와 기능면에서 유사한 한국의 개념을 구성해 본다면 '나의 마음(my mind)'으로 구성할 수 있다고 주장했다. 서구의 'I'는 entity로서의 self로 규정되고 한국인의 '나'는 심리적 존재나 상태로서의 '마음'으로 구성된다. 즉, 서구인의 자기는 '준거적 물성-자기(Referential Entity-Self)'라 한다면 한국인의 자기는 '추론적 마음-자기(Inferential Mind-Self)'라고 명명할 수 있다는 것이다. 서구인의 자기인 '준거적 물성-자기'는 다양한 요소들이 전체적이며 통합적 형태로 자명한 구조물처럼 구성되는 것이어서 대상과 상황을 초월한 안정성이 있고, 자신의 생각이나 행동에 대한 반성적 평가에서 믿을만한 참조(reference)의 대상 및 잣대로 이용될 수 있다. 한편 한국인의 자기인 '추론적 마음-자기'는 자신의 행동과 생각에 내재된 대표적이고 공통적인 성향특성을 추론을 통해 믿음의 형태로 추출되는 것이어서 대상과 상황에 따라 맥락적으로 규정되고 가변성이 높으며, 자신의 생각과 행동을 참조하는 준거기준으로서의 기능도 서구의 self의 경우처럼 강하지 않다. 한국 사람들은 상황에 따라 언행을 달리하는 경우가 많고, 자기 아닌 자기를 나타내 보일 때가 많지만 이러한 현상을 상대나 제3자가 인식하더라도 위선자나 거짓말쟁이로 평가절하하지 않는데, 이것은 한국 사람들이 위와 같이 상황에 따라 높은 가변성을 보이는 '추론적 마음-자기'를 사회적 표상으로서 공유하고 있기 때문에 가능한 것이다.

사회심리학자인 조긍호는 유학의 배경이 강한 집단주의 문화 속에서 살고 있는 한국인의 심성과 행동의 특징을 이해하기 위한 다음과 같은 개념틀을 제시하였다. 한국과 같은 집단주의 문화권에서는 사람들 사이의 관계 또는 이러한 관계의 원형인 가족과 같은 일차 집단이 사회구성의 기본 단위라고 보기 때문에, 상황의존적.관계중심적인 인간관을 가지게 되어 연계성.자기억제. 가변성을 강조하게 되는데, 개인주의 문화권에서는 독립적이고 자율적인 개인이 사회구성의 기본 단위라고 보기 때문에, 상황유리적. 개인중심적인 인간관을 가지게 되어 자율성.자기표현. 안정성을 강조하게 된다는 것이다.

이상과 같은 대표적인 문화심리학적 성격이론들의 공통적인 특징으로서 다음과 같은 세 가지 점들을 지적할 수 있다. 첫째, 연구자들이 문화적 성격구조의 핵심으로서 사회적 관계를 중심으로 한 인간관의 차이에 주목하여 설명하고 있다는 점이다. 많은 경우 자기와 타자 간의 분리나 연결에 관한, 문화적으로 공유된 가정을 의미하는 자기관이 심리적 과정과 행동의 다양한 문화적 차이를 설명하는 기본적 틀로서 상정되어 있다. 여기서 자기관은 보통 복합적인 군집으로서의 자기가 아니라 포괄적인 전체로서의 자기(self)를 의미하고 있다.

둘째, 문화 내의 동질성을 가정하거나 문화 내에서 대표적이고 전형적인 성격의 존재를 가정한다는 점이다. 물론 대부분의 연구자들은 특정한 자기관이 우세한 하나의 문화 내에서도 비전형적인 자기관이 우세한 하위집단이나 개인이 존재한다는 것을 시사하고는 있지만, 한 문화의 본질을 대표하는 성격 유형을 고찰하는 것이 중요하다고 보고 있다.

셋째, 대부분의 이론들이 서양인과의 대비를 통해 한국인이나 일본인의 문화적 특징을 나타내려고 했다는 점이다. 문화심리학자가 한국인(또는 일본인)의 특징을 밝히기 위해서는 당연히 다른 문화나 사회에 속한 사람과의 차이를 보여줘야 한다. 다른 문화에 속한 사람과의 차이를 보여주지 못한다면 한국인다움(또는 일본인다움)도 나타낼 수 없는 것이다. 하지만 기존의 문화심리학적 성격이론이 비교를 시도하는 대상은 대부분 서구인이었고 미국인이었다. 따라서 서양 사람과의 대비가 한국인이나 일본인을 인식하기 위한 기본적인 틀이 되어왔다고 할 수 있다. 이 세 번째의 특징에 문제의 소지가 있다.

위에서 살펴본 대표적인 문화심리학적 성격이론들은, 한국인을 이해하기 위해 한국인이 제시한 이론을 일본인이 읽어도, 역으로 일본인이 일본인을 모델로 제시한 이론을 한국인이 읽어도 자기 자신 또는 자기 나라 사람을 묘사한 것으로 착각할 정도로 공통적으로 수긍이 가는 이론들로 보인다. 그 이유는 비교 대상이 서구인 내지 미국인이기 때문에 같은 동양인으로서 한국 사람과 일본 사람의 유사성만이 부각되었다는 점에 있다. 동양인과 서양인이라는 인식 틀에 의거하여 바라보게 되면 같은 동양문화권에 속한 한국인과 일본인의 공통점이 조명되는 것은 당연한 일일 것이다. 그런데 이러한 성격이론들은, 비서구인을 서구인과 대등한 위치에 올려놓고 비서구인의 심리와 행동을 밝히는 데 아무리 큰 공헌을 하였다고 해도, 같은 동양문화권에 속한 여러 나라 사람을 잘 변별하지 못한다는 점에서 한계를 가지고 있다고 생각한다. 따라서 최근 한일 간의 문화적 교류가 활발해지면서 서로가 느끼고 있는 국민성의 여러 가지 차이점들을 정리하거나 해석하는 새로운 문화심리학적 개념틀이 필요하며, 한일 간의 공통점을 부각시킨 기존 이론들을 그 틀로 보완할 때 보다 깊은 이해가 가능해질 것이다.

16) 이러한 입장에 대해 역사나 지역, 성별이나 계층을 초월한 일반적인 한국인이나 일본인에 대

해 논하는 것은 과도한 단순화라고 비판할 수도 있을 것이다. 그러나 역사와 지역, 성별과 계층을 특정한 한국인 내지 일본인의 하위집합을 생각해도 여전히 상당한 분산(개인차)이 존재할 것이고, 수십 가지의 하위 집단으로 나눠서 이론화하는 것은 필요한 일일지는 몰라도 현실적으로 어렵다고 생각된다. 이 책에서는 기존 이론들을 한 단계만 더 세분화시키는 것으로 만족하기로 하였다. 실증적 자료 분석에 바탕을 두고 상상력을 발휘할 때 얻을 수 있는 한 민족에 대한 전체상(全體像)도 얻기 어려운 또 하나의 학문적 소산이다. 이 점을 인정하지 않고서는 해석과 상상력에 의거한 질적인 연구는 성립할 도리가 없다. 이 책에서는 이런 입장에서 한일비교 성격이론을 구성하고자 하였다.

17) Markus, H., & Kitayama, S. (1991). Culture and self: implications for cognition, emotion, and motivation. Psychological Review, 98, 224-253.

18) 이누미야 요시유키 (2004). 한일 비교 성격론. 인본연구, 11, 101-124.

19) 이누미야 요시유키, 김윤주 (2006). 긍정적 환상의 한일비교: 주체성 자기와 대상성 자기에 의한 설명. 한국심리학회지: 사회 및 성격, 20(4), 19-34.

20) 이누미야 요시유키, 한민, 이다인, 이주희, 김소혜 (2007). 주체성-대상성-자율성 자기 척도의 개발. 한국심리학회지: 사회 및 성격, 21(2), 17-34.

21) 이누미야 요시유키 (2009). 주체성-대상성 자기와 긍정적 환상의 관계에 관한 한일비교 연구. 한국심리학회지: 일반, 28(1), 115-146.

22) 한민, 이누미야 요시유키, 김소혜, 장웨이 (2009). 새로운 문화-자기관 이론의 국가 간 비교연구. 한국심리학회지: 일반, 28(1), 139-159.

23) 한민 (2013). 사회비교와 행복의 관계에서 문화적 자기관의 역할. 한국심리학회지: 문화 및 사회문제, 19(4), 577-597.

24) 허태균 (2012). 한국인의 특성 연구보고서. 고려대학교 심리학과.

25) 조선영, 이누미야 요시유키, 한성열, 木村裕 (2005). 한일대학생의 대인불안 규정요인의 비교: 공적자기의식, 자아존중감, 정을 중심으로. 한국심리학회지: 사회 및 성격, 19(1), 1-12.

26) 조선영, 이누미야 요시유키, 김재신, 최일호 (2005). 한국과 일본에서 상호독립적-상호협조적 자기관이 대인불안에 미치는 영향: 자아존중감과 공적자기의식의 매개효과를 중심으로. 한국심리학회지: 사회 및 성격, 19(4), 49-60.

27) Festinger, L. (1954). A theory of social comparison processes. Human Relations, 7(2), 117-140.

28) 한민 (2013). 사회비교와 행복의 관계에서 문화적 자기관의 역할. 한국심리학회지: 문화 및 사회문제, 19(4), 577-597.

29) 齊藤勇, 金永権, 荻野七重 (1999). 社会的欲求の日韓比較文化心理学的研究. 立正大学人文科学研究所年報, 36, 1-13.

30) 조선영, 이누미야 요시유키, 김재신, 최일호 (2005). 한국과 일본에서 상호독립적-상호협조적

자기관이 대인불안에 미치는 영향: 자아존중감과 공적자기의식의 매개효과를 중심으로. 한국심리학회지: 사회 및 성격, 19(4), 49-60.

31) 高田利武, 大本美千惠, 清家美紀 (1996). 相互獨立的-相互協調的自己觀尺度(改訂版)の 作成. 奈良大學紀要, 24, 157-173.

32) 이누미야 요시유키, 최일호, 윤덕환, 서동효, 한성열 (1999). 비현실적 낙관성(unrealistic optimism) 경향에 있어서의 비교 문화 연구: 상호독립적-상호협조적 자기관과의 관계를 중심으로. 한국심리학회지: 사회 및 성격, 13(1), 183-201.

33) 조선영, 이누미야 요시유키, 김재신, 최일호 (2005). 한국과 일본에서 상호독립적-상호협조적 자기관이 대인불안에 미치는 영향: 자아존중감과 공적자기의식의 매개효과를 중심으로. 한국심리학회지: 사회 및 성격, 19(4), 49-60.

34) 장수지 (2010). 대인 간 갈등해결전략에 대한 비교문화 연구: 한국, 일본, 미국 대학생을 대상으로. 한국심리학회지: 사회 및 성격, 24(4), 1-17.

35) Horney, K. (1945). Our inner conflicts: A constructive theory of neurosis. New York: Norton.

36) Fromm, E. (1947). Man for himself : An inquiry into the psychology of ethics. N. Y.: Holt, Rinehart & Winston.

37) Kiesler, D. J. (1996). Contemporary interpersonal theory and research: Personality, psychology, and psychotherapy. New York: John Wiley and Sons.

38) 이누미야 요시유키, 한민, 이다인, 이주희, 김소혜 (2007). 주체성-대상성-자율성 자기 척도의 개발. 한국심리학회지: 사회 및 성격, 21(2), 17-34.

39) 이규태 (1977). 한국인의 의식구조. 서울: 문리사.

40) 土居健郞 (1971). 甘えの構造. 東京: 弘文堂.

41) 최상진 (2000). 한국인심리학. 서울: 중앙대학교출판부.

42) 李御寧 (1982).「縮み」志向の日本人. 東京: 學生社.

43) 土居健郞 (1971). 甘えの構造. 東京: 弘文堂.

44) 吳善花 (1992). 新スカートの風: 日韓あわせ鏡の世界. 東京: 三交社.

45) 蟹江美幸 (2015). 日本語の受身表現と韓國語表現の比較-飜譯小說を資料とした韓日對照を通して-. 일본근대학연구, 47, 113-131.

46) 천수성 (1992). 일본어뱅크 日本語 중급. 서울: 일본어뱅크.

47) 芝垣哲夫 (2000). 日本人の深層文化: 相對的比較論. 東京: 旺史社.

48) 수동태와 사역수동태 이외에도 주체성-대상성 자기와 관련이 있어 보이는 한국어와 일본어의 표현 차이가 있다. 한국어에서는 자꾸 오고가고 하는 것을 '왔다갔다'라고 표현하는데 일본어에서는 반대로 '갔다왔다(行ったり来たり)'라는 식으로 표현한다. 또한 한국어에서는 '여기저기', '이것저것'라고 하는데 일본어에서는 반대로 '저기여기(あっちこっち)', '저것이것(あれ

これ)'이라고 한다. 왜 이렇게 반대로 표현하는 것인가? 한국인은 주체성 자기가 강해서 자신을 대인관계에서 영향력을 발휘하는 중심에 위치한 존재로 인식하는 경향이 강하고, 일본인은 대상성 자기가 강해서 자신을 대인관계에서 영향력을 수용하는 주변적 위치에 있는 존재로 인식하는 경향이 강하다. 한국인은 자기가 중심에 있다고 느끼고 있기 때문에 자신의 위치를 먼저 말하는 '왔다갔다', '여기저기', '이것저것'라는 표현들이 자연스럽지만, 일본인은 자기는 주변부에 있고 상대가 중심에 있다고 느끼고 있기 때문에 상대의 위치를 먼저 말하는 '갔다왔다(行ったり来たり)', '저기여기(あっちこっち)', '저것이것(あれこれ)'이라는 표현들이 자연스러운 것인지도 모른다.


49) 조선영, 이누미야 요시유키, 한성열, 木村裕 (2005). 한일대학생의 대인불안 규정요인의 비교: 공적자기의식, 자아존중감, 정을 중심으로. 한국심리학회지: 사회 및 성격, 19(1), 1-12.

50) 趙善英, 松本芳之, 木村裕 (2009). 公的自己意識と対人不安, 自己顕示性の関係への 自尊感情の調節効果の日韓比較. 心理学研究, 80(4), 313-320.

51) 木野和代, 速水敏彦 (2009). 仮想的有能感の形成と文化的要因 : 大学生を対象に. 日本教育心理学会総会発表論文集, 51, 26.; 速水敏彦 (2011). 仮想的有能感研究の展望. 教育心理学年報, 50, 176-186.

52) 速水敏彦 (2006). 他人を見下す若者たち(講談社現代新書). 講談社.

53) 정욱, 한규석 (2005). 자기고양 현상에 대한 조절변인으로서 자존감. 한국심리학회지: 사회 및 성격, 19(1), 199-216.

54) 조긍호 (2002). 문화성향과 허구적 독특성 지각 경향. 한국심리학회지: 사회 및 성격, 16(1), 91-111.

55) 이누미야 요시유키, 최일호, 윤덕환, 서동효, 한성열 (1999). 비현실적 낙관성(unrealistic optimism) 경향에 있어서의 비교 문화 연구: 상호독립적-상호협조적 자기관과의 관계를 중심으로. 한국심리학회지: 사회 및 성격, 13(1), 183-201.

56) 道上尚史 (2001). 日本外交官、韓国奮闘記(文春新書). 文藝春秋, 109.

57) 渡部昌平 (2006). つきあいきれない韓国人(中公新書ラクレ). 中央公論新社, 51.

58) Heine, S. J., Hamamura, T. (2007). In Search of East Asian Self-Enhancement. Personality and Social Psychology Review, 11(1), 4-27.

59) 조긍호, 명정완 (2001). 문화성향과 자의식의 유형. 한국심리학회지: 사회 및 성격, 15(2), 111-139.

60) 外山美樹, 櫻井茂男 (2001). 日本人のポジティブ?イリュ?ジョン現象. 心理學研究, 72(4), 329-335.

61) 伊藤忠弘 (1999). 社會的比較における自己高揚傾向: 平均以上?果の檢討. 心理學研究, 70(5), 367-374.

62) Markus, H., & Kitayama, S. (1991). Cultural variation in the self-concept. In J. Strauss

& G. R. Goethals (Eds.), The self: Interdisciplinary approaches. New York: Springer-Verlag.

63) 정욱, 한규석 (2005). 자기고양 현상에 대한 조절변인으로서 자존감. 한국심리학회지: 사회 및 성격, 19(1), 199-216.

64) Heine, S. J., Kitayama, S., Lehman, D. R., Takata, T., Ide, E., Leung, C., & Matsumoto, H. (2001). Divergent consesequences of success and failure in Japan and North America. An investigation of self-improving motivations and malleable selves. Journal of Personality and Social Psychology, 81, 599-615.

65) Min-Jeong Kim, 鈴木眞雄, 松田惺 , 石田靖彦 (2001). 教員の自己効力感の国際比較(II). 日本教育心理学会総会発表論文集, 43, 646.

66) 吉田綾乃, 浦光博, (2003). 自己卑下的呈示を通じた直接的.間接的な適應促進効果の 檢討. 實驗社會心理學硏究, 42(2), 120-130.

67) Weinstein, N. D. (1980). Unrealistic Optimism about future life events. Journal of Personality and Social Psychology, 39, 806-820.

68) Weinstein, N. D. (1984). Why it won't happen to me : Perceptions of risk factors and susceptibility. Health Psychology, 3, 431-457.

69) Weinstein, N. D. (1987). Unrealistic Optimism about susceptibility to health problems : Conclusions from a community-wide sample. Journal of Behavioral Medicine, 10, 481-500.

70) Heine, S. J. & Lehman, D. R. (1995). Cultural variation in unrealistic optimism: Does the west feel more invulnerable than the east? Journal of Personality and Social Psychology, 68, 595-607.

71) 김성태 (1987). 한국인의 사회적 성격. 인문논집. 고려대학교 문과대학, 32, 119-134.

72) 차재호 (1980). 한국인의 성격과 의식. 한상목, 차재호, 이문웅, 양춘, 안병만, 신유근 편, 문화의 연속과 변화에 관한 연구. 서울: 한국사회과학연구협의회.

73) 김재은 (1987). 한국인의 의식과 행동양식—문헌 및 조사연구. 서울: 이화여자대학교 출판부.

74) 윤태림 (1964). 한국인의 성격. 서울: 현대교육총서출판사.

75) 이누미야 요시유키, 최일호, 윤덕환, 서동효, 한성열 (1999). 비현실적 낙관성(unrealistic optimism) 경향에 있어서의 비교 문화 연구: 상호독립적-상호협조적 자기관과의 관계를 중심으로. 한국심리학회지: 사회 및 성격, 13(1), 183-201.

76) Weinstein, N. D. (1980). Unrealistic Optimism about future life events. Journal of Personality and Social Psychology, 39, 806-820.

77) Heine, S. J. & Lehman, D. R. (1995). Cultural variation in unrealistic optimism: Does the west feel more invulnerable than the east? Journal of Personality and Social

Psychology, 68, 595-607.

78) 이누미야 요시유키, 최일호, 윤덕환, 서동효, 한성열 (1999). 비현실적 낙관성(unrealistic optimism) 경향에 있어서의 비교 문화 연구: 상호독립적-상호협조적 자기관과의 관계를 중심으로. 한국심리학회지: 사회 및 성격, 13(1), 183-201.

79) Rotter, J. B. (1966). Generalized expectancies for internal vs. external control of reinforcement. Psychological Monographs, 80(Whole No. 609), 1-28.

80) Lackman, M. E. (1986). Locus of control in aging research: a case for multidimensional and domain-specific assessment. Journal of Psychology and Aging, 1, 34-40.

81) Penk, W. (1969). Age changes and correlates of internal-external control scale. Psychological Reports, 25, 856.

82) 鎌原雅彦, 樋口一辰 (1987). Locus of Controlの年齢的變化に關する研究. 教育心理學研究, 35(2), 177-183.

83) 이훈구 (1980). 내외통제성: 한국 초, 중, 고등학생의 내외통제 경향성, 학생생활연구, 제5집(충북대학), 41-51.

84) 北山忍 (1998). 自己と感情: 文化心理學による問いかけ. 共立出版株式會社.

85) 김혜숙 (1995). 귀인상황의 공개성과 (집단)자아존중이 자기고양 귀인과 집단고양 귀인에 미치는 영향. 한국심리학회지: 사회, 9(1), 45-63.

86) 齊藤勇, 遠藤みゆき, 荻野七重 (2003). 自己卑下的帰属錯誤の日韓文化比較心理学的 研究. 立正大学心理学部研究紀要, 1, 19-38.

87) 이누미야 요시유키 (2009). 주체성-대상성 자기와 긍정적 환상의 관계에 관한 한일비교 연구. 한국심리학회지: 일반, 28(1), 115-146.

88) 김혜숙 (1995). 귀인상황의 공개성과 (집단)자아존중이 자기고양 귀인과 집단고양 귀인에 미치는 영향. 한국심리학회지: 사회, 9(1), 45-63.

89) 김혜숙 (1995). 귀인상황의 공개성과 (집단)자아존중이 자기고양 귀인과 집단고양 귀인에 미치는 영향. 한국심리학회지: 사회, 9(1), 45-63.

90) 박영숙 (1990). 자아방어 진단검사 표준화 예비연구. 이화의대지, 13(3), 233-242.

91) 北山忍 (1998). 自己と感情: 文化心理學による問いかけ. 共立出版株式會社.

92) 北山忍 (1998). 自己と感情: 文化心理學による問いかけ. 共立出版株式會社.

93) 小澤 昌之 (2009). 青少年の学校生活と「まじめ」観 : 中学・高校生を対象とした日韓比 較調査から. 慶應義塾大学大学院社会学研究科紀要, 68, 95-108.94) Benedict, R. (1946). The Chrysanthemum and the Sword: Patterns of Japanese Culture. Boston: Houghton Mifflin(菊と刀: 日本文化の型. 長谷川松治 역, 1967, 教養文庫全一冊版).

95) 作田啓一 (1964). 恥の文化再考. 思想の科學, 5月号.

96) 김열규 (1991). 맺히면 풀어라. 서울: 서당.

97) 김용운 (1986). 일본인과 한국인의 의식구조. 서울: 한길사.
98) 최상진 (2000). 한국인심리학. 서울: 중앙대학교출판부.
99) 한규석 (2002). 사회심리학의 이해. 서울: 학지사.
100) 舘野晳 (2003). 韓國式發想法. 日本放送出版協會, 32-33.
101) 黒田勝弘 (1986). 韓国人の発想ーコリアン・パワーの表と裏. 徳間書店, 170-171.
102) 末成道男 (1982). 類似文化間における文化摩擦. 大林太良 편, 文化摩擦の一般理論. 東京: 嚴南堂, 229-230.
103) 濱口惠俊 (1977). 日本らしさの再發見. 東京: 日本經濟新聞社.
104) 趙善英, 松本 芳之, 木村裕 (2009). 公的自己意識と対人不安, 自己顕示性の関係への 自尊感情の調節効果の日韓比較. 心理学研究, 80(4), 313-320.
105) Aubrey, S. (2009). A Cross-Cultural Discussion of Japan and South Korea and How Differences Are Manifested in the ESL/EFL Classroom. Asian Social Science, 5(5), 34-39.
106) 金聡希, 大坊郁夫 (2011). 大学生における化粧行動と主観的幸福感に関する 日韓比較研究. 対人社会心理学研究, 11, 89-100.
107) 김완석, 김정식 (2007). 동아시아 여대생들의 신체가치관과 신체존중감: 한국, 중국, 일본의 비교. 한국심리학회지: 사회문제, 13(4), 113-134.
108 金聡希, 大坊郁夫 (2011). 大学生における化粧行動と主観的幸福感に関する 日韓比較研究. 対人社会心理学研究, 11, 89-100.
109) 김완석, 김정식 (2007). 동아시아 여대생들의 신체가치관과 신체존중감: 한국, 중국, 일본의 비교. 한국심리학회지: 사회문제, 13(4), 113-134.
110) 金聡希, 大坊郁夫 (2011). 大学生における化粧行動と主観的幸福感に関する 日韓比較研究. 対人社会心理学研究, 11, 89-100.
111) 조용진 (2007). 미인. 해냄출판사.
112) 金聡希, 大坊郁夫 (2011). 大学生における化粧行動と主観的幸福感に関する 日韓比較研究. 対人社会心理学研究, 11, 89-100.
113) 李貞美, 小川俊樹 (2008). 醜貌へのとらわれに関する日韓比較研究: 加齢による外見の 変化を焦点に. 筑波大学心理学研究, 35, 57-63.
114) 金聡希, 大坊郁夫 (2011). 大学生における化粧行動と主観的幸福感に関する 日韓比較研究. 対人社会心理学研究, 11, 89-100.
115) 舘野晳 (2003). 韓国式発想法(生活人新書). 日本放送出版協会, 31.
116) 渡部昌平 (2006). つきあいきれない韓国人(中公新書ラクレ). 中央公論新社, 48-49.
117) 四方田犬彦 (2002). 大好きな韓国. 日本放送出版協会, 58.
118) 吉川良三 (2001). 神風(シンパラム)がわく韓国(くに)ーなるほど、なるほど!日常・ビジネス文化の

日韓比較 . 白日社, 46.

119) 小倉紀藏 (2001). 韓国人のしくみ: <理>と<気>で読み解く文化と社会(講談社現代新書). 講談社, 59-60.

120) http://shineyourlight-shineyourlight.blogspot.kr/2011/06/blog-post_04.html

121) 베트남인의 성씨 집중도는 한국보다 높으며, 10대 성씨인 사람이 전 인구의 약 83%를 차지한다. http://blog.daum.net/vnwed/11751565

122) 허태균 (2012). 한국인의 특성 연구보고서. 고려대학교 심리학과.

123) 심경섭 (2013). 유교가치관 척도 타당화 연구. 고려대학교 일반대학원 박사학위 청구논문.

124) 中村高康, 有田伸, 渡辺達雄, 藤田武志, 熊谷信司, 金美蘭 (2000). 学校・進路・学歴の日韓比較 : 中学生・高校生調査をもとに(1)(II-5部会 進路と教育(2)). 日本教育社会学会大会発表要旨集録, 52, 76-81.

125) 藤田武志, 熊谷信司, 金美蘭, 中村高康, 有田伸, 渡辺達雄 (2000). 学校・進路・学歴の日韓比較 : 中学生・高校生調査をもとに(2)(II-5部会 進路と教育(2)). 日本教育社会学会大会発表要旨集録, 52, 253-257.

126) 門脇厚司, 藤田晃之 (2000). 日韓中三国の教員・父母・生徒の教育意識の比較検討 : 『韓・中・日教育意識比較調査研究』をもとに. 筑波大学教育学系論集, 24(2), 1-31.

127) 宮本晋一 (2008). 日韓大学生の余暇生活に関する意識構造比較--韓国版アセスメントシートの尺度開発について. 地域研究, 4, 79-87.

128) 小倉紀藏 (2001). 韓国人のしくみ: <理>と<気>で読み解く文化と社会(講談社現代新書). 講談社, 55.

129) 斉藤明美 (2005). ことばと文化の日韓比較ー相互理解をめざして. 世界思想社, 70.

130) 심경섭 (2014). 유교가치관 척도 타당화 연구. 고려대학교 일반대학원 박사학위 청구논문.

131) 任栄哲 (2000). 謝罪行為の社会語用論的一考察.　変異理論研究会編 . 徳川宗賢 先生追 悼論文集 20世紀フィールド言語学の軌跡,　41-54.

132) 崔順子, 首藤敏元 (2005). 親の養育態度と幼児の社会道徳性との関係に関する韓・日比較分析 -質問紙調査の結果. 埼玉大学紀要, 教育学部, 教育科学, 54(2), 35-44.

133) 沈美姫, 堀智晴 (1998). 「保育における子ども主体の遊び」に関する日・韓比較研究 : 保育者の認識と実際を中心に. 日本保育学会大会研究論文集, 51, 838-839.

134) 小澤昌之 (2009). 青少年の学校生活と「まじめ」観 : 中学・高校生を対象とした日韓比較調査から. 慶應義塾大学大学院社会学研究科紀要, 68, 95-108.

135) 南相瓔, 西嶋義憲, 斉木厤利子 (2006). ポライトネス・グラマー:コミュニケーション行動評価概念の日韓比較. 金沢大学留学生センター紀要, 9, 1-19.

136) 謙虚だ, 慎み深い, 腰が低い, 大人しい, ひかえめだ 등

137) Hofstede, G. (1980). Culture's consequences: International differences in work-

related values. Newbury Park, CA: Sage.
138) 黒田福美 (2006). となりの韓国人: 傾向と対策(講談社文庫). 講談社, 91-95.
139) Koh, H. H., & Iwata, O. (1993). A cross-cultural study of socially appropriate behavior between Korean and Japanese undergraduates. Psychologia, 36(3), 185-191.
140) 松井洋 (1997). 愛他性に関する国際比較研究 : 米国, 中国, 韓国, トルコ, 日本の中学生・高校生を対象として. 川村学園女子大学研究紀要, 8(1), 107-119.
141) 松井洋 (1998). 愛他性に関する国際比較研究II : 日本, 中国, 韓国, アメリカ, トルコ, キプロス, ポーランドの中学生・高校生を対象として. 川村学園女子大学研究紀要, 9(1), 175-186.
142) 松井洋, 中里至正, 石井隆之 (1998). 愛他性の構造に関する国際比較研究 : 米国, 中国, 韓国, トルコ, 日本の中学・高校生を対象として. 社会心理学研究, 13(2), 133-142.
143) 渡部昌平 (2006). つきあいきれない韓国人(中公新書ラクレ). 中央公論新社, 35.
144) 黒田福美 (2006). となりの韓国人: 傾向と対策(講談社文庫). 講談社, 96.
145) 渡部昌平 (2006). つきあいきれない韓国人(中公新書ラクレ). 中央公論新社, 33.
146) 한민, 서신화, 이수현, 한성열 (2013). 한국인의 자존심 개념과 특성에 대한 연구. 한국심리학회지: 문화 및 사회문제, 19(2), 203-234.
147) 小倉紀藏 (2001). 韓国人のしくみ: 〈理〉と〈気〉で読み解く文化と社会(講談社現代新書). 講談社, 56.
148) 道上尚史 (2001). 日本外交官、韓国奮闘記(文春新書). 文藝春秋, 107.
149) 渡部昌平 (2006). つきあいきれない韓国人(中公新書ラクレ). 中央公論新社, 74.
150) 四方田犬彦 (2002). 大好きな韓国. 日本放送出版協会, 67.
151) 總務廳青少年對策本部(編) (1993). 世界の青年との比較からみた日本の青年 : 第5回世界意識調査報告書 . 大藏省印刷局.
152) 門脇厚司, 藤田晃之 (2000). 日韓中三国の教員・父母・生徒の教育意識の比較検討 :『韓・中・日教育意識比較調査研究』をもとに. 筑波大学教育学系論集, 24(2), 1-31.
153) 中村高康, 有田伸, 渡辺達雄, 藤田武志, 熊谷信司, 金美蘭 (2000). 学校・進路・学歴の日韓比較 : 中学生・高校生調査をもとに(1)(II-5部会 進路と教育(2)). 日本教育社会学会大会発表要旨集録, 52, 76-81.
154) 小林大祐, 金香男 (2006). 韓国における階層帰属意識の規定構造 :「2004年韓国・職業に関する全国調査」データを用いて. 仁愛大学研究紀要, 5, 85-98.
155) 大野敏明 (2002). 日本語と韓国語(文春新書). 文藝春秋, 192.
156) 井村修, 中村完, 島袋恒男, 棚原健次, 白雲鶴 (1991). 日本と韓国の青年の意識と行動に関する比較文化的研究--デモグラフィック要因と対人関係意識項目の分析. 琉球大学教育学部紀要, 第一部・第二部, 38, 347-360.

157) 金美伶 (2005). 韓国と日本の大学生における対人不安と同一性, 公的自己意識, 相互依存的自己との関係. パーソナリティ研究, 14(1), 42-53.
158) 趙善英, 松本芳之, 木村裕 (2009). 公的自己意識と対人不安, 自己顕示性の関係への自尊感情の調節効果の日韓比較. 心理学研究, 80(4), 313-320.
159) 조선영, 이누미야 요시유키, 한성열, 木村裕 (2005). 한일대학생의 대인불안 규정요인의 비교: 공적자기의식, 자아존중감, 정을 중심으로. 한국심리학회지: 사회 및 성격, 19(1), 1-12.
160) 小川捷之, 林洋一, 永井撤, 白石秀人 (1979). 対人恐怖症者に認められる対人不安意識に関する研究(1): 比較文化的観点から. 横浜国立大学教育紀要, 19, 205-220.
161) 吉川良三 (2001). 神風(シンパラム)がわく韓国(くに)ーなるほど、なるほど!日常・ビジネス文化の日韓比較. 白日社, 161.
162) 道上尚史 (2001). 日本外交官、韓国奮闘記(文春新書). 文藝春秋, 100.
163) 黒田福美 (2006). となりの韓国人: 傾向と対策(講談社文庫). 講談社, 244.
164) 최상진 (2000). 한국인 심리학. 서울: 중앙대학교 출판부.
165) 최상진, 이장주 (1999). 정의 심리적 구조와 사회: 문화적 기능분석. 한국심리학회지: 사회 및 성격, 13(1), 219-234.
166) 최상진 (2000). 한국인 심리학. 서울: 중앙대학교 출판부.
167) 조선영, 이누미야 요시유키, 한성열, 木村裕 (2005). 한일대학생의 대인불안 규정요인의 비교: 공적자기의식, 자아존중감, 정을 중심으로. 한국심리학회지: 사회 및 성격, 19(1), 1-12.
168) 최상진과 최인재(1999)의 논문을 참고하여 요인 이름을 수정하였음(타인 배려, 타인 배려성, 인간적 연약, 다정다감성, 수동적 자기희생, 인간 연약성); 최상진, 최인재 (1999). 정, 체면이 스트레스에 미치는 영향. 한국심리학회지: 건강, 4(1), 41-56.
169) 内田由紀子, 北山忍 (2001). 思いやり尺度の作成と妥当性の検討. 心理學研究, 72(4), 275-282.
170) 조선영, 이누미야 요시유키, 한성열, 木村裕 (2005). 한일대학생의 대인불안 규정요인의 비교: 공적자기의식, 자아존중감, 정을 중심으로. 한국심리학회지: 사회 및 성격, 19(1), 1-12.
171)斉藤明美 (2005). ことばと文化の日韓比較ー相互理解をめざして. 世界思想社, 62.
172) 히라세 미호 (2009). 非言語コミュニケーションの韓日比較：對人距離を中心に. 전남대학교 대학원 석사학위 청구논문.
173) 齊藤勇, 金永権, 荻野七重 (1999). 社会的欲求の日韓比較文化心理学的研究. 立正大学人文科学研究所年報, 36, 1-13.
174) 尹秀美 (2008). 呼びかけ表現を好む韓国人、呼びかけ表現を避ける日本人：コンテクスト化の合図という観点から. 韓國語學年報, 4, 21-31.
175) 尹秀美 (2009). 夫婦間の呼びかけ表現の日韓比較: コンテクスト化の合図という観点から. 金沢大学経済学部社会言語学演習, 4, 25-106.

176) 尹秀美 (2008). 呼びかけ表現の使用パタンの日韓比較: インターネットサイト上のメッセージを例に. 金沢大学経済学部社会言語学演習, 3, 37-48.
177) 黒田福美 (2006). となりの韓国人: 傾向と対策(講談社文庫). 講談社, 33.
178) 道上尚史 (2001). 日本外交官、韓国奮闘記(文春新書). 文藝春秋, 98.
179) たがみようこ (2012). ソウルで新婚生活。(だいわ文庫). 大和書房, 195.
180) 道上尚史 (2001). 日本外交官、韓国奮闘記(文春新書). 文藝春秋, 93.
181) 渡部昌平 (2006). つきあいきれない韓国人(中公新書ラクレ). 中央公論新社, 51.
182) 四方田犬彦 (2002). 大好きな韓国. 日本放送出版協会, 58.
183) 黒田福美 (2006). となりの韓国人: 傾向と対策(講談社文庫). 講談社, 219.
184) 道上尚史 (2001). 日本外交官、韓国奮闘記(文春新書). 文藝春秋, 95.
185) 尹秀美 (2011). 発話理解における話し手責任の日韓比較：謝罪場面での発話量および表現形式を中心に. 韓國語學年報, 7, 1-17.
186) 尹秀美 (2010). 日本人と韓国人の発話理解の責任主体：テレビドラマの会話分析に基づいて. 論文集：金沢大学経済学部社会言語学演習, 5, 21-37.
187) 大坊郁夫, 上出寛子, 村澤博人, 趙鏞珍, 毛新華, 高橋直樹 (2007). 顔形態特徴の日中韓比較(1)：顔面表情に伴う顔形態の文化比較(対面コミュニケーション-顔を中心的メディアとした). 電子情報通信学会技術研究報告, HCS, ヒューマンコミュニケーション基礎, 107(241), 13-18.
188) 上出寛子, 大坊郁夫, 村澤博人, 趙鏞珍, 毛新華, 高橋直樹 (2007). 顔形態特徴の日中韓比較(2)：社会的スキルとの関連から(対面コミュニケーション-顔を中心的メディアとした). 電子情報通信学会技術研究報告, HCS, ヒューマンコミュニケーション基礎, 107(241), 19-24.
189) 李礼真, 松本芳之 (2011). 日本人と韓国人における表示規則. 心理学研究, 82(5), 415-423.
190) 南相瓔, 西嶋義憲, 斉木麻利子 (2006). ポライトネス・グラマー:コミュニケーション行動評価概念の日韓比較. 金沢大学留学生センター紀要, 9, 1-19.
191) 関川夏央 (2005). 新装版ソウルの練習問題(集英社文庫). 集英社, 49.
192) 한민, 한성열 (2007). 신명의 개념화 및 구조화 연구. 한국심리학회지: 일반, 26(2), 279-306.
193) 한민, 한성열 (2007). 신명에 대한 문화심리학적 고찰. 한국심리학회지: 일반, 26(1), 83-103.
194) 吉川良三 (2001). 神風(シンバラム)がわく韓国(くに)—なるほど、なるほど!日常・ビジネス文化の日韓比較. 白日社.
195) http://www.hakuhodo.co.jp/uploads/2011/09/20101214.pdf, 博報堂生活総合研究所 (2010). 日本型成熟モデルを考えるシリーズ[第2回].
196) 加藤道代, 神谷哲司, 若島孔文, 田中真理 (2011). 日本と韓国における子どもの自己決定と学習意欲の検討. 東北大学大学院教育学研究科研究年報, 60(1), 305-316.
197) 藤田武志 (2001). 学習時間の日韓比較：中学生・高校生調査をもとに. 上越教育大学研究紀

要, 21(1), 76-93.
198) 藤田武志, 熊谷信司, 金美蘭, 中村高康, 有田伸, 渡辺達雄 (2000). 学校・進路・学歴の日韓比較：中学生・高校生調査をもとに(2)(II-5部会 進路と教育(2)). 日本教育社会学会大会発表要旨集録, 52, 253-257.
199) 中村高康, 有田伸, 渡辺達雄, 藤田武志, 熊谷信司, 金美蘭 (2000). 学校・進路・学歴の日韓比較：中学生・高校生調査をもとに(1)(II-5部会 進路と教育(2)). 日本教育社会学会大会発表要旨集録, 52, 76-81.
200) 總務廳青少年對策本部(編) (1993). 世界の青年との比較からみた日本の青年：第5回世 界意識調査報告書. 大藏省印刷局.
201) 栗原葉子 (1995). ママ・ボーイの韓国. 亜紀書房.
202) 小栗香織. (2012). 韓国男子の8割はママボーイ! 主婦と生活社.
203) 林道義 http://www007.upp.so-net.ne.jp/rindou/jung5-3.html
204) 石田英子, 小笠原春彦, 藤永保 (1991).「頭の良い人」の属性に関する比較文化的研究：6か国の「頭の良さ」の因子構造比較. 教育心理学研究, 39(3), 270-278.
205) 石田英子, 藤永保 (1988).「頭の良い人」の属性に関する比較文化的研究Ⅱ：「頭の良さ」における性差. 發達研究, 4, 157-181.
206) 黒田福美 (2006). となりの韓国人: 傾向と対策(講談社文庫). 講談社, 159.
207) 舘野晳 (2003). 韓國式發想法. 日本放送出版協會, 15.
208) 渡部昌平 (2006). つきあいきれない韓国人(中公新書ラクレ). 中央公論新社, 40-46.
209) 四方田犬彦 (2002). 大好きな韓国. 日本放送出版協会, 104.
210) 黒田福美 (2006). となりの韓国人: 傾向と対策(講談社文庫). 講談社, 42-43.
211) 黒田福美 (2006). となりの韓国人: 傾向と対策(講談社文庫). 講談社, 13.
212) 吉川良三 (2001). 神風(シンバラム)がわく韓国(くに)ーなるほど、なるほど!日常・ビジネス文化の日韓比較. 白日社, 42.
213) 박혜림 (2011). 신명 코리아에 세계인도 '덩실': 사물놀이·난타에서 한류·찜질방 문화까지…남다른 열정, 타인과의 공감 극대화가 원천. 주간동아, 769호(2011.01.03), 26~28.
214) 吉川良三 (2001). 神風(シンバラム)がわく韓国(くに)ーなるほど、なるほど!日常・ビジネス文化の日韓比較. 白日社, 64.
215) 斉藤明美 (2005). ことばと文化の日韓比較ー相互理解をめざして. 世界思想社, 143.
216) 篠原しのぶ (1988). 日本青年の生活意識と老人観に関する調査研究：韓国・台湾・タイとの比較(人文・社会科学編). 中村学園研究紀要, 20, 53-64.
217) 藤田武志, 熊谷信司, 金美蘭, 中村高康, 有田伸, 渡辺達雄 (2000). 学校・進路・学歴の日韓比較：中学生・高校生調査をもとに(2)(II-5部会 進路と教育(2)). 日本教育社会学会大会発表要旨集録, 52, 253-257.

218) 門脇厚司, 藤田晃之 (2000). 日韓中三国の教員・父母・生徒の教育意識の比較検討 : 『韓・中・日教育意識比較調査研究』をもとに. 筑波大学教育学系論集, 24(2), 1-31.

219) 斉藤明美 (2005). ことばと文化の日韓比較ー相互理解をめざして. 世界思想社, 143.

220) 黒田福美 (2006). となりの韓国人: 傾向と対策(講談社文庫). 講談社, 152.

221) 黒田福美 (2006). となりの韓国人: 傾向と対策(講談社文庫). 講談社, 57-74.

222) 심혜숙, 강선모 (2004). 성격유형과 창의적 성향 및 좌우뇌 선호도의 관계. 한국심리유형학회지, 11, 67-98.

223) 이누미야 요시유키 (2009). 주체성-대상성 자기와 긍정적 환상의 관계에 관한 한일비교 연구. 한국심리학회지: 일반, 28(1), 115-146.

224) 조용진 (1999). 얼굴, 한국인의 낯. 사계절출판사, 281-282.

225) 조용진 (1999). 얼굴, 한국인의 낯. 사계절출판사, 174-213.

226) 1차 조사는 대학생 123명을 대상으로 실시되었으며, 부분적으로 응답하거나 무선적 반응 경향성이 의심되는 2명의 자료를 제외한 후 최종적으로 121명(남자: 43명, 여자: 78명)의 자료가 분석되었다. 이들의 평균연령은 19.3세(남자: 19.8세, 여자: 19.0세)였다. 2차 조사는 대학생 144명을 대상으로 실시되었으며(남자: 56명, 여자: 88명), 이들의 평균연령은 19.3세(남자: 19.6세, 여자: 19.2세)였다.

227) 심적 에너지 척도: 심적 에너지를 측정하기 위해 다음과 같은 10문항의 설문을 구성하였으며, 각 문항이 참여자들의 생각과 얼마나 일치하는지를 "전혀 그렇지 않다"(1점)에서 "매우 그렇다"(7점)의 7점 척도로 평가하게 하였다. 신뢰도 계수(Cronbach's α)는 .83(1차 조사)과 .73(2차 조사)이었다.

- 심적 에너지 측정 문항 -

나는 활기찬 성격이다.

나는 정신력이 약하다.(역채점 문항)

나는 집중력이 강하다.

나는 종종 허탈감을 느낀다.(역채점 문항)

나는 마음속에 힘이 넘친다.

나는 조용한 성격이다.(역채점 문항)

나는 기력(氣力)이 충만한 사람이다.

나는 집중이 안 될 때가 종종 있다.(역채점 문항)

나는 정신력이 강하다.

나는 기력(氣力)이 부족하다.(역채점 문항)

228) 뇌 활용성향 척도: 뇌 활용성향을 측정하기 위해 이홍, 박은아, 전윤숙(2005)이 제작한 총 42개 문항으로 구성된 뇌 활용성향 척도를 사용하였다. 우뇌 활용성향 척도에는, 3문항으로 구성된 7개의 하위척도가 있으며, 총 21개 문항으로 구성되어 있다. 좌뇌 활용성향 척도의 문항

구성도 동일하다. 우뇌 활용성향 척도의 하위척도는 상상, 통합, 변화, 호기심, 즉흥, 심상, 직관이며, 좌뇌 활용성향 척도의 하위척도는 논리, 언어, 계열, 계획, 규칙, 완벽, 수리이다. 설문조사 시에는 각 하위척도에 속하는 문항들을 무작위로 배열한 설문지를 작성하였다. 신뢰도 계수(Cronbach's α)는 다음 표와 같다.

- 우뇌 활용성향의 측정 문항 -

(상상1) 나는 남들이 생각해내지 못하는 기발한 생각을 자주 해낸다.

(상상2) 다른 사람의 아이디어를 들으면 또 다른 아이디어가 금방 떠오른다.

(상상3) 주위 사람들로부터 '아이디어 멘'이라는 소리를 자주 듣는다.

(통합1) 여러 아이디어가 통합된 새로운 아이디어를 잘 만들어 낸다.

(통합2) 서로 관련이 없는 제품을 보면서 이들이 합성된 새로운 제품을 생각해볼 때가 종종 있다.

(통합3) 전혀 달라 보이는 내용들일지라도 이들을 연결시키는 것을 잘 한다.

(변화1) 일을 할 때 기존의 방식을 따르기보다는 새로운 방식을 시도하곤 한다.

(변화2) 무언가 항상 변화를 주거나 바꾸어보려고 노력한다.

(변화3) 나는 한 직장에 매이는 것 보다는 프리랜서가 더 맞는다.

(호기심1) 나는 새로운 것을 보면 호기심이 발동한다.

(호기심2) 지나간 일보다는 앞으로의 일에 대해 관심이 더 많다.

(호기심3) 나는 무엇인가 새로운 사실이나 현상을 접하는 것을 좋아한다.

(즉흥1) 나는 즉흥적으로 새로운 일을 벌리는 형이다.

(즉흥2) 새로운 생각이 떠오르면 즉시 행동에 옮긴다.

(즉흥3) 오래 생각을 하기보다는 먼저 행동으로 옮기고 본다.

(심상1) 나는 예술적 감각이 있다.

(심상2) 나의 느낌을 글이나 그림, 낙서, 만화 등으로 잘 표현한다.

(심상3) 새 옷을 살 때, 가지고 있는 다른 옷들과 잘 어울리는지 금방 느낌이 온다.

(직관1) 나는 육감이나 직감이 꽤 정확한 편이다.

(직관2) '이렇게 될 것 같다'는 예감이 잘 맞는다.

(직관3) 나는 자료보다는 그 자리에서 떠오르는 생각에 많이 의존한다.

- 좌뇌 활용성향의 측정 문항 -

(논리1) 다른 사람들과 이야기할 때, 상대방의 논리적 모순을 잘 찾아낸다.

(논리2) 토론을 할때, 나는 논리적인 면에서는 다른 사람에게 뒤지지 않는다.

(논리3) 어떤 정보나 자료의 논리적 연결 구조를 잘 파악 한다.

(언어1) 나는 주변사람들로부터 언어능력이 뛰어나다는 말을 듣는다.

(언어2) 다른 사람과 토론할 때 상대방의 이야기에 대한 반론을 잘 편다.

(언어3) 나는 내 생각을 언어적으로 명료하게 말하는 능력이 뛰어나다.

(계열1) 일을 할 때 먼저 순서를 정해놓고 그 순서에 따라 일을 처리한다.
(계열2) 일정에 따라 순서대로 일을 끝내는 것에 익숙하다.
(계열3) 일을 처리할 때 정해진 절차와 방법을 잘 지킨다.
(계획1) 나는 어떤 일이든, 어떻게 하면 조직적으로 일할 수 있을까 신중히 생각한 후 시작한다.
(계획2) 주의 깊게 계획을 세워 일을 처리한다.
(계획3) 나는 어떤 일을 할 때 짜여진 계획대로 실행하려고 노력한다.
(규칙1) 다소 불편하더라도 규칙에 따라 행동하는 것이 마음 편하다.
(규칙2) 규칙이나 규율이 있어야 일이 된다고 생각한다.
(규칙3) 정해진 지침을 따르지 않고 일을 하면 불안하다.
(완벽1) 어떤 경우라도 내 자신이 대충대충 일하는 것을 용납하지 않는다.
(완벽2) 나와 상관없더라도 자기일처리에 엄격하지 않은 사람을 보면 답답하다.
(완벽3) 나는 완벽주의자에 속한다.
(수리1) 세밀한 수치들을 잘 다룬다.
(수리2) 보고서 내용이 글로 쓰여진 것보다 도표나 수치로 표현된 것을 더 좋아한다.
(수리3) 다른 과목에 비해 수학이나 과학을 좋아했다(좋아한다).

**<표> 뇌 활용성향 척도의 신뢰도 계수(Cronbach's α)**

| 우뇌 활용성향 | | | | | | | | |
|---|---|---|---|---|---|---|---|---|
| | 전체 | 상상 | 통합 | 변화 | 호기심 | 즉흥 | 심상 | 직관 |
| 1차 조사 | .90 | .77 | .75 | .72 | .66 | .69 | .59 | .61 |
| 2차 조사 | .89 | .79 | .67 | .61 | .50 | .71 | .58 | .60 |
| **좌뇌 활용성향** | | | | | | | | |
| | 전체 | 논리 | 언어 | 계열 | 계획 | 규칙 | 완벽 | 수리 |
| 1차 조사 | .85 | .76 | .78 | .73 | .60 | .54 | .58 | .49 |
| 2차 조사 | .88 | .72 | .73 | .75 | .80 | .58 | .61 | .54 |

229) 주체성-대상성-자율성 자기 척도: 이누미야 등(2007)이 개발한 주체성-대상성-자율성 자기 척도를 사용하였다. 주체성, 대상성 및 자율성 자기 문항은 각각 6개씩으로 총 18개 문항으로 구성되어 있다. 각 문항이 참여자들의 생각과 얼마나 일치하는지를 "전혀 그렇지 않다"(1점)에서 "매우 그렇다"(7점)의 7점 척도로 평가하게 하였다. 척도의 신뢰도 계수(Cronbach's α)는 1차 조사에서는 주체성 자기 .76, 대상성 자기 .75, 자율성 자기 .63로 나타났으며, 2차

조사에서는 주체성 자기 .77, 대상성 자기 .66, 자율성 자기 .65로 나타났다.

230) 고추 선호도: 1차 조사에서는 고추 선호도를 측정하기 위해 다음과 같은 10문항의 설문을 구성하였으며, 각 문항이 참여자들의 생각과 얼마나 일치하는지를 '전혀 그렇지 않다'(1점)에서 '매우 그렇다'(7점)의 7점 척도로 평가하게 하였다. 문항 분석 결과 부적절하다고 판단된 3, 4, 6, 7번 문항을 제거하여 최종적으로 6문항의 척도를 구성하였다. 신뢰도 계수(Cronbach's α)는 .75였다.

- 고추 선호도의 측정 문항 -

1. 김치를 좋아한다.
2. 청양고추를 즐겨 먹는다.
3. 매운 닭갈비보다 삼계탕을 더 좋아한다.(역채점 문항)
4. 떡볶이보다 어묵(오뎅)을 더 좋아한다.(역채점 문항)
5. 낙지볶음을 좋아한다.
6. 생선회는 주로 고추냉이(와사비)를 푼 간장에 찍어 먹는다.(역채점 문항)
7. 갈비탕보다 육개장을 더 좋아한다.
8. 비빔밥을 먹을 때는 고추장을 많이 넣어서 먹는다.
9. 짜장면보다 짬뽕을 더 좋아한다.
10. 매운 음식을 좋아한다.

231) 고추 섭취빈도: 2차 조사에서는 고추 섭취빈도를 측정하기 위해 12가지의 매운 음식들(떡볶이, 김치, 청양고추, 김치찌개, 짬뽕, 육개장, 매운탕, 매운 닭갈비, 낙지볶음, 아구찜, 불닭, 매운 닭발)을 일상생활에서 얼마나 자주 먹는지를 1년에 3번 이하'(1점)에서 '하루에 2~3번'(7점)의 7점 척도로 평가하게 하였다. 설문지는 맵지 않은 음식들(어묵(오뎅), 된장찌개, 짜장면(자장면), 갈비탕, 삼계탕)을 먹는 빈도를 물어보는 문항들과 섞어서 구성하였다. 신뢰도 계수(Cronbach's α)는 .83이었다(12문항).

232) 식사제한의 유무: 2차 조사에서는 식사제한의 유무를 측정하기 위해 '현재 당신은 다이어트(체중감량)를 위해 식사제한을 하고 계십니까?'라는 질문에 '아니오'(1점), '예, 가벼운 다이어트 중입니다'(2점), '예, 본격적인 다이어트 중입니다'(3점)의 3점 척도로 평가하게 하였다.

233) 그 중 네 개 집단에 대해서는 연구자가 직접 조사했으며, 나머지 한 개 집단은 연구자의 의뢰를 받은 수업담당교수가 실시하였다. 대상자들은 설문 조사에 참여한 후 사례품을 받았다. 조사에 참여한 각 집단의 크기는 약 20명에서 60명 사이였다. 설문 작성에 소요된 시간은 대략 5분에서 10분 사이였다.

234) 須永進, 青木知史, 趙晤衍 (2005). 日韓の子育て觀に關する比較研究. 秋草學園短期大學紀要, 22, 131-144.

235) 本村汎, 洪上旭 (1983). 日·韓兩國の親子關係をめぐる比較研究 -親の養育觀·養育態度と子の心理社會的特性を中心として-. 大阪市立大學生活科學部紀要, 31, 345-362.

236) 本村汎, 洪上旭 (1983). 日·韓兩國の親子關係をめぐる比較研究 -親の養育觀·養育態度と子の心理社會的特性を中心として-. 大阪市立大學生活科學部紀要, 31, 345-362.

237) 本村汎, 洪上旭 (1983). 日·韓兩國の親子關係をめぐる比較研究 -親の養育觀·養育態度と子の心理社會的特性を中心として-. 大阪市立大學生活科學部紀要, 31, 345-362.

238) 玄正煥 (1991). 母親による幼兒の社會性敎育の日韓比較硏究. 廣島大學敎育學部紀要, 第1部, 40, 205-212.

239) National Women's Education Center of Japan (2007). International Comparative Research on "Home Education" 2005: Survey on Children and the Family Life.(손승영 (2010). 한국과 일본 어머니의 자녀교육태도 비교연구: 교차거주자의 '자문화'와 '타문화'평가. 여성연구, 79, 37-80.에서 재인용.)

240) 나카무라 타카야수 (2005). 일본의 교육시스템과 교육열: 한국과의 비교분석. 이종각(편), 한국의 교육열, 세계의 교육열: 해부와 대책. 도서출판 하우, 제12장.

241) 趙善英, 松本芳之, 木村裕 (2011). 回想された親の養育行動が大学生の自尊感情に及ぼす影響の日韓比較 : 行動分析学的な解釈. 社会心理学研究, 27(1), 1-12.

242) 趙善英, 松本芳之, 木村裕 (2009). 公的自己意識と対人不安, 自己顕示性の関係への自尊感情の調節効果の日韓比較. 心理学研究, 80(4), 313-320.

243) 木野和代, 速水敏彦 (2009). 仮想的有能感の形成と文化的要因 : 大学生を対象に. 日本教育心理学会総会発表論文集, 51, 26.; 速水敏彦 (2011). 仮想的有能感研究の展望. 教育心理学年報, 50, 176-186.

244) UN인구부(United Nations Population Division)의 자료에 의하면 2015년 1월 현재 한국의 인구는 5029만여 명(27위)(2009년은 4977만여 명)이고 일본의 인구는 1억2657만여 명(11위)(2009년은 1억2818만여 명)이며 한국의 인구는 일본의 약 40%, 일본의 인구는 한국의 약 2.5배이다.

245) 胡文赫 (2012). 判決과 ADR 體系의 正立에 관한 연구. 서울대학교 法學, 53(1), 571-599.

246) 헤럴드경제, 2015-01-21, 양대근 기자. http://news.heraldcorp.com/view.php?ud=20150121000303&md=20150121101215_BL(2015-11-19 접속)

247) 동아일보, 2009-12-15, 이종식 기자.
http://news.donga.com/Column/3/04/20091215/24800885/2(2015-11-22 접속)

248) 이영훈 (2011). [특집] 갈등사회, 원인과 해법을 논한다. 시대정신 2011년 여름호.
http://www.sdjs.co.kr/read.php?quarterId=SD201102&num=485(2016-1-16 접속)

249) 송복 (2011). [특집] 갈등사회, 원인과 해법을 논한다. 시대정신 2011년 여름호.
http://www.sdjs.co.kr/read.php?quarterId=SD201102&num=485(2016-1-16 접속)

250) 渡部昌平 (2006). つきあいきれない韓国人(中公新書ラクレ). 中央公論新社, 69

251) 小倉紀藏(2001). 韓国人のしくみ: <理>と<気>で読み解く文化と社会(講談社現代新書). 講談社, 36.

252) 小倉紀藏 (2001). 韓国人のしくみ: <理>と<気>で読み解く文化と社会(講談社現代新書). 講談

社, 146.
253) 박희봉, 이희창 (2009). 한국과 일본의 신뢰 특성 비교: 신뢰 유형별 특성 및 제도신뢰에 미치는 영향 분석. 한국행정학보, 43(4), 105-128.
254) Koh, H. H., & Iwata, O. (1993). A cross-cultural study of socially appropriate behavior between Korean and Japanese undergraduates. Psychologia, 36(3), 185-191.
255) 崔順子, 首藤敏元 (2005). 親の養育態度と幼児の社会道徳性との関係に関する韓・日比較分析-質問紙調査の結果. 埼玉大学紀要, 教育学部, 教育科学, 54(2), 35-44.
256) 黒田福美 (2006). となりの韓国人: 傾向と対策(講談社文庫). 講談社, 146.
257) 吉川良三 (2001). 神風(シンパラム)がわく韓国(くに)—なるほど、なるほど!日常・ビジネス文化の日韓比較 . 白日社, 115.
258) 渡部昌平 (2006). つきあいきれない韓国人(中公新書ラクレ). 中央公論新社, 141.
259) 黒田福美 (2006). となりの韓国人: 傾向と対策(講談社文庫). 講談社, 146.
260) 小倉紀藏 (2001). 韓国人のしくみ: <理>と<気>で読み解く文化と社会(講談社現代新書). 講談社, 100.
261) 김의철, 박영신 (2004). 한국 사회와 사람에 대한 사회적 표상과 신뢰: 청소년과 성인의 지각을 통해 본 토착심리 분석. 한국심리학회지: 사회문제, 10(3), 103-129.
262) 박영신, 김의철 (2005). 청소년과 성인 세대의 한국 사회와 사람에 대한 인식 및 신뢰. 한국심리학회지: 사회문제, 11(3), 91-119.
263) 한덕웅, 최훈석 (2006). 한국 사회문제의 변화: 지난 10년간 세 시점의 비교. 한국심리학회지: 사회문제, 12(1), 103-128.
264) 홍영오, 송관재, 박수애, 이혜진, 이재창 (2006). 한국 사회의 사회적 불안에 관한 연구. 한국심리학회지: 사회문제, 12(1), 129-160.
265) 박수애, 송관재 (2005). 사회적 불안이 개인의 심리적 적응에 미치는 영향. 한국심리학회지: 사회문제, 11(2), 1-29.
266) 박영신, 김의철 (2005). 청소년과 성인 세대의 한국 사회와 사람에 대한 인식 및 신뢰. 한국심리학회지: 사회문제, 11(3), 91-119.
267) 黒田福美 (2006). となりの韓国人: 傾向と対策(講談社文庫). 講談社, 147.
268) 四方田犬彦 (2002). 大好きな韓国. 日本放送出版協会, 57.
269) 小倉紀藏 (2001). 韓国人のしくみ: <理>と<気>で読み解く文化と社会(講談社現代新書). 講談社, 114.
270) 黒田福美 (2006). となりの韓国人: 傾向と対策(講談社文庫). 講談社, 148.
271) 池田満 (2006). 大学生の心理的コミュニティ感覚：日本と韓国の異文化間比較(教育心理学) 国際基督教大学学報, I-A, 教育研究, 48, 151-160.
272) 内田樹 (2009). 日本辺境論(新潮新書). 新潮社.